张荣臣 著

群众路线是党的生命线

新形势下的群众工作怎么做

中共中央党校出版社
The Central Party School Publishing House

图书在版编目（CIP）数据

群众路线是党的生命线——新形势下的群众工作怎么做/张荣臣著．—北京：中共中央党校出版社，2014.4

ISBN 978-7-5035-5346-2

Ⅰ.群…　Ⅱ.张…　Ⅲ.中国共产党-群众路线-学习参考资料　Ⅳ.D252

中国版本图书馆 CIP 数据核字（2014）第 071521 号

群众路线是党的生命线——新形势下的群众工作怎么做

责任编辑　曲　炜　张明林
版式设计　李　灵
责任校对　高　鹏
责任印制　王洪霞

出版发行　中共中央党校出版社
（北京市海淀区大有庄 100 号）
邮　　编　100091
网　　址　www.dxcbs.net
电　　话　（010）62805800（办公室）　（010）62805824（发行部）
经　　销　新华书店
印　　刷　三河市南阳印刷有限公司
字　　数　217 千字
版　　次　2014 年 4 月第 1 版　2014 年 4 月第 1 次印刷
开　　本　700 毫米×1000 毫米　1/16
印　　张　12.25
定　　价　29.00 元

前　言

2014年新年伊始，中央召开了党的群众路线教育实践活动第一批总结暨第二批部署会议，习近平总书记发表重要讲话，指出，第一批教育实践活动收到了扎实的成果，受到了广大群众的高度肯定，要深刻认识第二批教育实践活动的重要性和紧迫性，必须着力解决发生在群众身边的腐败问题，认真解决损害群众利益的各类问题，切实维护人民群众合法权益。

一、不解决“四风”问题，人民就不会和我们在一起

2012年党的十八大提出要在全党深入开展以为民务实清廉为主要内容的群众路线教育实践活动，就是要把为民务实清廉的价值追求深深植根于全党同志的思想和行动中，使全党同志牢记并恪守全心全意为人民服务的根本宗旨，以优良党风把人民紧紧凝聚在一起。这是因为，改革开放以来，经过全党努力，党的作风总的是好的，党的思想路线、政治路线和精神面貌是好的。但也应该看到，在某些党员干部的思想作风方面存在着一些不符合新的形势发展要求的突出问题，这些问题严重损害了党在人民群众中的威信，严重影响了党和政府同人民群众的关系，制约着改革开放和社会主义现代化建设的进程。这些问题突出表现为“四风”问题，即一些领导干部中存在有严重的形式主义、官僚主义、享乐主义和奢靡之风。“四风”是违背党的性质和宗旨的，是群众深恶痛绝、反映最强烈的问题，也是损害党群干群关系的重要根源。抓住了“四风”问题，就能找准穴位、抓住要害，有的放矢、对症下药。但是“四风”问题由来已久，具有顽固性和反复性，必须充分运用历史上作风建设的好经验，下大决心用整风精神解决这一问题。

有些同志可能会认为，“四风”问题不是今天才有，也不是通过一次整风就能完全解决的，执政党更需要的是制度设计拉动党群关系。这些同志的担心不无道理。但应该看到，强调制度设计来拉动党群关系虽然对，但它决不是一蹴而就的，任何制度的设计都有一个过程，而我们的党风建设不能等到制度构建完成后才进行，必须“抓铁留痕、踏石留印”，以实实在在的作风建设，解决广大人民群众身边的也是最关心的问题，以新的形象获得广大

人民群众的拥护和支持。如果按兵不动，做表面文章，或者满足于高谈阔论、故弄玄虚，那就离人民群众的要求差之十万八千里了，久而久之，被人民群众抛弃也就是必然的了。

早在1945年党的七大会议上，毛泽东就指出："以马克思列宁主义的理论思想武装起来的中国共产党，在中国人民中产生了新的工作作风，这主要的就是理论和实践相结合的作风，和人民群众紧密地联系在一起的作风以及自我批评的作风。""在一起"三个字，道出了中国共产党和广大人民群众的关系。作为一个政党，中国共产党不是资本主义社会里由少数精英组成的选举团队，而是始终和广大人民群众联系在一起的工人阶级先锋队组织。中国共产党在90多年革命、建设和改革征途中，之所以能够战胜各种困难、风险和挑战，关键在于我们党赢得了人民群众的信赖、拥护和支持，什么时候党的群众路线执行得好，党群关系密切，我们的事业就顺利发展；什么时候党的群众路线执行得不好，党群关系受到损害，我们的事业就遭受挫折。因此，紧紧地和广大人民群众在一起，坚定不移地做好群众工作是我们党一切胜利的根本。

二、刹住"四风"蔓延势头，才能带动社会风气整体好转

我们党是马克思主义政党，从它成立的那天起，就是要全心全意为人民服务，为实现中国人民的彻底解放而奋斗的。那种形式主义、官僚主义、"假大空"，历来是中国共产党人所反对的。在新的历史条件下，党员干部如果对人民群众的要求视而不见，对人民群众的实践经验敷衍塞责，绝对不是共产党人应有的态度。开展党的群众路线教育实践活动，就是要抓紧研究解决本地区本部门改革发展稳定中的重大问题，抓紧研究解决群众生活中的紧迫问题，抓紧研究解决党的建设中存在的突出问题，深入了解群众在想什么、盼什么，拥护什么、反对什么，努力实践，扎实工作，真正做到与广大人民群众同呼吸、共命运、心连心，全心全意为人民服务，推动党和国家事业实现新发展，开创新局面。

回顾群众路线教育实践活动的第一阶段，我们欣喜地看到了它初步达到了我们开始的预期。这主要表现在，通过教育实践活动，刹住了"四风"蔓延势头，带动了社会风气整体好转。曾几何时，一些干部沉溺于吃喝玩乐，讲排场、比阔气、挥霍公款，吃拿卡要，出入于楼堂馆所、高档会所。一些干部忙于文山会海，工作就是开会，开会就是工作，层层开会、层层发文、层层传达，只对上负责，不对下负责。一些干部热衷于搞劳民伤财的政绩工程、形象工程，欺上瞒下，享乐主义、奢靡之风严重。数字最有说服力。据

统计，截至2013年12月31日，全国共查处违反八项规定精神问题24521起，处理党员干部30420人，其中，给予党纪政纪处分7692人。2013年，全国各级纪检监察机关共接受信访举报1950374件（次），其中检举控告类1220191件（次）。立案172532件，结案173186件，处分182038人。其中，给予党纪处分150053人，给予政纪处分48900人。中央纪委监察部对涉嫌违纪违法的中管干部已结案处理和正在立案检查的有31人，周镇宏、刘铁男、倪发科、王素毅、李达球、童名谦、杨琨、齐平景8人涉嫌犯罪已被移送司法机关依法处理；目前正在立案调查的还有蒋洁敏、李东生、李崇禧、李春城、郭永祥、季建业、廖少华、陈柏槐、郭有明、陈安众、杨刚、王永春、许杰、戴春宁等案件。在这种对腐败作风零容忍和高压线面前，如果谁再想碰，那就是与全民为敌。

不仅如此，这次教育实践活动对广大干部来讲，更是一个警醒。因为只有贯彻整风精神，对作风之弊、行为之垢进行有效的大排查、大检修、大扫除，才能祛歪风、压邪气，倡新风、树正气，达到“强身健体”和自我净化、自我完善、自我革新、自我提高的目的。这次活动按照“照镜子、正衣冠、洗洗澡、治治病”的总要求，广大干部党员用批评和自我批评这个有力武器，抛开面子，揭短亮丑。不马虎敷衍，不文过饰非。既深刻剖析和检查自己，又开展诚恳的相互批评。既红红脸、出出汗，又明确整改方向。对作风方面存在问题的党员、干部教育提醒，对问题严重的进行查处，对不正之风和突出问题进行专项治理，切实体现从严治党要求。

三、着力解决群众身边的不正之风问题，永远和人民在一起

习近平在党的群众路线教育实践活动第一批总结暨第二批部署会议上强调，第二批教育实践活动是第一批的延伸和深化。基础不牢，地动山摇。市县领导机关、领导干部和基层单位同人民群众的联系更直接，其不正之风更直接损害群众利益、伤害群众感情。必须着力解决发生在群众身边的腐败问题，认真解决损害群众利益的各类问题，切实维护人民群众合法权益。

早在2006年，习近平同志就在《加强基层工作，夯实社会和谐之基》一文中指出，基础不牢，地动山摇。他说，基层既是产生利益冲突和社会矛盾的“源头”，也是协调利益关系和疏导社会矛盾的“茬口”。把基层基础工作做扎实了，利益关系得到协调，思想情绪得以理顺，社会发展中的不稳定因素就能得到及时化解，各种矛盾冲突就能得到有效疏导，社会和谐也就有了牢固的基础。为什么习近平同志多次强调基层工作的重要性，就是因为党的基层组织是党全部工作和战斗力的基础，也是我们党执政的基础。我们的

党之所以有战斗力，关键在于组织的力量。党的基层组织遍布在各个地方、各条战线、各个部门，处于工作的第一线，最接近群众，最直接体现党的领导路线，是党与人民群众联系的纽带和桥梁。我们强调开展第二批教育实践活动，要坚持主题不变、镜头不换，贯彻“照镜子、正衣冠、洗洗澡、治治病”的总要求，以严的标准、严的措施、严的纪律坚决反对“四风”，推动思想认识进一步提高、作风进一步转变、党群干群关系进一步密切、为民务实清廉形象进一步树立、基层基础进一步夯实。但从基层的实际出发，还要强调以下几点。

一是市县两级领导机关、领导班子和领导干部应该先行一步、作出表率，行业系统要发挥指导作用，执法监管部门和窗口单位、服务行业要突出服务群众这个着力点，着力针对具体矛盾和问题抓好整改。市县两级领导机关、领导班子和领导干部，要在日常工作中，主动以“满意不满意评选”、“政务公开”、“决策公示”、“监督热线”等形式，接受群众监督，决策时诚恳咨询请教，部署任务时热心解疑释惑，落实工作时认真倾听意见。当前和今后一个时期，为民办实事的重点要放在扩大就业、社会保障、公共卫生、基础设施、城乡住房、生态环境、扶贫开发、科教文化、权益保障和社会稳定等领域。

二是要更加注重发挥群众积极性，坚持开门搞活动，确保每个环节、每项工作都让群众参与、受群众监督、请群众评判。在为群众排忧解难的过程中解开群众的思想疙瘩，这是我们党做好群众工作的一条基本经验，也是一种最实际、最普遍、最有效的群众工作方法。党员尤其是党员干部要自觉地把党的群众工作体现在为群众办好事实事的具体行动中，经常深入基层，深入群众，到群众需要的地方去嘘寒问暖，到群众困难的地方去排忧解难，到群众意见多的地方去理顺情绪，到出现新情况新变化的地方去总结经验，到工作推不开的地方去打开局面，让群众感受到实实在在、看得见的利益。各级党组织要坚持从具体事情抓起，每年办几件作用大、影响大、群众欢迎的实事，增强人民群众对党和政府的信任。

三是从法律上、制度上、政策上努力营造公平的社会环境。高度重视和维护群众最现实、最关心、最直接的利益，努力使党的群众工作取得实效，要求我们必须切实维护和实现社会公平和正义。维护和实现社会公平和正义，是我们党坚持立党为公、执政为民的必然要求，也是我国社会主义制度的本质要求。要更加强化问题导向，盯住作风问题不放，从小事做起，从具体事情抓起，让群众看到实实在在的成效，有利于百姓的事再小也要做，危害百姓的事再小也要除，不等不靠，立行立改，对拖欠群众钱款、克扣群众财物、侵占群众利益等问题要开展专项治理，属实的都要立即加以解决。要更加注重严格要求，思想上要严起来，整改上要严起来，正风肃纪上要严起来。

一句话，要从法律上、制度上、政策上努力营造公平的基层社会环境，从收入分配、利益调节、社会保障、公民权利保障、政府施政、社会司法等方面采取切实措施，逐步做到保证社会成员都能够接受教育，都能够进行劳动创造，都能够平等地参与市场竞争、参与社会生活，都能够依靠法律和制度来维护自己的正当权益。这样，才能真正落实以人为本，始终把最广大人民的根本利益作为党和国家工作的根本出发点和落脚点，在经济发展的基础上不断满足人民群众日益增长的物质文化需要，促进人的全面发展，确保人民群众安居乐业。

“打铁还须自身硬”。我们一定要认真看待和扎实做好这次群众路线教育实践活动。党的十八届三中全会指出，实践发展永无止境，解放思想永无止境，改革开放永无止境。面对新形势新任务，全面建成小康社会，进而建成富强民主文明和谐的社会主义现代化国家、实现中华民族伟大复兴的中国梦，必须在新的历史起点上全面深化改革，必须全面加强党的自身建设，不断增强自我净化、自我完善、自我革新、自我提高的能力。党员、干部更应当经常解剖自己的世界观、人生观、价值观，经常查找自身存在的不符合党和人民利益要求的缺点不足，自觉清除思想上的灰尘杂质和心灵上的污垢，做到不为私心所扰、不为名利所累、不为物欲所惑，堂堂正正做人、清清白白做事、老老实实做官，保持政治坚定、作风优良、纪律严明、勤政为民、清正廉洁。党员、干部要坚守共产党人的精神家园，始终保持政治上的清醒和坚定，在思想和行动上始终与中央保持高度一致，不断提升从政道德水平，把全心全意为人民服务的宗旨贯彻到恪尽职守、秉公用权的行动中，永远和人民在一起。

目 录
CONTENTS

一、从“群众”的概念说起 /1
(一) 什么是“群众” /1
(二) 什么是马克思主义群众观点 /3
(三) 什么是党的群众路线 /13
(四) 什么是中国共产党的党群关系 /20

二、党员领导干部要学会做好群众工作 /23
(一) 电影《暴风骤雨》告诉我们的 /23
(二)“在一起”是中国共产党做好群众工作的基本经验 /28
(三) 党员干部要把群众工作的优良传统传承下去 /33

三、着力解决群众反映强烈的突出问题 /35
(一) 执政条件下做好群众工作的要求更高、难度更大 /35
(二) 世情、国情的新变化使群众工作成为党的各项工作中的一个重点 /38
(三) 中国社会阶层的新分化带来了做好群众工作的新问题 /40
(四) 基层党的群众工作的新要求 /47
(五) 切实增强思想自觉和行动自觉 /53

四、基层党的群众工作怎么做 /56
(一) 联系群众是做好新形势下群众工作的基本前提 /56
(二) 宣传群众是做好新形势下群众工作的重要基础 /59
(三) 组织群众是做好新形势下群众工作的根本要求 /66
(四) 服务群众是做好新形势下群众工作的关键所在 /74
(五) 团结群众是做好新形势下群众工作的重要途径 /82

五、群众工作的本质是密切党群关系 /89
（一）密切联系群众是马克思主义政党的最大优势 /89
（二）进一步密切执政条件下的党群关系 /97

六、群众工作的核心是正确处理人民内部矛盾 /109
（一）正确处理人民内部矛盾关系党和国家的命运 /109
（二）改革开放以来党对新形势下人民内部矛盾的正确认识 /114
（三）正确处理新形势下的人民内部矛盾 /121

七、正确的方式方法是做好群众工作的保障 /126
（一）要认真贯彻执行已有的行之有效的群众工作制度 /127
（二）察实情、办实事、求实效 /130
（三）适应不断发展的新形势不断进行方法创新 /136

八、贯彻好“照镜子、正衣冠、洗洗澡、治治病”的总要求 /146
（一）以党员干部自我净化、自我完善、自我革新、自我提高为着眼点 /146
（二）以“照镜子、正衣冠、洗洗澡、治治病”为总要求 /149

九、坚持主题不变、镜头不换，坚决反对“四风” /155
（一）坚持求真务实，解决形式主义问题 /155
（二）坚持执政为民，解决官僚主义问题 /159
（三）坚持艰苦奋斗，解决享乐主义问题 /164
（四）坚持勤俭节约，解决奢靡之风问题 /170

十、不断增强党的创造力、凝聚力、战斗力 /173
（一）理想信念是共产党人的精神之“钙” /173
（二）加强和改进作风建设是保持党同人民群众血肉联系的有效途径 /175
（三）深入研究群众工作特点，进一步增强党的凝聚力 /176
（四）实现作风建设的制度化、规范化、常态化 /179

后　记 /183

一、从“群众”的概念说起

真正的铜墙铁壁是什么？是群众，是千百万真心实意地拥护革命的群众。这是真正的铜墙铁壁，什么力量也打不破的，完全打不破的。①

——毛泽东

马克思主义政党最大的政治优势是密切联系群众，执政党最大的危险是脱离群众。这是我们党在总结世界各国执政党兴盛衰亡的经验教训过程中得出的一个基本结论。因此，党的群众工作之所以重要，就在于党要通过深入细致、有效管用的群众工作，更加深入地了解群众的利益诉求，更加准确地掌握群众的思想动向，以在制定和实施路线方针政策的实践中实现、维护和发展人民群众的根本利益，带领人民群众过上更加幸福美好的生活。

（一）什么是“群众”

一说到“群众”，人们想到的往往是自己填表时的“政治面貌”，是党员的就填“党员”，不是党员的就填“群众”。实际上，真正说清楚“群众”的概念，不像填表那么简单。1981 年诺贝尔文学奖得主埃利亚斯·卡内提写过一本书，叫做《群众与权力》，里面分析的各式各样的群众类型就达十几种，这还只是从人的生物性和社会学的角度去划分，更不用说从法学、政治学等角度去看。

但是，马克思主义的群众观并没有这么复杂，我们日常语境中说的群众就是指最广大人民群众。当然，从内涵上说，马克思主义的“群众”概念也有一个不断发展的过程，它不是固化和静止的，而是动态的。1847 年马克思、恩格斯建立了世界上第一个无产阶级政党——共产主义者同盟，在马克

① 《毛泽东选集》第 1 卷，人民出版社 1991 年版，第 139 页。

思、恩格斯党群关系的视野中，群众更多的是指工人群众，后面也包括进来了农民群众，他们组成的工农联盟是无产阶级政党的依靠力量。列宁丰富和发展了“群众”概念的内涵，他把“工人群众”变成“全体被剥削者”的群众，而“群众是划分为阶级的”，也就是说这里的群众包括工人阶级、农民和小资产阶级等等。

中国共产党是按照马克思列宁主义的建党原则建立起来的工人阶级的先锋队。但中国共产党的一大特点就是无论在革命、建设还是改革过程中，都善于把马克思主义的基本原理同中国的具体实践结合起来。毛泽东在1919年7月创办的《湘江评论》上发表《民众大联合》等文章，热情讴歌十月革命中劳动群众力量的伟大作用，发出了中国革命必须实行“民众大联合”的号召，在这里，群众的概念是非常广泛的。进入新的历史时期，传统意义上的群众自身发生了巨大的变化。除工人、农民外，还出现了新的社会阶层。它主要是由个体劳动者、私营企业主两个群体组成，改革开放以来，我国私有经济得到空前发展，庞大的私有经营者阶层已成了我国独立的社会阶层。新社会阶层，同我国的工人、农民一样，都是中国特色社会主义事业的建设者，是我们党执政的重要群众基础。

中国共产党一向重视做好群众工作，并且在实践中形成了我们党所特有的群众路线和群众观点。早在1943年6月1日，毛泽东就科学地阐述了群众路线所包含的内容和实施的步骤。毛泽东指出：从群众中集中起来又到群众中坚持下去，以形成正确的领导意见，这是基本的领导方法。这里毛泽东分析了“从群众中来，到群众中去”、“集中起来”、“坚持下去”这样一种正确的领导方法的全过程及其各个环节，把马克思主义认识论化为领导方法。刘少奇1945年在党的七大上所作的《关于修改党章的报告》中指出：“一切为了人民群众的观点，一切向人民群众负责的观点，相信群众自己解放自己的观点，向人民群众学习的观点，这一切，就是我们的群众观点，就是人民群众的先进部队对人民群众的观点。”这个表述全面概括了党的群众观点的主要内容和精神实质，体现了我们党当时作为领导人民进行新民主主义革命的革命党与人民群众应当保持的基本关系。因此，在相当长的一段时间内，这个简明扼要的关于群众观点的表述，教育和号召千百万共产党员自觉地树立群众观点，自觉地执行群众路线，把为人民服务作为自己的最高宗旨，投身于为人民谋幸福的伟大斗争实践中去。

今天，我们考证“群众”的概念，分析群众的社会分化，重温党的群众路线和群众观点，就是强调群众工作的重要性。在世情、国情、党情发生深刻变化的新形势下，如何防止脱离群众是执政党必须面对的一个问题。群众工作的本质是密切党群关系，核心是正确处理人民内部矛盾。领导干部一定要高度重视并有效解决当前在群众工作中仍然存在一些不容忽视的问题。如一些党员干部宗旨观念淡薄，摆不正与人民群众的关系，缺乏为人民服务的精神和热情，有的甚至跌入贪污腐败的泥坑；在一些部门和单位，形式主义、官僚主义严重，违背群众愿望、侵害群众利益的现象时有发生；等等。这就提醒我们，加强宗旨观、群众观、权力观教育，引导广大党员干部进一步牢固树立全心全意为人民服务的意识，始终坚持党的群众路线，努力做到立党为公、执政为民，是一项必须抓紧抓好的重大任务。

马克思、恩格斯早在《共产党宣言》中就曾经指出：“过去的一切运动都是少数人的或者为少数人谋利益的运动。无产阶级的运动是绝大多数人的、为绝大多数人谋利益的独立的运动。”中国共产党的几代领导人也都把密切联系群众作为党生存发展的最大政治优势。90 多年来，为了中国革命的发展和胜利，为了中华民族的独立和富强，为了中国人民的解放和幸福，广大共产党员在革命战争年代出生入死、浴血奋战，在和平建设时期开拓进取、甘于奉献，为党和人民建立了巨大功绩。这就是中国共产党之所以能够成为领导中国革命、建设、改革事业的核心力量，之所以能够承担起中国人民和中华民族的历史重托，之所以能够在剧烈变动的国际国内环境中始终立于不败之地的根本原因。因此，党的历史发展进一步充分证实，密切联系群众是马克思主义政党的最大政治优势，保持党同人民群众的血肉联系是我们党无往而不胜的重要法宝。

（二）什么是马克思主义群众观点

马克思主义群众观点，是一个包含了多方面内容的体系。既强调了党的群众观点的理论基础和根本依据，又强调了党的群众观点的根本目的和最终目标；既强调了党的群众观点的一般实现途径，也强调了在党处于执政地位条件下坚持党的群众观点的本质；既强调了党与群众根本利益的一致性，又强调了党对群众所承担的历史责任等等。具体说来，党的群众观点的基本内涵包括以下几个方面：

1. 人民群众是历史的创造者的观点

人民群众是历史的创造者，深刻揭示了党的群众观点的根基。“要牢固树立人民群众是历史创造者的观点”，突出了党的群众观点的辩证唯物主义和历史唯物主义的哲学理论依据和客观基础。综观中外历史，无数的史实雄辩地说明，人民群众是历史的创造者，是历史的主人。马克思主义充分肯定人民群众创造历史的伟大作用，提出了“人民群众是历史的创造者”这一历史唯物主义的基本观点；充分肯定人民群众的伟大实践对改造世界和认识世界的伟大作用，提出了“实践是认识的基础”这一辩证唯物主义认识论的首先的和基本的观点。“人民群众是历史的创造者”和“实践是认识的基础”这两个相互密切联系的理论观点，是党的群众观点的重要哲学依据。因此，在群众观点的表述上，把“人民群众是历史的创造者的观点”醒目地放在首位提出来，就使整个群众观点的表述有了充分的客观基础和马克思主义科学的哲学理论依据，使群众观点有了无可辩驳的真理性。

人民群众通过改造世界的实践活动，创造了社会的物质财富和物质文明。物质财富的创造，是人类社会赖以存在和发展的基础，是人类社会第一个历史活动。马克思主义者认为，人们首先应当确定一切人类生存的第一个前提，也就是一切历史的第一个前提，这个前提是：人们为了能够“创造历史”，必须能够生活。但是为了生活，首先就需要吃、喝、住、穿以及其他一些东西。因此，第一个历史活动就是生产满足这些需要的资料，即生产物质生活本身。有了创造物质资料的第一个历史活动，人们才能从事科学、文化、艺术、政治等其他社会活动。因此，历史正是由创造物质资料的人民群众创造的。没有人民群众进行物质财富的创造，人们便无法开展其他一切活动，便没有人类社会的生存和延续，也无法推动社会历史的进步。

人民群众在改造世界的实践活动中，创造了社会精神财富和精神文明。精神财富的创造是以一定的物质财富和实践活动为前提的。一切科学、文化、艺术、政治等活动都离不开一定的物质生活条件。而这个物质基础是人民群众通过物质资料生产活动所提供的。同时，任何精神产品都是实践经验的概括和总结。杰出的科学家、艺术家、思想家的创造性活动对精神财富的创造固然有重要贡献，但这种创造的最终动因和认识源泉是人民群众的实践。毛泽东在谈到文艺的源泉时曾指出：“一切种类的文学艺术的源泉究竟是从何而来的呢？作为观念形态的文艺作品，都是一定的社会生活在人类头脑中的反映的产物。”“人民生活中本来存在着文学艺术原料的矿藏……它们是一切文学艺术的取之不尽、用之不竭的唯一的源泉。”人民群众作为物质财富的创造者，作为实践的主体，决定了人民群众是精神财富的创造者。

人民群众在改造世界的实践活动中，推动了社会的发展和进步。社会的发展和进步主要是由社会内部矛盾运动引起的，归根结底是由生产力和生产关系的矛盾运动引起的。在一定的社会制度下，由于人民群众创造的社会生产力不断进行着量的变化，往往使原有的生产关系与生产力的性质从相适应逐步变得不相适应乃至最终产生尖锐的矛盾。当社会的生产关系以及建立在这一生产关系基础上的政治上层建筑成为生产力发展的严重桎梏时，代表先进生产力发展要求的人民群众，就必然顺应历史发展的潮流，提出变革生产关系的要求，并进行革命斗争以摧毁旧的政治上层建筑，打破旧的生产关系，解放社会生产力，为发展先进的生产力和建立新的社会制度开辟道路。人类社会的每一次巨大变革，每一次社会形态的交替，都是人民群众革命斗争的结果。在社会主义条件下，生产关系和生产力基本适应，但又不完全适应，这就要通过改革，以调整生产关系和生产力、上层建筑和经济基础不相适应的部分和环节，从而解放和发展生产力，这种改革也同样要依靠广大群众的创造精神和自觉行动，也就是说人民群众是实现社会变革的决定力量。

总之，正如毛泽东所指出的："人民，只有人民，才是创造世界历史的动力。"我们党强调"要牢固树立人民群众是历史的创造者"的观点，从而使党的群众观点建立在马克思主义历史唯物主义基础之上，建立在充分肯定和尊重人民群众在历史上的地位和作用的基础之上，从而为我们党处理好党与人民群众的关系奠定了坚实的根基。

2. 向人民群众学习的观点

向人民群众学习，深刻揭示了党的群众观点的基本实现途径。群众是历史的创造者，群众中蕴藏着无穷的智慧。毛泽东在 1943 年发表的《向群众学习，与群众结合》一文中指出，"群众有伟大的创造力。中国人民中间，实在有成千成万的'诸葛亮'，每个乡村，每个市镇，都有那里的'诸葛亮'。我们应该走到群众中间去，向群众学习"，并表示要"和全党同志共同一起向群众学习，继续当一个小学生"。毛泽东强调，我们的党员干部要"拜人民群众为师，恭恭敬敬地学，老老实实地学，不懂就是不懂，不要装懂"。毛泽东最常说的一句话是"从群众中来、到群众中去"，其中不乏我们党的一些政策和路线是向群众学习而来的，我们的党要深入到群众之中向群众学习之意。毛泽东还说过："我是靠总结经验吃饭的。"其中最主要的就是总结群众的实践经验，向群众学习。邓小平在新的历史时期通过向人民群众学习，尊重群众的首创精神，领导中国开启了改革开放的伟大历史进程，改革开放又极大地调动了人民群众的积极性，开辟了一条充分发挥人民群众创造历史的伟大作用和实现人民根本利益的建设中国特色社会主义的新途径。因此，向人民群众学习，甘当人民群众的小学生，从人民群众中吸取营养、增长才干，是我们党一贯倡导的思想观念及领导者必须掌握的基本功。

我们党之所以能够在革命、建设和改革的各个时期，制定出符合时代要求和人民愿望的正确的路线方针政策，并领导中国人民取得一个又一个的伟大胜利，使一个半封建半殖民地的中国转变为一个独立的新民主主义的国家，使一个新民主主义中国转变成一个社会主义中国，使一个一穷二白的社会主义中国转变成一个人民生活总体上达到小康水平的中国，归根到底就在于我们党时时刻刻注重向人民群众学习，虚心接受人民群众的建议，代表人民群众的根本利益，在人民群众中吸取了营养，从而引起了人民群众的共鸣，得到了人民群众的支持和拥护，获得了力量的源泉和胜利之根本。

坚持向人民群众学习的群众观点，要求我们的党员特别是各级领导干部必须做到活到老学到老。我们党的干部虽然是经过了长期的实践考验，按照严格的程序提拔起来的党性强、作风正、实绩突出、群众公认的优秀分子。但这并不能构成可以不向人民群众学习的理由。一方面因为干部的综合素质是一个不断发展变化的过程，需要不断地与时俱进。从这个意义上讲，领导干部也应该经常向群众学习，使自己的思想、领导能力与时俱进，不断提升。另一方面，领导的职责就是为人民服务，就是带领人民向着更加美好的生活前进。要履行好为人民服务的职责，不仅需要时刻保持为人民服务的良好精神状态，而且必须真切地了解人民群众的所思所想、所急所盼，这也必须虚心向人民群众学习。因此，我们的党员干部绝对不能脱离人民，必须是人民中的一员，必须与人民一起打拼，与人民群众同呼吸、共命运。这样，才能与人民群众有相同的情感经历，了解人民的生活状况，知道人民的需要，有同人民一样的追求目标；才能想人民之所想，求人民之所求，乐人民之所乐，悲人民之所悲；才能具备领导人民拼搏、奋斗的能力，具备为人民服务的道德和思想，成为人民群众信赖的领导者。

坚持向人民群众学习的群众观点，要求我们的党员干部尤其是领导干部必须注重在群众实践中不断总结经验教训，在实践中不断提高自己的领导能力。实践是一所最好的大学，它是一切知识的来源，尤其是领导能力和领导水平，只有在实践中才能得到提高。最广大的人民群众则是一切实践活动的主体，向实践学习，从实践中总结经验，实质上就是向人民群众学习，总结人民群众的实践经验。向实践学习，向人民群众学习，才是领导干部正确的学习途径和学习方式。脱离实践、脱离群众的学习是不可取的。事实证明，中国社会每前进一步都是在不断总结历史经验、不断向人民群众学习的过程中取得的。中国实行改革开放就是由人民群众首创的。改革开放的发展过程，就是领导和决策者在总结历史经验教训，努力虚心向人民群众学习，不断推广改革开放经验的历史过程。历史已经证明，人民群众才是创造历史的真正动力和首创者，向不向人民群众学习、向不向社会实践学习，是决定领导能力和领导决策正确与否、决定前进的道路正确与否的根本。对于这一认识的检验，在中国社会进步的历程中是有多次深刻教训的。但是，毋庸讳言，现在我们有的党员干部做得却不是很好，“向群众学习”仅仅是一句口号。这从少数地方的党群、干群关系中便可略见一斑。他们总认为自己学历高、实践经验丰富，而群众的知识储备少、文化水平低、素质修养差，因而看不起他们，不愿意从群众中汲取智慧和营养，个别的甚至变着法子增加群众的负担、对群众颐指气使，这与我们党的宗旨和党员的身份是极不相称的，对党的事业也是有百害而无一利的。我们坚信，只要党的各级领导干部，真正放下架子，深入到人民群众之中，与他们打成一片，虚心地向他们学习，设身处地地帮他们解决实际困难，我们的党将永葆生机与活力，建成全面小康社会的奋斗目标也将一定实现！

3. 全心全意为人民服务的观点

全心全意为人民服务的观点，深刻揭示了党的群众观点的目的，是党的性质和宗旨在群众观点中的具体体现。坚持全心全意为人民服务的观点，必须把最广大人民的根本利益作为党全部工作的出发点和落脚点，保证党始终与人民群众共命运。人民是创造历史的根本动力。我们党坚持马克思主义的群众观点，坚持全心全意为人民服务的宗旨，始终把实现和维护最广大人民的根本利益作为党的理论和路线方针政策以及全部工作的根本依据，始终深深扎根于人民之中，为中国人民和中华民族的根本利益不懈奋斗。过去，我们进行新民主主义革命，进行社会主义革命和建设，进行改革开放，都是为了顺应人民意愿、实现人民利益。现在，我们提出坚持以人为本、实现科学发展、构建社会主义和谐社会、建设社会主义新农村、建设创新型国家等重大任务，同样是为了顺应人民意愿、实现人民利益。中国人民正是在长期的历史比较中，选择我们党作为自己根本利益的代表，作为国家和民族复兴的领导力量。

历史表明，只有深刻认识人民创造历史的伟力，真诚代表中国最广大人民的根本利益，一切为了人民，一切依靠人民，我们党才能得到人民的充分信赖和拥护，才能无往而不胜。对于马克思主义执政党来说，坚持立党为公、执政为民，实现好、维护好、发展好最广大人民的根本利益，充分发挥全体人民的积极性来发展先进生产力和先进文化，始终是最紧要的。全国各族人民是建设中国特色社会主义事业的主体，人民群众积极性、创造性的充分发挥是我们事业成功的保证，不断实现最广大人民的根本利益是我们党全部奋斗的最高目的。因而，我们强调党的群众观点中的全心全意为人民服务的观点，是对中国共产党建设目标的最好诠释，也是党的群众观点的根本目的。

我们党历经革命、建设和改革，已经从领导人民为夺取全国政权而奋斗的党，成为领导人民掌握着全国政权并长期执政的党；已经从受到外部封锁和计划经济条件下领导国家建设的党，成为对外开放和发展社会主义市场经济条件下领导国家建设的党。这两大历史性变化，使我们党有了更好地为人民服务的条件，同时也增加了脱离群众的危险。为此，党中央反复告诫：我们党最大的政治优势是密切联系群众，党执政后的最大危险是脱离群众。这个论断振聋发聩，促人警醒。国际上一些执政党垮台的教训警示着我们：得民心者得天下，失民心者失天下。执政时间越长，越容易忘掉权力是怎么来的。把过去群众的无私支持看作应当应分，把党自身的先进性当作永恒，久而久之，忘记了群众这个根本。所以说，能不能把党的群众观点执行好、坚持好，这是事关党的执政地位的一个重大课题。在长期的革命和建设中，我们党密切联系群众，自觉为人民利益奋斗，夺取了一个又一个的胜利，赢得了人民群众的拥护和爱戴。在执政条件下，如果党的路线、方针、政策违背人民群众的意志，如果党的干部的行为违背党的群众路线的要求，就会挫伤人民群众的积极性，影响党的威信，甚至会危及党的执政地位。

改革开放以来，极少数领导干部的腐败也昭示我们：共产党人必须全心全意为人民服务。不可否认，党内确有极少数腐败分子。这些贪官不仅给自己的人生画上极不光彩的句号，而且严重损害了人民群众的利益，给党的形象和威望造成了严重影响。因此，我们党能否在新的历史条件下始终坚持全心全意为人民服务，无疑是对党的一个十分严峻的挑战和考验。这就是我们为什么要坚持党的群众观点，坚持全心全意为人民服务的根本原因。

4. 权为民所赋、权为民所用的观点

干部的权力是人民赋予的，深刻揭示了党的群众观点的核心。“干部的权力是人民赋予的”，这是新的历史条件下群众观点的重要内容，是实践经验的科学总结，是我们党对马克思主义群众观点的重大发展。它突出强调了执政党及其干部的权力来源，并由此揭示了权力在本质上就是用来为人民服务的工具，体现了正确的权力观。

在我党的历史上，一大批老一辈无产阶级革命家、党的绝大多数干部，都自觉地把自己置于人民公仆的地位，全心全意为人民服务，诚心诚意为人民谋福利。特别是在我们党成为执政党以后，手中掌握了国家权力，有了更多更好地为人民服务的条件，即可以运用国家权力的强大力量保护人民、为人民办好事、办实事。但是，凡事都有两面性，也应当看到，手中掌握了权力，也容易使我们党的有些干部产生官僚主义、脱离群众的不良倾向，淡化了群众观点，疏远了同人民群众的联系，产生极端个人主义、拜金主义、享乐主义思想。这些人不是利用人民赋予的权力更好地为人民服务，为群众办事，而是以权谋私，搞“权钱交易”、“权权交易”、“权色交易”，为个人恶性膨胀了的私欲服务；这些人不懂得或不愿承认“干部的权力是人民赋予的”这一马克思主义的基本观点，认为自己的权力是自己凭本事争取得来的，或是自己用什么东西换来的，或是自己巧取豪夺得来的，因而理所应当地要以自己手中的权力为自己谋福利。这种现象在改革开放以来表现得较为突出。这样的干部，在我们的干部队伍中虽然不是多数，但必须指出，这少数害群之马，造成的危害确实不小。这些人玷污了党在人民中的形象，损害了党群关系，发生着特别恶劣的作用。鉴于此，在群众观点的表述中，加上“干部的权力是人民赋予的观点”，非常必要也非常重要，是新的历史条件下群众观点的重大发展。

“干部的权力是人民赋予的，是为人民服务的工具”，要求每一位干部，必须树立公仆意识，时时刻刻把自己当作为人民服务的公仆，利用人民赋予的权力为人民办好事、办实事。要像孔繁森、索南达杰等英雄模范人物那样，心中牢记党和人民群众的嘱托，想人民群众所想，急人民群众所急，把人民的事业当作自己终生为之奋斗的事业，为之奉献，为之牺牲。而决不能把个人置于党和人民群众之上，做官当老爷。要自觉克服官僚主义。“干部的权力是人民赋予的”，要求每一位干部必须牢固树立廉政意识，自觉反腐倡廉，清正廉洁，勤政为民，廉洁自律；而决不能把权力当作向党和人民讨价还价的筹码，决不能利用手中的权力搞腐败，为个人、为亲朋好友谋取私利。

“干部的权力是人民赋予的，是为人民服务的工具”，要求每一位干部必须不断增强为人民服务的敬业精神，增强职业责任感和职业道德，认认真真在自己的岗位上做好为人民服务的本职工作。要懂得，权力决不仅仅是一种荣耀和地位，更重要的是一份责任，权力与责任同在，成正比例。人民赋予我们的权力越大，所期望于我们的也就越多，我们肩负的责任也就越重大。为了不辜负人民的委托，必须努力学习，提高为人民服务的本领；兢兢业业工作，为人民的事业有所建树，尽到自己的职业责任。而决不能把权力视为个人的荣誉和地位，踌躇满志，不求进取，玩忽职守，辜负党和人民群众殷殷期望之心，做碌碌无为的庸官；更不能做出有损于党和人民利益的事来。

“干部的权力是人民赋予的，是为人民服务的工具”，要求我们每一位干部要牢固树立监督和被监督意识。一方面，作为干部，是人民群众中的一员，有权利也有责任监督别的干部按人民的要求去办事，有权利也有责任揭发、检举干部队伍中违法乱纪、危害人民利益的人和事。更重要的一方面，每一位干部还必须把自己置于被监督者的地位上，自觉接受党和人民群众的监督。首先，要心术正、行为端，所作所为经得起党和人民群众的监督检查，经得起实践和历史的检验；其次，要努力增强工作透明度，便于群众的监督检查；再次，要以对人民负责的态度正确对待人民群众的监督检查，热忱接受监督检查，有错必纠，有腐必反。众所周知，权力在失去制衡机制和监督机制的情况下，很容易转化为腐败。自觉接受群众监督，对于做好本职工作、反腐倡廉具有重要意义。

总之，在当前的新形势下，在我们党作为执政党，领导13亿多中国人民进行改革开放的伟大实践，建设中国特色社会主义的新的历史条件下，强调“干部的权力是人民赋予的”，其意义无论怎样估计，也不过分。各级干部应永远铭记这一条。广大干部在各自的领导岗位上掌握着大大小小的权力，能否做到“权为民所用、情为民所系、利为民所谋”，当好人民公仆，关键是看我们的领导干部能否真正认识到我们的权力是人民给的，能否真正把群众摆在第一位，能否真正在实践中做好人民的公仆，为人民群众掌好权、用好权，这是我们强调新的历史阶段下干部的权力是人民赋予的这一群众观点的根本原因的时代意义之所在。因此，党的各级领导干部，不论职位高低，都是人民的勤务员，都是人民的公仆。一定要培育一颗公仆“心”——与人民群众心贴心、心连心，时刻把人民群众放在“心”上；培养浓厚的公仆“情”——同人民群众血肉相连、鱼水相依的感情；提高强大的公仆“能”——为人民谋利益的能力、本领。其中，公仆心是公仆情和公仆能的基础，公仆能则是公仆心与公仆情的体现。

5. 党要依靠群众又要教育和引导群众前进的观点

党要依靠群众又要教育和引导群众前进，深刻揭示了党的群众观点的实践方法，揭示了党所承担的依靠群众与教育、引导群众前进的双重责任。马克思主义认为，无产阶级的解放，只能是无产阶级自己的事情。在资本主义条件下，无产阶级不仅是受剥削受压迫的阶级，同时也是最有革命性的阶级。无产阶级可以而且必须通过自己的斗争，从剥削它、压迫它的那个阶级即资产阶级的奴役下解放出来，即从奴役自己的社会关系下获得解放。无产阶级是人类历史上最后一个受剥削、受压迫的阶级，无产阶级的解放，也就是人类的解放，无产阶级只有解放全人类，才能使自己获得解放。正如《国际歌》唱道：“从来就没有什么救世主，也不靠神仙皇帝，要创造人类的幸福，全靠我们自己。”然而，马克思主义又认为，无产阶级群众的自发斗争，不可能使自己获得彻底解放。因为，无产阶级群众的自发斗争，不可能产生马克思主义；而没有马克思主义与工人运动的结合，就不可能产生无产阶级政党；没有马克思主义的指引和无产阶级政党的领导，无产阶级群众的斗争就会陷于分散、涣散；没有远大目标和高度的组织纪律性，就不会使自己获得彻底解放。总之，群众是真正的英雄，群众是历史的创造者。

我们共产党人的智慧和力量来自于人民群众。我们党工作的最基本的一条，就是直接依靠广大人民群众。在中国，新民主主义革命时期，我国工人阶级虽然是一个有着高度的革命觉悟和战斗性的阶级，但工人阶级人数很少，占人口多数的是农民阶级，而农民阶级是革命性和保守性兼备的阶级，由此决定了中国工人阶级革命如果没有马克思主义的指导和共产党的领导就不可能取得胜利，如果没有广大农民的积极参与和支持也照样不可能取得胜利。这就是我们党为什么在新民主主义革命时期提出“严重的问题在于教育农民”的根本原因。直到今天，我们所从事的中国特色社会主义伟大事业，同样是全中国人民的共同事业。因此，我们党要充分地相信人民群众，坚定地依靠人民群众，我们党不是人民群众之上的“救世主”；同时，我们党又不能在理论上忽视、在实践中放弃自己对群众在政治上的引导和思想上的教育。

共产党人要教育人民认识真理，认识自己的利益，要动员人民群众团结起来，为解放自己、为自己的利益而奋斗。在实践中，凡属人民群众的正确的意见，党必须依据情况，领导群众，加以实现；而对于人民群众中发生的不正确的意见，则必须教育群众，加以改正。革命历史经验告诉我们，凡属正确的任务、政策和工作作风，都是和当时当地的群众要求相适合，都是联系群众的；凡属错误的任务、政策和工作作风，都是和当时当地的群众要求不相适合，都是脱离群众的。相信群众、依靠群众与教育、引导群众前进是辩证统一的，不可偏废。党只有相信群众，尊重群众，依靠群众，才能获得胜利之本、力量之源；党只有站在群众的前列，加强对人民群众的教育和引导，凝聚和带领群众前进，才能不断开创新局面、取得新胜利。

6. 群众利益无小事的观点

“群众利益无小事”，是胡锦涛同志在2003年“七一”讲话中提出的重要论断。它蕴涵着历史唯物主义的真理，体现了中国共产党人的优秀传统，凝结着国际共运史上共产党执政的经验与教训，丰富了党的群众观点的基本内涵，是我们党在新的历史条件下实现、维护和发展广大人民群众根本利益的重要指针。

马克思主义认为，人们为之奋斗的一切，都与他们的利益有关。历史的主体是最广大人民群众，特别是广大劳动群众，其历史地位及其作用决定了他们的利益最为紧要。我们党能否得到人民群众的广泛支持和坚决拥护，关键在于他们的利益能否得到充分实现。因此，群众利益始终关系党执政兴国的全局，关系国家经济、政治、文化发展的全局，关系全国各族人民的团结和社会安定的全局，归根结底，决定着党和社会主义事业的成败兴衰。

党忠实地代表最广大人民群众的根本利益，就会赢得人心、就有力量。人民群众之所以拥护、支持、爱戴共产党，说到底，是因为只有共产党才能忠实地代表他们的根本利益。在革命、建设和改革的各个历史时期，我们党始终坚持尊重社会发展规律与尊重人民群众主体地位的一致性，坚持为崇高理想而奋斗与为最广大人民谋利益的一致性，坚持完成党的各项工作与实现人民利益的一致性。在90多年的奋斗历程中，党的一切奋斗，归根到底都是为了最广大人民的根本利益。唯其如此，我们党才能从小到大、由弱到强，从人民群众中获得不尽的力量源泉。新世纪新阶段，我们面临着全面建设小康社会的繁重任务。群众利益关系到全面建成小康社会的目标能否实现。

人民群众是历史的创造者，也是我国全面建成小康社会、推进社会主义现代化、实现中华民族伟大复兴的主力军。群众的积极性、主动性、创造性，从根本上取决于他们的利益能不能得到实现。只有把最广大人民群众的切身利益实现好、维护好、发展好，把他们的积极性引导好、保护好、发挥好，全面建设小康社会才能获得最广泛、最可靠的群众基础和力量源泉。各级领导干部必须心里装着群众，凡事想着群众，工作依靠群众，一切为了群众，切实把立党为公、执政为民这个根本准则贯彻在自己的思想和行动中。1934年1月，毛泽东在《关心群众生活，注意工作方法》一文就指出：“解决群众的穿衣问题，吃饭问题，住房问题，柴米油盐问题，疾病卫生问题，婚姻问题。总之，一切群众的实际生活问题，都是我们应当注意的问题。假如我们对这些问题注意了，解决了，满足了群众的需要，我们就真正成了群众生活的组织者，群众就会真正围绕在我们的周围，热烈地拥护我们。”今天，我们的党员干部一定要时刻把群众的安危冷暖挂在心上，对群众生产生活面临的困难，特别是对下岗职工、农村贫困人口和城市贫困居民等困难群众遇到的实际问题，一定要带着深厚的感情帮助解决，切实把中央为他们脱贫解困的各项措施落到实处，切实解决群众面临的实际困难。坚持群众利益无小事，必须把着力点放在解决群众的实际问题上。实现和维护人民利益不是抽象的、虚幻的，而是具体的、实在的。要坚决克服和避免“说大话”、“放空炮”、“空许愿”的倾向，尤其要坚决反对各种“作秀”和“钓誉”的形式主义。

各级领导机关和领导干部，要怀着对人民群众的深厚感情，通过对群众困难的实际了解，通过办实事、办好事，帮助群众解决具体问题。只要我们是真心实意而不是虚情假意、是全心全意而不是三心二意地帮助人民群众解决生活和工作中的困难和问题，就一定能赢得人民群众的满意和拥护，这是被无数实践证明了的道理。只有这样，“群众利益无小事”才不会沦为一句漂亮的空话，才会成为每一个共产党员特别是领导干部的自觉行动，才能够提高我们党对广大人民群众的吸引力和凝聚力，才能把党的群众观点落到实处。

7. 人民群众对美好生活的向往就是我们的奋斗目标的观点

2012 年 11 月 15 日，在党的第十八届中央委员会第一次全体会议上当选的中共中央总书记习近平和中共中央政治局常委李克强、张德江、俞正声、刘云山、王岐山、张高丽，在人民大会堂同采访十八大的中外记者亲切见面。习近平发表了重要讲话，其中指出：我们的人民是伟大的人民。在漫长的历史进程中，中国人民依靠自己的勤劳、勇敢、智慧，开创了各民族和睦共处的美好家园，培育了历久弥新的优秀文化。我们的人民热爱生活，期盼有更好的教育、更稳定的工作、更满意的收入、更可靠的社会保障、更高水平的医疗卫生服务、更舒适的居住条件、更优美的环境，期盼孩子们能成长得更好、工作得更好、生活得更好。人民对美好生活的向往，就是我们的奋斗目标。人世间的一切幸福都需要靠辛勤的劳动来创造。我们的责任，就是要团结带领全党全国各族人民，继续解放思想，坚持改革开放，不断解放和发展社会生产力，努力解决群众的生产生活困难，坚定不移走共同富裕的道路。也是在这次讲话中，习近平强调，人民是历史的创造者，群众是真正的英雄。人民群众是我们力量的源泉。我们深深知道，每个人的力量是有限的，但只要我们万众一心、众志成城，就没有克服不了的困难；每个人的工作时间是有限的，但全心全意为人民服务是无限的。责任重于泰山，事业任重道远。我们一定要始终与人民心心相印、与人民同甘共苦、与人民团结奋斗，夙夜在公，勤勉工作，努力向历史、向人民交出一份合格的答卷。

值得注意的是，习近平在这次讲话中，用到最多的词汇就是“人民”二字，特别是习近平同志的上述讲话内容，继承和丰富了马克思主义群众观点，对指导我们党坚持马克思主义群众观点和党的群众路线具有十分重要的作用。

（三）什么是党的群众路线

党的群众路线是马克思主义群众观点在实践中的具体体现。关于党的群众路线的含义，1956 年，邓小平在八大上所作的《关于修改党章的报告》中指出，群众路线包含两方面的意义：一方面，人民群众必须自己解放自己，党的全部任务就是全心全意地为人民服务，党对于人民群众的领导作用，就是正确地给人民群众指出斗争的方向，帮助人民群众自己动手，争取和创造自己的幸福生活；另一方面，党的领导工作能否保持正确，取决于它能否采取从群众中来、到群众中去的方法。1981 年，由邓小平主持起草并由十一届六中全会通过的《关于建国以来党的若干历史问题的决议》，将群众路线和实事求是、独立自主并列为毛泽东思想的活的灵魂，并把群众路线准确、简洁地概括为“一切为了群众、一切依靠群众，从群众中来、到群众中去”，为我们党理解群众路线的科学内涵提供了权威依据。

1. 一切为了群众

一切为了群众，是党的群众路线的基本出发点和根本目的。中国共产党是中国工人阶级的先锋队，同时是中国人民和中华民族的先锋队，代表中国最广大人民的根本利益，因而党除了工人阶级和广大人民群众的利益，没有自己丝毫的特殊利益。来自于人民，植根于人民，服务于人民，立党为公，执政为民，真心诚意地为人民谋利益，是我们党存在的全部依据。这就要求每一名共产党员，无论在什么样的岗位上，想问题、办事情，时时刻刻都要把人民利益放在第一位。符合人民群众利益的，就毫不动摇地坚持；不符合人民群众利益的，就坚决加以改正，脚踏实地、兢兢业业地为人民群众谋利益。中国共产党在各个时期的政治路线集中代表了中国各族人民的利益，因而为各族人民群众所拥护。毛泽东在《为人民服务》一文中说：“我们的共产党和共产党所领导的八路军、新四军，是革命的队伍。我们这个队伍完全是为着解放人民的，是彻底地为人民的利益工作的。”党的政治路线是根据各个历史时期的形势而制定的，其内容是随着形势的变化而变化的，但以最广大人民群众的最大利益为出发点与归宿这一根本的宗旨和原则是不能变的。共产党的政治是人民的政治，共产党的路线是人民的路线。如毛泽东所指出的：“一切问题的关键在政治，一切政治的关键在民众，不解决要不要民众的问题，什么都无从谈起。”

在改革开放的新时期，以邓小平为核心的中国共产党继承和发展了党的群众路线，对“一切为了群众”有了更新的诠释。提出了“三个有利于”是检验一切工作得失成败的根本标准，提出了“人民高兴不高兴、人民答应不答应、人民拥护不拥护”等党和国家工作的出发点，邓小平甚至把自己视为“中国人民的儿子”，都充分体现了党的群众路线“一切为了群众”的丰富和发展。在面向新世纪的新时代，以江泽民同志为核心的中国共产党进一步把党的群众路线推向了新世纪，提出要在全党特别是党的各级领导干部中，深入进行群众观点和群众路线教育，把“一切为了群众”上升到新形势下讲政治的高度，他指出：“我们所做的一切工作和事业，目的都是为了人民群众的利益，都必须真心实意地依靠群众才能做好。我们不是要求领导干部首先是高级干部必须讲政治吗？什么叫政治？从根本上说，政治问题主要是对人民群众的态度问题、同人民群众的关系问题。”在党的十五大报告中，江泽民同志强调：“我们党来自人民，植根于人民，服务于人民。建设有中国特色社会主义全部工作的出发点和落脚点，就是全心全意为人民谋利益。共产党员要倾听群众呼声，关心群众疾苦，为群众办实事、办好事。”在党的十六大报告中，江泽民同志又一次强调：“我们党的最大政治优势是密切联系群众，党执政后的最大危险是脱离群众。在任何时候任何情况下，都必须坚持党的群众路线，坚持全心全意为人民服务的宗旨，把实现人民群众的利益作为一切工作的出发点和归宿。”这都充分阐明了“一切为了群众”是坚持党的群众路线的基本出发点和根本目的。

党的十六大以来，以胡锦涛同志为核心的新一代中国共产党人，继续把党的群众路线推进到新世纪新阶段，把“一切为了群众”不仅在理论上提高到了一个新的高度，而且在实践中做了许多亲民、爱民、惠民的实际工作。首先，创立了科学发展观这一当代马克思主义中国化的最新理论成果，为坚持党的群众路线提供了先进的理论基础和指导思想。科学发展观“以人为本”的核心，不仅与党的“一切为了群众、一切依靠群众，从群众中来、到群众中去”的群众路线的本质是一致的，而且使党的群众路线上升到了党的指导思想的理论高度，为在实践中更好地坚持群众路线开辟了广阔的道路。其次，在科学发展观的指导下，我们党提出的建设社会主义新农村，建设创新型国家，构建社会主义和谐社会，弘扬社会主义荣辱观，走和平发展之路、推动和谐世界建设、加强党的先进性建设和执政能力建设等重大战略思想，以及在实践中把关注民生、改善民生作为党和国家工作的战略重点，都是在不同领域、不同侧面强调了党的群众路线的“一切为了群众”这个基本出发点和根本目的。

2007年，胡锦涛同志在党的十七大报告中又强调指出，全心全意为人民服务是党的根本宗旨，党的一切奋斗和工作都是为了造福人民。要始终把实现好、维护好、发展好最广大人民的根本利益作为党和国家一切工作的出发点和落脚点，尊重人民主体地位，发挥人民首创精神，保障人民各项权益，走共同富裕道路，促进人的全面发展，做到发展为了人民、发展依靠人民、发展成果由人民共享。要坚持人民是历史创造者的历史唯物主义观点，坚持全心全意为人民服务，坚持群众路线，真诚倾听群众呼声，真实反映群众愿望，真情关心群众疾苦，多为群众办好事、办实事，做到权为民所用、情为民所系、利为民所谋。

2012年党的十八大报告提出：加强社会建设，必须以保障和改善民生为重点，提高人民物质文化生活水平，要多谋民生之利，多解民生之忧，解决好人民最关心最直接最现实的利益问题，在学有所教、劳有所得、病有所医、老有所养、住有所居上持续取得新进展，努力让人民过上更好生活。

今天，习近平总书记进一步强调：人民对美好生活的向往，就是我们的奋斗目标。人世间的一切幸福都需要靠辛勤的劳动来创造。我们的责任，就是要团结带领全党全国各族人民，继续解放思想，坚持改革开放，不断解放和发展社会生产力，努力解决群众的生产生活困难，坚定不移走共同富裕的道路。充分体现了我们党一切为了群众的群众路线的核心和目的。

2. 一切依靠群众

一切依靠群众，是党的群众路线得以实现的关键。我们党的群众路线，不是讲给群众的动听故事，而是付诸实践加以贯彻并通过对群众路线的贯彻来改变群众的命运，创造群众的幸福生活。然而，在这里有一个十分重要的理论问题必须认识清楚，这就是，谁是群众的救世主，由谁创造群众的幸福生活，归根到底一句话，历史是谁创造的？这是几千年来哲学家、历史学家争论不休的问题。只有马克思主义才第一次科学地回答了这一问题，阐明了人民群众在社会历史发展中的决定作用。

马克思主义认为：人民群众是物质财富和精神财富的创造者，是进行社会变革的主体和决定性力量；无产阶级只能自己解放自己。中国共产党长期在敌我力量悬殊的经验环境里进行革命活动，依靠谁的问题显得尤其突出。为了战胜国内外强大的敌人，毛泽东反复强调，只要我们坚定地相信群众，紧紧地依靠群众，始终同群众打成一片，最广泛地发动群众、组织群众，那就任何困难都能克服，任何敌人都能战胜。于是不论在战争年代，还是在建设和改革时期，我们党总是根据不同时期的不同任务，团结一切可以团结的力量，调动一切积极因素，加强统一战线建设，从而使统一战线成了我们党的一大法宝。直到今日，统一战线仍然在我国社会主义现代化建设实践中发挥着十分重大的作用。统一战线建设，可以说是我们党最广泛地发动群众、最坚定地依靠群众的一个典范。历史充分证明，人民群众是社会实践的主体，是社会物质财富和精神财富的创造者，是真正的英雄。

在人民群众当中，蕴藏着无穷的智慧和创造力。我们的党只有善于总结人民群众在实践中创造的新鲜经验，善于汲取人民群众的聪明才智，虚心向群众学习，遇事同群众商量，甘当群众的学生，充分尊重群众的创造性和历史主动性，真正做到依靠群众，才能获得胜利之本和力量之源。当然，也必须承认，我们党是工人阶级的先锋队，是中国人民和中华民族的先锋队，因而是走在群众前列的引路人和领导者。群众如果没有党的领导，就会群龙无首、一盘散沙，就没有战斗力。因此，从群众角度来看，群众离不开党，群众要靠党为自己指明前进的方向和奋斗的目标，要靠党把分散的群众组织起来形成强大的有战斗力的整体；从党的角度来看，党也离不开群众，群众的支持和积极参与是完成党的任务、发展党的事业的基础，群众的实践和智慧是党的主张和路线方针政策的源泉。回顾中国共产党已经走过的90多年不平凡的历程可以看出，我们党紧紧依靠和紧密团结全国各族人民，干了三件大事。在新民主主义革命时期，我们经过28年艰苦卓绝的斗争，推翻了帝国主义、封建主义、官僚资本主义的反动统治，实现了民族独立和人民解放，建立了人民当家作主的新中国。在社会主义革命和建设时期，我们确立了社会主义基本制度，在一穷二白的基础上建立了独立的比较完整的工业体系和国民经济体系，使古老的中国以崭新的姿态屹立在世界的东方。在改革开放和社会主义现代化建设时期，我们开创了中国特色社会主义道路，坚持以经济建设为中心、坚持四项基本原则、坚持改革开放，初步建立起社会主义市场经济体制，大幅度提高了我国的综合国力和人民生活水平，为全面建设小康社会、基本实现社会主义现代化开辟了广阔的前景。这三件大事，从根本上改变了中国人民的前途命运，决定了中国历史的发展方向，在世界上产生了深刻而广泛的影响。90多年来，中国革命、建设、改革事业取得的一切成就，是一代又一代中国共产党人团结带领全国各族人民共同奋斗的结果。

今天，我国改革不断深化，开放不断扩大，发展站在了新的历史起点上，中国特色社会主义事业正处于一个关键时期。在我们的面前机遇和挑战并存，一方面，经济实力大幅提升，改革开放取得重大突破，人民生活显著改善，民主法制建设取得新进步，文化建设开创新局面，社会建设全面展开，国防和军队建设取得历史性成就，香港、澳门地区保持繁荣稳定，全方位外交取得重大进展，党的建设新的伟大工程扎实推进。另一方面，我们的工作与人民的期待还有不小差距，前进中还面临不少困难和问题，如经济增长的资源环境代价过大，城乡、区域和经济社会发展仍然不平衡，农业稳定发展和农民持续增收难度加大，劳动就业、社会保障、收入分配、教育卫生、居民住房、安全生产、司法和社会治安等方面关系群众切身利益的问题仍然较多，部分低收入群众生活比较困难，思想道德建设有待加强，党的执政能力同新形势新任务不完全适应，对改革、发展、稳定一些重大实际问题的调查研究不够深入，一些基层党组织软弱涣散，少数党员干部作风不正，形式主义、官僚主义问题比较突出，奢侈浪费、消极腐败现象仍然比较严重。在这样的情况下，我们要抓住机遇，应对挑战，更需要我们坚持以人为本，模范地践行全心全意为人民服务的根本宗旨，尊重人民主体地位，发挥人民首创精神，保障人民各项权益，坚定地依靠人民群众。

3. 从群众中来、到群众中去

从群众中来、到群众中去，这是贯彻党的群众路线的基本方法。人民群众是社会实践的主体，是一切社会财富的创造者，是党的力量源泉；人民群众也是认识主体，人民群众的经验和智慧是最丰富、最宝贵的，是党的智慧源泉。党只有做到从群众中来、到群众中去，才能集中群众的智慧和力量，引领社会历史不断前进，提高人民群众的物质和文化生活水平。因此，从群众中来、到群众中去，是我们党做到“一切为了群众、一切依靠群众”的基本保证，是贯彻党的群众路线的基本方法。毛泽东在《关于领导方法的若干问题》中指出：“在我党的一切实际工作中，凡属正确的领导，必须是从群众中来、到群众中去。这就是说，将群众的意见（分散的无系统的意见）集中起来（经过研究，化为集中的系统的意见），又到群众中去作宣传解释，化为群众的意见，使群众坚持下去，见之于行动，并在群众行动中考验这些意见是否正确。然后再从群众中集中起来，再到群众中坚持下去。如此无限循环，一次比一次地更正确、更生动、更丰富。这就是马克思主义的认识论。”毛泽东的这段话，告诉了我们两个十分深刻的道理：

一是党的正确主张只能来自于实践，而实践的主体是人民群众，因此，党的正确主张只能从群众中来。从群众中来，就是深入到群众中去，通过调查研究，了解群众的意见和要求，集中群众的智慧和经验，以形成符合群众实际需要的系统意见，制定出正确的路线方针政策，提出正确的解决问题、促进工作的措施。这就是我们党为什么经常教育党员干部，要坚信群众是真正的英雄，要充分尊重群众的首创精神。解决困难和问题的办法来自于群众、力量来自于群众、智慧来自于群众，工作中遇到困难和问题要虚心向群众学习。在群众那里学得知识，制定政策，然后再去教育人民群众。离开了“从群众中来”，领导者的认识将成为无源之水、无本之木。当然，群众的意见往往是多种多样的、复杂的，是分散的、无系统的。领导者的任务就是要对群众分散的、无系统的意见进行“去粗取精、去伪存真、由此及彼、由表及里”的加工制作，使之形成正确的、系统的意见，并在此基础上制定出正确的方针政策和方法。将群众分散的、无系统的意见集中起来，经过研究、科学的抽象，化为集中的、系统的意见，这是群众路线极为重要的一个环节。“集中”出了问题，同样不能形成正确的理论、政策和办法。所以，“从群众中来”的过程，是领导虚心向群众学习的过程，是从实际出发、调查研究的过程，也是进行分析和综合的科学抽象过程。一句话，是了解情况认识世界、发现真理的过程。

二是认识世界的目的是改造世界，改造世界的过程就是群众的实践活动过程，因此，从群众中来的党的主张，必须回到群众中去，付诸实践，才能创造出可以供人民群众享受的物质和文化成果，体现党的“一切为了群众、一切依靠群众”这一群众路线的根本目的。“到群众中去”，就是指我们的党员和干部要向人民群众进行宣传和解释工作，使党的路线方针政策和办法变为群众的思想和行动，从而指导群众的实践活动。毛泽东说过：“善于把党的政策变为群众的行动，善于使我们的每一个运动，每一个斗争，不但领导干部懂得，而且广大的群众都能懂得，都能掌握，这是一项马克思列宁主义的领导艺术。”“到群众中去”的过程，也是检验真理的过程，修正、完善和发展原有认识的过程。只有把领导的方针、政策和办法贯彻到群众中去，通过群众的实践，才能检验这些方针政策和办法是否正确。总之，“到群众中去”的过程，是群众掌握政策改造世界的过程，是坚持真理、修正错误的过程。

真正贯彻好“从群众中来、到群众中去”，领导者或领导机关必须具有虚心的态度和民主的作风。这是因为：

没有民主，就不可能做到“从群众中来”。没有民主，群众的积极性和创造力就发挥不出来。没有民主，群众不敢讲话就不可能听到群众中的各种意见和要求。领导干部要善于听取不同意见，特别要善于听取反对意见。1940年陕北水旱虫灾，经济困难。有一次下雨打雷，劈死了一位县委书记。一位农民知道后，说：“打雷怎么不劈死毛泽东?”乡政府就把这位农民抓了起来。毛泽东知道后，对下面的人说：“你们先把他放了，问问他为什么骂我?”这位农民说：“你们共产党征粮征得太多，我们缺粮，我只知道共产党的头子是毛泽东，我就骂了毛泽东。”毛泽东再对下面的人说：“你们调查一下是不是征粮征得太多了?”下面深入调查后，得出结论：“是征粮征得太多了。”征粮征得太多，农民有意见；征粮征得少了，部队吃不饱，怎么打日本？在两难之中，中央提出大生产，这才有后来轰轰烈烈的大生产运动。这件事告诉我们：有时骂声也是心声，有时骂声也是走向真理的先声。用马克思的话说，翻一个筋斗，就成为真理。作为领导，能力和水平就在于能够从正、反两种意见中引出正确的认识来。同样，领导机关的集中过程，也需要民主，需要有各种不同意见的争论，坚决反对个人说了算，这样才能真正做到集思广益，避免片面性、主观性，防止决策的失误。

没有民主，也不可能做到“到群众中去”。“到群众中去”，需要党的领导者和领导机关做耐心细致的说服教育工作，引导群众认识真理，掌握党的路线方针政策。在这个过程中，要切实把群众的诉求作为检验我们的方针政策和办法是否正确的标准，特别是要理清群众中对我们的政策和办法不理解的关节点，坚持群众利益无小事。只有这样，党才能赢得群众的信赖和支持，党的路线方针政策和办法才能在实践中行得通，才能变为群众的实际行动。总之，离开了民主，不论是“从群众中来”，还是“到群众中去”，都必将流于形式，甚至会走向反面。

实践和认识都是一个永无止境的过程，决定了“从群众中来、到群众中去”也是一个无限循环、不断丰富和发展的过程。在这个过程中，重要的是始终坚持一切为了群众、一切依靠群众，虚心向群众学习，善于总结群众的智慧和创造。

（四）什么是中国共产党的党群关系

我们党成立以来90多年的历史，就是同人民群众生死与共、同甘共苦的奋斗历史，是我们党密切联系群众的历史，是形成和发展、贯彻和落实党的群众路线的历史。其中毛泽东关于马克思主义群众观点和党的群众路线的论述，对于实现民族独立、人民解放，完成社会主义革命，确立了社会主义基本制度，具有重大的历史意义。认真学习这些论述，对于广大党员特别是各级领导干部，深刻认识群众观点的基本内涵，提高坚持马克思主义群众观点自觉性和坚定性，增强做好新形势下群众工作的政治责任感，开创党的群众工作新局面，更具有重大的现实意义。

毛泽东始终认为共产党不是一个特殊利益集团。“共产党是为民族、为人民谋利益的政党，它本身决无私利可图。它应该受人民的监督，而决不应该违背人民的意旨。它的党员应该站在民众之中，而决不应该站在民众之上。”[①] 进而在1945年党的七大上，毛泽东把“和人民群众密切联系在一起”作为党的三大作风之一。其中“在一起”三个字点出了中国共产党党群关系的实质。就是说，中国共产党要联系群众是由党的性质和历史使命所决定的。一方面，党是由工人阶级和其他社会阶层的先进分子所组成的，能够而且必须领导本阶级和最广大人民群众的斗争。但另一方面，党又必须紧紧和本阶级结合在一起，紧紧和包括本阶级群众在内的广大人民群众结合在一起。这是毛泽东对马克思主义群众观点和中国共产党党群关系最经典的解读。

---

① 《毛泽东选集》第3卷，人民出版社1991年版，第809页。

正是由于对马克思主义党群关系的正确解读，毛泽东把马克思列宁主义的基本原理同中国革命的具体实践结合起来，运用马列主义的立场、观点和方法，提出了党的群众工作的基本观点。

1. 在思想上牢固树立马克思主义的群众观点，坚持党的群众路线

“人民，只有人民，才是创造世界历史的动力。”① 毛泽东始终认为共产党不是一个特殊利益集团。党的七大明确指出：“一切为了人民群众的观点，一切向人民群众负责的观点，相信群众自己解放自己的观点，向人民群众学习的观点，这一切，就是我们的群众观点，就是人民群众的先进部队对人民群众的观点。”② 关于党的群众路线，早在 1943 年 6 月 1 日，毛泽东为中共中央写了《关于领导方法的若干问题》的决定中，就科学地阐述了群众路线所包含的内容和实施的步骤。毛泽东指出：从群众中集中起来又到群众中坚持下去，以形成正确的领导意见，这是基本的领导方法。这里毛泽东分析了“从群众中来，到群众中去”、“集中起来”、“坚持下去”这样一种正确的领导方法的全过程及其各个环节，把马克思主义认识论化为领导方法。这个决定标志着群众路线已经具备成熟的理论形态。

2. 在实践中坚持全心全意为人民服务的根本宗旨，把最广大人民的根本利益作为党的全部工作的出发点和落脚点

毛泽东 1944 年在《为人民服务》的讲演中明确说：“我们的共产党和共产党所领导的八路军、新四军，是革命的队伍。我们这个队伍完全是为着解放人民的，是彻底地为人民的利益工作的。”③ 除了人民大众的利益，共产党及其领导的军队没有任何特殊利益。全心全意为人民服务的观点，深刻揭示了党的群众观点的目的，是党的性质和宗旨在群众观点中的具体体现。

3. 在工作上坚持对党负责和对人民负责相一致，实现好、维护好和发展好中国最广大人民的根本利益

对党负责和对人民负责相一致，深刻揭示了党的群众观点的本质，揭示了对党负责与对人民负责之间的辩证统一关系。从根本上讲，中国共产党是全国各族人民利益的忠实代表，除了人民的利益而外，中国共产党是没有自己的特殊利益的。因为，中国共产党是中国工人阶级的先锋队组织，而中国工人阶级的奋斗方向，跟中国人民的根本利益是完全一致的，因此，对党负责与对人民负责是一致的。每个党的组织和共产党员自觉地贯彻执行党的路

① 《毛泽东选集》第 3 卷，人民出版社 1991 年版，第 1031 页。

② 《刘少奇论党的建设》，中央文献出版社 1991 年版，第 440 页。

③ 《毛泽东选集》第 3 卷，人民出版社 1991 年版，第 1004 页。

线、方针、政策，完成党交给的各项任务，这既是对党负责，也是对人民负责，二者是一致的。

4. 从制度上构建党离不开人民群众，人民群众也需要党的党群关系的良性互动模式，始终保持同人民群众的血肉联系

密切联系群众是共产党的优良传统和作风。毛泽东认为，党风是“一个非常重要的问题”、“第一个重要的问题。”① 党风关系到党的性质，关系到党的政治路线的贯彻执行，关系人心向背。历史经验说明，人民群众对党的拥护和支持，取决于对党的认识和判断，而党的作风则是人民群众认识党的最直观、最形象的标志，是人民群众决定是否跟党走的最具显著特征的依据。“人心的向背，则是经常起作用的因素”。② 在党的七大上，毛泽东在《论联合政府》的政治报告中，把党的优良作风概括为三大作风，即：“理论和实践相结合的作风，和人民群众紧密地联系在一起的作风以及自我批评的作风。”③

党的十八大提出，要在全党自上而下分批开展以为民务实清廉为主要内容的党的群众路线教育实践活动，抓到了密切党群关系的关键点。学习毛泽东关于马克思主义群众观点和党的群众路线的论述，就是要明白密切联系群众是我们的最大优势，而脱离群众则是我们的最大危险。党自成立以来90多年的历史，就是同人民群众生死与共、同甘共苦的奋斗历史，是密切联系群众的历史，是形成和发展、贯彻和落实党的群众路线的历史。

党的历史反复证明，什么时候党的群众路线执行得好，党群关系密切，党的事业就顺利发展；什么时候党的群众路线执行得不好，党群关系受到损害，党的事业就遭受挫折。因此，群众路线是党的生命线，坚定不移地坚持群众路线是党取得一切胜利的根本。我们要原原本本地坚持毛泽东关于党的群众工作的优良传统和作风。虽然党所处的历史方位可以变，党的中心任务可以变，党的具体工作也可以变，但党的群众观点在任何时期、任何情况下都不能变。我们要把历史上党的群众工作的优良传统和作风传承下来，并结合新的形势，做好群众工作，以坚强党性保证党的作风建设。

---

① 《毛泽东选集》第3卷，人民出版社1991年版，第813页。

② 《毛泽东选集》第4卷，人民出版社1991年版，第1246页。

③ 《毛泽东选集》第3卷，人民出版社1991年版，第1094页。

二、党员领导干部要学会做好群众工作

共产党基本的一条，就是直接依靠广大革命人民群众。[①]

——毛泽东

2014年1月20日，习近平同志在党的群众路线教育实践活动第一批总结暨第二批部署会议上发表重要讲话指出，坚持党要管党、从严治党，永葆党的先进性和纯洁性，不断增强党的创造力、凝聚力、战斗力，是摆在我们面前的重大课题。党的根基在人民、血脉在人民、力量在人民，党的一切奋斗，归根到底都是为了实现好、维护好、发展好最广大人民的根本利益。因此，党员领导干部要学会做好群众工作，坚持开门搞活动，突出问题导向，以问题整改开局亮相，以问题整改注入动力，以问题整改交出答卷，坚持标准，严格把关，不断拧紧螺丝、上紧发条，保证活动不走过场。

（一）电影《暴风骤雨》告诉我们的

《暴风骤雨》是周立波的代表作，是一部反映解放区土改运动的小说，后来改编成电影。看过小说和电影的人，都记得里面有个主要人物叫赵光腚也就是赵玉林。赵玉林在日本帝国主义和恶霸地主韩老六的双重压迫下，老母饿死，妻子讨饭，全家三口都“光着腚”（因此他外号赵光腚）。土改工作队进村后，赵玉林等贫苦农民的革命热情被点燃起来，他们在工作队的领导下，如同暴风骤雨般地打垮了地主阶级的反攻，完成了土地改革的任务。后来农民们一面积极生产，一面踊跃报名参军，正如赵玉林生前所说，全力“保住穷人的天下”，将革命进行到底。为什么他们有那么大的革命热情和斗争精神，就是因为共产党给他们解决了千百年来没有解决的土地问题。历史

① 《建国以来毛泽东文稿》第12册，中央文献出版社1998年版，第581页。

充分说明，我们党成立以来 90 多年的历史，就是同人民群众生死与共、同甘共苦的奋斗历史，是我们党密切联系群众的历史，是形成和发展、贯彻和落实党的群众路线的历史。我们党的历史反复证明，什么时候党的群众路线执行得好，党群关系密切，我们的事业就顺利发展；什么时候党的群众路线执行得不好，党群关系受到损害，我们的事业就遭受挫折。因此，群众路线是党的生命线，坚定不移地坚持群众路线是我们党一切胜利的根本。

1. 革命战争年代党的群众工作

在中国共产党领导的新民主主义革命时期，以毛泽东为代表的中国共产党人为着中华民族的独立、人民群众的解放和国家的繁荣富强，高举起共产主义和社会主义的旗帜，深入工农群众，传播马克思列宁主义革命真理，启发工人阶级和广大农民群众的革命觉悟，帮助中国的广大人民群众认清我国的社会性质和基本国情，认清革命的动力、对象、任务和前途，极大地鼓舞了人民群众的革命热情，团结和带领广大群众投入到了如火如荼的革命斗争中，依靠广大人民群众取得了中国新民主主义革命的胜利，实现了中国由半封建半殖民地社会向独立的民族国家的伟大历史性转变。

毛泽东在《为人民服务》一文中曾经指出："我们的共产党和共产党所领导的八路军、新四军是革命的队伍。我们这个队伍完全是为着解放人民的，是彻底地为人民的利益工作的。"在中国共产党 28 年的革命战争生涯中，为人民的翻身解放进行了艰苦卓绝的斗争，许多共产党员落入敌人的魔掌，英勇就义。李大钊、瞿秋白、蔡和森、邓中夏、彭湃、张太雷等革命先烈，就是其中的杰出代表。在抗日战争和解放战争中，中国共产党人冒着枪林弹雨，前仆后继，转战南北，为推翻压在人民头上的三座大山，立下了不朽的功勋。中国共产党的实践活动，使广大人民群众认识到：中国共产党确实在为人民利益而斗争，是人民利益的真正代表者。于是，人民群众把党的事业看成是自己的事业，因而许多基本群众、普通的工人农民能够在危急时刻，不惜牺牲个人的一切，或者亲身参加革命，或者掩护我们的党员和战士，形成了共产党员同人民群众之间的鱼水关系，奠定了党最终取得革命胜利的坚实而雄厚的群众基础。对此，不仅我们的党和广大的人民群众确信无疑，就连美军观察组的成员谢伟思也讲过：中共早晚会成为执政党……中国的命运不决定于蒋介石，而决定于他们。这就是为什么中国共产党在中华民族最危难的时刻，能够成为全民族抗战的中流砥柱，为什么在延安这样一个衣食贫乏、条件艰苦的地方，能够聚拢那么多中华民族最优秀的儿女，为什么中国共产党能够打败在政治、经济、军事以及各方面都占明显优势地位的国民党而成为中国的执政党。

总之，我们党过去能够战胜千难万险，渡过重重难关，根本的问题是我们的干部、党员同人民群众一块苦。我们党和党领导的军队正是深深扎根于广大人民群众之中，依靠了同人民群众的血肉联系，依靠了人民群众的支持，才获得了无坚不摧的力量，才推翻了“三座大山”，建立了新中国。因此，陈毅元帅在总结淮海战役的胜利时曾经深有感触地说，淮海战役的胜利不是解放军用枪炮打出来的，而是解放区的老百姓“用小车推出来的”。中国革命的胜利，是人民群众在中国共产党的领导下坚强奋战而取得的，是靠坚持党的“一切为了群众，一切依靠群众，从群众中来，到群众中去”的群众路线而取得的。

2. 社会主义革命和建设时期党的群众工作

党在全国范围内处于执政地位以后，最容易犯的错误，最危险、最致命的错误，是脱离群众。为了防止这种危险，早在取得革命胜利的前夕，毛泽东就在七届二中全会上告诫全党同志，“因为胜利，党内的骄傲情绪，以功臣自居的情绪，停顿起来不求进步的情绪，贪图享乐不愿再过艰苦生活的情绪，可能生长。因为胜利，人民感谢我们，资产阶级也会出来捧场。敌人的武力是不能征服我们的，这点已经得到证明了。资产阶级的捧场则可能征服我们队伍中的意志薄弱者。可能有这样一些共产党人，他们是不曾被拿枪的敌人征服过的，他们在这些敌人面前不愧英雄的称号；但是经不起人们用糖衣裹着的炮弹的攻击，他们在糖弹面前要打败仗。我们必须预防这种情况……务必使同志们继续地保持谦虚、谨慎、不骄、不躁的作风，务必使同志们继续地保持艰苦奋斗的作风。”

中华人民共和国成立初期的几年间，我们党始终把党的建设特别是保持党与人民群众的密切联系置于一切工作向前推进的中心环节。这些持续的、不间断的努力，使所有的共产党员无时不处在外在的牵引、激励和警觉之中，较好地保持了为民本色，坚持了党的群众路线。当然并不是说没有问题，脱离群众的错误，背离群众路线的事情也在一定范围内存在，其表现形式是官僚主义、命令主义、主观主义，以及以权谋私的各种腐败现象。我们党于50年代初开展的“三反”和整党，正是反对脱离群众，加强执政党同人民群众密切联系的一场重大斗争。1956年9月，党的八大总结了我们党执政7年来的经验教训，要求全党坚持群众路线，即坚持全心全意为人民服务的宗旨，坚持从群众中来到群众中去的方法；要求全党继续坚持民主集中制原则和坚持集体领导的原则，防止个人崇拜，避免个人专断。

然而，八大的正确主张未能坚持下去。1956年生产资料私有制改造完成以后，由于我们党对经济文化落后国家建设社会主义的长期性、复杂性、艰巨性认识不足，对执政规律缺乏深刻的了解，对经济发展规律和社会发展规律的认识发生了偏差，试图把执政基础建立在极左的意识形态信仰之上，把狠抓阶级斗争作为巩固执政基础的主要手段，轻视满足人民对物质文化的需求，致使人民的生活 20 多年没有多大提高。1958 年至 1960 年的三年“大跃进”和人民公社运动，违反了实事求是和党的群众路线的优良传统，脱离实际，脱离群众，严重损害了党群关系。尤其是“文化大革命”这样全局性的长时间的脱离群众、违背民心的错误，给党、国家和全国各族人民造成了严重的灾难，这一历史教训值得深刻汲取。

3. 改革开放新时期党的群众工作

1978 年党的十一届三中全会，是我们党历史上的一次伟大转折。全会在总结我国社会主义建设的历史经验教训基础上，以邓小平为核心的第二代中央领导集体清醒地认识到，必须尽快满足人民群众对提高物质文化生活水平的强烈愿望，才能真正巩固共产党执政的合法性基础。鉴于历史和现实的经验教训，党中央明确认识到：党是阶级的先进部队，党是为人民的利益而存在和奋斗的，但是党永远只是人民的一个部分；离开人民，党的一切斗争和理想不但会落空，而且都要变得毫无意义。因此，十一届三中全会全面分析了当时的国际国内形势、人民群众的意愿和要求，及时地、果断地结束全国范围的大规模的揭批林彪、“四人帮”的群众运动，把全党工作的着重点和全国人民的注意力转移到社会主义现代化建设上来，对中国今后的改革和发展产生了十分重大而积极的影响。党的十一届三中全会作出的这一战略决策，反映了历史的要求和人民的愿望，代表了人民的根本利益。因为在经历了一系列“左”的政治运动，特别是经历了十年“文化大革命”之后，能否加快社会主义现代化建设，并在生产迅速发展的基础上显著地改善人民生活，这不仅是当时全国人民最为关心的大事，而且对于世界的和平和进步事业也有十分重大的意义。因此，十一届三中全会以实现四个现代化、大幅度地提高生产力为中心，创造性地提出了多方面地改变同生产力发展不适应的生产关系和上层建筑，改变一切不适应的管理方式、活动方式和思想方式，在自力更生的基础上积极发展同世界各国平等互利的经济合作，努力采用世界先进技术和先进设备，并大力加强实现现代化所必需的科学和教育工作，并认为这种改革开放是一场广泛、深刻的革命，必将带来我国经济建设高速度地、稳定地向前发展。十一届三中全会的这些新思想，为我们在改革开放新时期进一步做好群众工作，密切党与人民群众的关系，贯彻党的群众路线奠定了坚实的政治基础。

以邓小平为核心的中国共产党人，面对十年“文化大革命”造成的危难局面，围绕什么是社会主义，怎样建设社会主义这一根本问题，坚持解放思想、实事求是，以巨大的政治勇气和理论勇气，科学评价毛泽东同志和毛泽东思想，彻底否定“以阶级斗争为纲”的错误理论和实践，作出把党和国家工作中心转移到经济建设上来、实行改革开放的历史性决策，确立社会主义初级阶段基本路线，吹响走自己的路、建设有中国特色社会主义的时代号角，创立邓小平理论，指引全党全国各族人民在中国特色社会主义伟大道路上阔步前进。

以江泽民为核心的第三代中央领导集体，受命于重大历史关头，带领全党全国各族人民把邓小平开创的中国特色社会主义事业，继承下来、发展下去，并成功推向21世纪。从十三届四中全会到十六大，高举邓小平理论伟大旗帜，坚持改革开放、与时俱进，在国内外政治风波、经济风险等严峻考验面前，依靠党和人民，捍卫中国特色社会主义，创建社会主义市场经济新体制，开创全面开放新局面，推进党的建设新的伟大工程，创立“三个代表”重要思想，不仅对什么是社会主义、怎样建设社会主义进行了进一步的发展，而且创造性地解决了建设什么样的党、怎样建设党这一重大理论和实践课题，继续引领改革开放的航船沿着正确方向破浪前进。

党的十六大以来，以胡锦涛同志为总书记的党中央，以邓小平理论和“三个代表”重要思想为指导，顺应国内外形势发展变化，抓住重要战略机遇期，发扬求真务实、开拓进取精神，坚持理论创新和实践创新，着力推动科学发展、促进社会和谐，完善社会主义市场经济体制，在全面建设小康社会实践中坚定不移地把改革开放伟大事业继续推向前进，使中国特色社会主义伟大道路越走越宽广，进一步解决了实现什么样的发展、怎样实现发展的又一新的重大战略性课题，创立了“以人为本、全面协调可持续发展”的科学发展观，从而使党的群众工作建立在了与群众关系更为直接和现实的基础之上，使党的群众路线的贯彻落实有了更加明确的目标和方向，即发展为了人民群众，发展依靠人民群众，发展成果由人民群众共同享用。

值得强调的是，我国进入改革开放新时期以来，也是国际风云变幻最为鲜明和激烈的时期。其间，许多共产党执政的社会主义国家，在改革的口号下，党的执政地位垮台了，国家的社会主义性质改变了。在这种国际局势的影响下，我们国家也不是风平浪静，但是最终中国共产党执政的社会主义中国依然屹立于世界的东方，在世界社会主义的版图上显现出“风景这边独好”。这种鲜明的对比，更加雄辩地证明，马克思主义执政党只有真正地坚持“一切为了群众，一切依靠群众，从群众中来，到群众中去”的群众路线，善于做好新形势下的群众工作，进一步密切党同人民群众的血肉联系，充分地尊重和依靠人民群众的创造力，不断提高人民群众的生活水平和生活质量，才能从根本上赢得群众，才能巩固党的执政地位，才能保持国家的社会主义性质。国际国内正反两方面的历史经验告诉我们：人民群众是党的力量源泉和胜利之本，做好群众工作是党取得一切成就的重要法宝。

回顾中国共产党建党以来的伟大历程，正如2013年12月26日习近平同志在纪念毛泽东诞辰120周年座谈会上的讲话中指出的："群众路线是我们党的生命线和根本工作路线，是我们党永葆青春活力和战斗力的重要传家宝。不论过去、现在和将来，我们都要坚持一切为了群众，一切依靠群众，从群众中来，到群众中去，把党的正确主张变为群众的自觉行动，把群众路线贯彻到治国理政全部活动之中。"

（二）"在一起"是中国共产党做好群众工作的基本经验

中国共产党历来十分重视群众工作，在长期的革命和建设过程中，积累了十分丰富的群众工作经验。这些经验既是对以往群众工作的科学总结，又是对今后群众工作的深刻启迪。

1. 共产党员的率先垂范是做好群众工作的基本前提

中国共产党是中国特色社会主义事业的领导核心。党的这一领导核心作用，除了靠党的正确的路线方针政策来体现之外，还有一个重要的方面就是党员先锋模范作用的发挥。没有共产党员的率先垂范，就不可能正确引导人民群众跟着共产党走，就不能保持党同人民群众的血肉联系。在革命战争年代，尽管敌人一边用飞机大炮一次又一次对共产党实施"围剿"，企图把我们党斩尽杀绝，一边利用他们控制的舆论工具，把种种可怕的罪名扣到我们党头上。但是，人民群众靠自己的眼睛看到了共产党人大公无私、英勇无畏、吃苦在前、享受在后的为民本质，看到了共产党全心全意为人民服务的为民形象，毅然决然地支持和拥护我们党。共产党人时时处处关心人民群众，时时刻刻为人民大众谋利益的先锋模范作用，深深地感动和鼓舞着人民群众，形成了党与人民群众的血肉联系，取得了革命战争的胜利。20世纪50年代末60年代初的经济困难时期，我们能顺利渡过难关，也正因为有共产党人的先锋模范作用，与人民同甘苦，共患难，带领人民共度难关。改革开放的新时期，国际国内形势发生了广泛而深刻的变化，人民群众对党拥有更多的新期待，从而对共产党员的先锋模范作用提出了更高的要求。改革开放的实践证明，广大共产党员不负众望，做到了艰苦的工作干在前头，危难的时刻冲在前头，利益面前让在前头。正是广大党员对人民群众的正确引导和带领，才使我们的改革开放取得举世瞩目的巨大成就；正是党员的先锋模范作用，为我们党进一步密切与人民群众的血肉联系、做好群众工作奠定了坚实的思想基础和物质基础。

党章指出：共产党员要“贯彻执行党的基本路线和各项方针、政策，带头参加改革开放和社会主义现代化建设，带动群众为经济发展和社会进步艰苦奋斗，在生产、工作、学习和社会生活中起先锋模范作用”。这是党章规定的党员必须履行的八项义务之一。根据党章的这一要求，面对新世纪新阶段的新问题、新特点，共产党员应当在以下几个方面发挥先锋模范作用，为我们党做好新形势下的群众工作贡献力量。

一是在知识学习上发挥带头作用。学习是使人进步的阶梯。学习马克思主义基本理论，可以使党员不断提高思想觉悟，增强道德品质；学习科技文化知识，可以使党员不断提高文化水平和专业素质，提高做好工作的能力和本领；学习法律知识，可以使党员不断提高法治意识，自觉遵守党纪国法。当今时代是个需要终生学习的时代。身处新时代的每位共产党员都应该有这种学习的紧迫感。特别需要提出的是，共产党员一定要着力在学习马克思主义中国化的最新理论成果上下功夫，全面理解和把握科学发展观的基本内涵和精神实质，带领身边群众深入贯彻落实科学发展观。要不断丰富自己的文化素养，努力掌握更多的工作技能，为社会、为人民作出更大的贡献。

二是在工作实践中发挥示范作用。俗语说得好：“万丈高楼平地起”，“积溪成河，积流汇海”，任何事业的成功都是在不断积累的过程中靠勤奋、务实、苦干而铸就的。共产党员要成就社会主义现代化的伟大事业别无他途，唯有实干。因此，共产党员要有乐于实干的精神，对自己的工作和党的事业无私奉献的境界和不计得失的态度。要有甘于吃苦的精神，做到吃苦在前、享受在后、艰苦奋斗、开拓创新、任劳任怨、默默无闻地为党的事业殚精竭虑，大兴求真务实之风，坚决反对各种弄虚作假、形式主义和官僚主义，创造出经得起实践、经得起人民、经得起历史检验的真实政绩，并以自己的模范行动带领人民群众推进和发展中国特色社会主义伟大事业。

三是在廉洁自律上发挥榜样作用。我们党的宗旨是全心全意为人民服务，共产党员就应该是这一宗旨的忠实“践行者”。任何一名党员干部，手中的权力都是人民赋予的，只能用于服务于人民的工作中，任何以权谋私、以官压人的做法都是与党的宗旨相悖的，也是党的纪律所不允许的。特别是随着改革的不断深入，一些人（也包括部分党员干部）拜金主义、享乐主义思想严重，个人私欲膨胀，于党纪国法而不顾，损公肥私，损人利己，甚至滑向了犯罪的深渊，损害了党在人民群众心目中的形象。因此，作为一名党员要能“一日三省吾身”，自觉遵章守纪，不断增强自身的法纪观念和党性修养，克己奉公，见利思义，勤政廉洁，用言行、用实绩为人民谋利益、为党尽职责，做反腐倡廉、勤政廉政的“示范者”。只有这样，党才有威信、才有号召力、才能赢得群众的支持和拥护，党的事业才能蒸蒸日上、无往而不胜。

四是在团结协作上发挥凝聚作用。中国共产党是根据自己的纲领和章程，按照民主集中制组织起来的统一整体。党所领导的中国特色社会主义事业，是全党全民精诚合作、各行各业高度凝结的统一整体。万众一心，团结协作，各司其职、各尽所能，是党保持团结统一、党的事业取得成功的关键。因此，共产党员必须牢固树立大局观念、整体观念，模范地坚持民主集中制，自觉做到个人服从组织、少数服从多数、下级服从上级、全党服从中央。只有这样，才能以全党的团结带动全国各族人民的大团结，形成坚持和发展中国特色社会主义的强大合力。

2. 实现好、发展好和维护好最广大群众的根本利益是做好群众工作的第一要务

按照马克思主义唯物史观，物质资料生产是指人们借助于劳动资料，使劳动对象发生预定的变化，以满足生产和生活需要的活动。物质资料的生产是人类社会存在和发展的基础。这就是说人们争取奋斗的一切，都跟他们的利益有关。因此，共产党必须把最大多数人的利益视为最紧要和最具有决定性的因素，把最广大人民群众的利益实现好、发展好和维护好视为做好群众工作的第一位重要的任务。

回顾我们党 90 多年的历史，我们党之所以能在人民群众中逐步建立起自己的崇高威信，正是因为共产党人时时刻刻、事事处处为当地当时的人民群众排忧解难，想群众之所想，急群众之所急，使群众真正享受到了实际利益。如在土地革命战争时期，我们党就已认识到密切党群关系和做好群众工作的根本，在于解决农民的土地问题。红军每到一地，打土豪、分田地。土地问题的解决，既使广大农民的积极性空前高涨，又使工农红军和根据地的发展获得了最重要的政治基础和无穷无尽的力量源泉。在抗日战争时期，我们党就已认识到把日本帝国主义赶出中国去，把中国人民从日本帝国主义的屠刀下解救出来，是当时中国最广大人民的根本利益和根本要求。我们党倡导和实施的停止内战、一致对外，建立抗日民族统一战线的主张，深得人民群众的支持。广大人民群众不惜一切在兵员、物资等方面全力支持抗日战争，要人有人，要粮有粮，要物有物，部队打到哪里，群众就支援到哪里，绘成了一幅十分壮观的人民抗战画卷，终于取得了抗日战争的胜利。进入改革开放新时期以来，我们党认识到解决温饱、脱贫致富，把中国建设成为富强、民主、文明、和谐的社会主义现代化国家，是全中国人民的根本利益。我们党正确分析了我国正处于并将长期处于社会主义初级阶段的基本国情，提出了“团结和带领全国各族人民，以经济建设为中心，坚持四项基本原则，坚持改革开放，自力更生，艰苦创业，为把我国建设成为富强、民主、文明、和谐的社会主义现代化国家而奋斗”的基本路线。30 多年的改革开放，人民生活总体上达到小康水平，政治建设、文化建设和社会建设都取得了重大成就。实践反复证明，要做好群众工作，必须把实现和维护好广大群众的根本利益作为第一要务，这也是衡量群众工作好坏的一个重要标尺。

3. 善于从人民群众的实践中寻找解决问题的办法是做好群众工作的有效途径

在我们党的一切实际工作中，凡属正确的领导，必须是从群众中来，到群众中去。离开人民群众丰富多彩的实践活动，不注重和不善于总结群众的实践经验，我们的任何思想、理论、政策计划和办法都成了“无源之水”、“无本之木”。正因为如此，我们党在革命、建设和改革的各个历史时期，始终尊重人民群众的首创精神，总是满腔热情地支持和鼓励人民群众在实践中涌现出来的新生事物，总是善于从人民群众的实践中发现问题、找出解决问题的办法。改革开放 30 多年来，我们取得的每一个重大理论突破，每一次社会实践的历史性飞跃，每一回重大政策的调整，都离不开人民群众的实践。从家庭联产承包责任制的推行，到乡镇企业的异军突起，再到非公有制经济的迅猛发展，无不是人民群众创造性探索的结果。如果我们党不善于从人民群众的伟大实践中吸取营养，不依据人民群众的实践活动寻找解决问题的办法，就不可能有改革开放和现代化建设的一系列正确的方针政策，就不可能把亿万人民群众发动和组织起来并使其积极参与到中国特色社会主义事业的伟大实践之中，也就不可能有中国特色社会主义事业发展的大好局面。

党的群众工作，从本质上讲是把党的主张、党的路线方针政策宣传到群众的心里，化为群众的实际行动，使党得到人民群众的理解、接受、支持和拥护，使党的主线和路线方针政策得到贯彻落实。这就决定了党的主线和路线方针政策，必须符合最广大人民的根本利益和愿望，必须能使人民群众从中看到自己能够得到的利益和享受，看到自己光明的未来和幸福的生活前景，因为人民群众是最讲实际的，人民群众对一个党的判断，不只是要听其言，而且更注重观其行；不仅要看其制定路线方针政策的动机，更注重看路线方针政策实施的结果。只要对人民群众有利的，人民群众就一定支持，只要对人民群众不利，人民群众就必然反对。因此，党要做好群众工作，就必须深入到人民群众之中，通过广泛的调查研究，了解人民群众的意愿和要求，并把人民群众的意愿和要求作为制定路线方针政策的基本依据，把解决人民群众生产和生活中的困难和问题作为根本任务，把提高人民群众的物质文化生活水平作为唯一的目的。只有这样，才能为党的群众工作奠定坚实的基础，使党的群众工作做得扎实有效。

4. 实现党群、干群关系的制度化是做好群众工作的重要保证

制度是人们在长期的社会实践中逐步形成的具有规范性、约束力的行为准则，也是构成社会稳定的基本框架。没有规矩，不成方圆。一个组织，一个政党，一个国家，一个社会，没有制度的规范和制约，就无法保持基本稳定，无法维持正常运行。改革开放之初，邓小平就深刻指出：制度建设更带有根本性、全局性、稳定性和长期性。这是对长期执政积累的经验教训的科学总结。

制度建设之所以重要是由制度本身的特征决定的。制度更具有规范性。一个好的制度，会对怎样联系群众做出明确、具体、可供操作的规定。有了规章制度，使领导干部联系群众不再是随意的、个人的行为。党的任何组织和任何个人，都不得以任何理由和借口，拒绝到群众中去解决问题、接受监督。制度更具有强制性。一个好的制度，会对领导干部联系群众具有很强的约束力。有了规章制度，使领导干部联系群众不再是可做可不做的事情。任何脱离群众、脱离实际的官僚主义行为，都将受到批评；任何侵害群众权益的行为，都将受到严肃处理。制度更具有稳定性和长期性。一个好的制度，会在相当长的时间里发挥作用和效力。有了规章制度，使领导干部联系群众不再是短期行为。

党的群众工作，虽然主要应当靠全党同志特别是各级领导干部的高度的宗旨意识和为民观念，但同时也需要用制度来规范。因此，我们党在革命建设和改革的每一历史时期，都十分重视党联系群众的制度建设。建党之初，党就做出过宣传群众、教育群众、组织群众、动员群众的决定，党的各级领导干部都曾经深入各类群众之中，去开展实实在在的工人运动、农民运动、学生运动和兵运活动、统战工作。新中国成立之后，我们党作为执政党，全心全意为人民服务的根本宗旨并没有变，宣传群众、教育群众、组织群众、动员群众，团结和带领群众为实现自身利益而奋斗的历史使命并没有变，密切联系群众的优良作风并没有丢。特别是进入改革开放和发展社会主义市场经济以来，面对一些党员尤其是一些党员干部脱离群众，以权谋私的违纪违法行为，我们党对密切联系群众的制度建设提出了更高的要求，摆到了更加重要的位置，建立了许多联系群众的制度。通过严格的制度，保证党同人民群众的紧密联系，这是党的优良传统和政治优势，也是我们在新世纪夺取社会主义现代化事业伟大胜利的根本保障。因此，越是改革开放，越是发展社会主义市场经济，越是要认真研究密切联系群众的制度建设问题。

（三）党员干部要把群众工作的优良传统传承下去

在新的历史条件下，继承和弘扬我们党在长期的群众工作实践中所形成的好传统、好经验、好做法，这是做好新形势下群众工作的“根”和“源”。

1. 把做群众的思想政治工作与解决群众的实际问题结合起来

经常向群众宣传党的路线方针政策、讲解国家的法律法规、介绍重要的工作部署，帮助群众提高思想觉悟和文化道德水平，教育引导群众正确处理个人利益与集体利益、局部利益与整体利益、当前利益与长远利益的关系，处理好新形势下的人民内部矛盾，及时有效地消除隔阂、化解冲突、理顺情绪，努力形成政通人和的良好局面，凝聚群众力量。党员干部要经常与群众沟通思想，交换意见，增进了解，取得群众对工作的理解和支持。党员干部要特别注意到，现在群众中的许多思想问题，与他们生产、生活的实际问题密切相关，着重解决群众生产生活中的实际困难，才能是做好群众工作的治本之策。因此，要把解决思想问题同解决实际问题结合起来，把教育引导与提供服务结合起来，两者相互配合、相互促进。

2. 把言传与身教结合起来

各级领导干部要经常深入到群众中去，面对面地用群众的语言宣传群众、教育群众，使党的路线方针政策深入人心，成为广大人民群众的共同意志和自觉行动。广大人民群众往往是通过自己的亲身感受来判断真善美和假恶丑的。领导干部能够以身作则、率先垂范，就会产生巨大的人格魅力和道德力量，磁石般地把群众吸引和凝聚在党的周围，使我们的群众工作更加坚强有力。

3. 把发扬优良传统与不断开拓创新结合起来

继承和发扬我们党群众工作的优良传统，坚持和完善被实践证明行之有效的群众工作方法制度，是我们做好新形势下群众工作的“根”和“源”。同时，必须以与时俱进的精神，积极探索创新群众工作的途径与方法，使群众工作充满生机和活力。要紧随社会主义民主政治建设进程，学会用民主的方法做群众工作；按照构建社会主义和谐社会的要求，学会用提供服务的方法做群众工作；适应社会主义市场经济发展，学会用经济的方法做群众工作。要尊重基层组织和基层干部的首创精神，及时总结推广他们创造的新鲜经验，不断把群众工作推向前进。

4. 把发挥思想政治工作的优势同综合运用各种手段结合起来

党的思想政治工作本质上是群众工作，是宣传群众，教育群众，引导群众，提高群众的工作，是解决人民内部矛盾的有效方法。当前人民内部矛盾的产生，是多种因素综合作用的结果。我们在处理这些矛盾时，必须从实际出发，针对不同情况采取不同的措施，或说明情况，澄清事实；或明确原则，确定措施；或纠正错误，调整政策；或汇集各方，居中斡旋；或诉之法律，依法处理。无论哪一种情况，对人民群众中的各种思想问题，都要耐心细致地做好工作，沟通情况，增进了解，取得人民群众的理解和支持。

当然，思想政治工作不是万能的，必须在加强和改进思想政治工作、发挥思想政治工作这一优势的基础上，综合运用群众工作的各种手段。一要学会运用发扬民主的办法、说服教育的办法、耐心疏导的办法、经济调节和依法调处的办法来解决人民内部矛盾，力戒粗暴生硬、强加于人，更不能随意对群众滥用专政工具；二要充分利用和扩展基层各类阵地和文化设施，抓住一些特殊的契机，利用一些特色宣传教育基地，围绕党的中心工作，开展形式多样的宣传教育活动。要广泛宣传典型人物的先进事迹，弘扬社会正气，展示社会主流，以激励人们奋发向上。要围绕就业和增收，进行科技咨询、技能示范，以强化科技文化培训赋予思想政治工作新的内涵，大力提高人民群众的科学文化技术水平。要创造更多的优秀文化产品，大力建设企业文化、村镇文化、校园文化、军营文化、广场文化，使丰富多彩的文化活动深入基层，深入社区，深入群众，既可以贴近群众，了解社情民意，又能让群众在丰富多彩的文化活动中陶冶情操。要坚持依法治国，强化公民道德与法制意识，举办有关法律知识培训班、专题辅导讲座和展览，进行法律法规宣传，增强人民群众的法制观念和法律意识，改善社会风气，创造一个团结稳定、积极向上的良好社会环境，不断使人民群众的生活走向科学、文明和健康。

三、着力解决群众反映强烈的突出问题

由于我们党现在已经是在全国执政的党，脱离群众的危险，比以前大大地增加了，而脱离群众对于人民可能产生的危害，也比以前大大地增加了。因此，目前在全党认真地宣传和贯彻执行群众路线，也就有特别重大的意义。①

——邓小平

时代在进步，实践在发展。党的群众工作，只有与时代进步同步，与实践发展合拍，才能不断开创新局面，取得新成就。因此，对当前群众工作形势新特点、新变化的准确判断和科学利用，是做好党的群众工作的基本前提。从总体上说，当前群众工作面临的新形势主要有三个：一是党的历史方位的新变化；二是世情、国情、民情的新变化；三是社会群体的分化变化。这些都对做好群众工作提出了新的更高的要求。

（一）执政条件下做好群众工作的要求更高、难度更大

我们党在历经革命、建设和改革开放 90 多年的实践中，从党所处的历史方位的角度来看，发生了两次根本性的变化。一是以新中国的成立为标志，我们党已经从领导人民为夺取全国政权而奋斗的党，成为领导人民掌握全国政权并长期执政的党。二是以改革开放为标志，我们党已经从受到外部封锁和实行计划经济条件下领导国家建设的党，成为对外开放和发展社会主义市场经济条件下领导国家建设的党。第一个方面的变化表明，我们党已经从“革命”党变成了执政党，因而党的群众工作也就从革命环境下的群众工作变成了执政条件下的群众工作。第二个方面的变化表明，我们党已经从封

① 《邓小平文选》第 1 卷，人民出版社 1994 年版，第 221 页。

闭僵化条件下领导国家建设变成了在改革开放条件下领导国家建设的党，因而党的群众工作也就必须适应改革开放的要求。

1. 从“革命”党到执政党

尽管“革命”和“执政”不是一个矛盾统一体，但用它来说明中国共产党历史方位的变化也是很形象的。中国共产党以前是领导革命的党，现在是执政党而且是世界上连续执政时间最长的、党员人数最多的执政党。党在这种执政地位条件下做好群众工作与在革命条件下做好群众工作相比较，不仅更加重要，而且更加紧迫，因而要求更高、难度更大。

在革命战争年代，党始终处于白色恐怖之中，生存环境极端恶劣。党要生存、发展、壮大，要完成自己肩负的历史使命，只有坚决依靠广大的劳苦大众，紧紧地同全中国人民站在一起，全心全意为人民服务。除此之外，别无他途。这种客观环境同我们党自身的工人阶级政党的性质、宗旨、最终奋斗目标相结合，使中国共产党始终坚持马克思主义群众观点，并在实践中逐步形成和不断发展党的“一切为了群众，一切依靠群众，从群众中来、到群众中去”的根本工作路线，形成并不断发展密切联系群众的优良传统和作风。因此，做好群众工作，对于我们党来说客观上有一种强大的外在压力。

新中国成立后，我们党成为执掌全国政权的执政党。党在国家中的地位的根本转变，必然给党在联系群众、做群众工作方面不论是主观认识上还是实际工作中都会产生一定影响。在实际工作中，由于党手中掌握了政权，使党的政治主张和路线方针政策在很大程度上不是以深入细致的群众工作、依靠群众的理解和支持才能贯彻为唯一途径，而是除了做群众工作之外，还可以靠权力和政令来强制推行、靠国家法律和组织纪律、制度来强行贯彻，从而使党在客观上增加了脱离群众的危险。在主观认识上，由于国家权力掌握在了党员干部手中，使某些党员干部对党的生存危机感会不断弱化，群众观念会逐渐淡薄。同时，由于长期受封建主义的传统意识的影响，党内的官本位思想、官僚主义意识在一定的条件下有所滋长，消极腐败现象时有发生，严重地损害了党和人民的利益。实践使我们认识到，执政党最大的危险就是脱离群众。要防止这种潜在危险变为现实，就必须切实加强党的执政环境下的群众工作，保持和弘扬党密切联系群众的优良传统和作风，使广大群众成为支持党的执政地位的坚实基础。

2. 从领导人民进行革命到领导人民进行国家建设

中国共产党是在改革开放条件下领导全国人民进行国家建设的党。我国的改革开放是建立在对原有的封闭僵化、高度集中的计划经济予以否定的基础之上的，也就是说，我国改革开放的基本目标取向是建立和完善社会主义市场经济。

在计划经济时期，党主要是靠具有指令性的计划来领导国家建设，群众也以执行国家计划为自己的职责。再加上当时强大的政治高压形势，使群众不敢在国家计划之外去谋求个人的发展方式、途径和利益，这使得党群关系十分简单，党的群众工作几乎成了要求群众贯彻党的路线方针政策的单向性工作。

在发展社会主义市场经济条件下，不仅党群关系越来越复杂化，而且党的群众工作的方式也必须不断改进和创新。因为市场经济作为人类社会发展的一种不可逾越的经济形式，有其本身内在的原则和特征，其中的注重物质利益、注重自我发展、注重等价交换等原则和特征就十分突出。这就要求我们党在做群众工作的实践中，必须更多地注重群众的物质利益，使群众在发展中得到实惠和享受；必须更多地创造群众自我发展的机会，使群众在实践中实现自身的价值；必须充分挖掘群众中蕴藏的各种资源，使其得到相应的回报或收入。因此，党的群众工作就必须是既要向群众宣传并领导群众贯彻党的路线方针政策，又要切实地了解群众的利益诉求，而群众的诉求从总体上讲是多方面的，从个体上说又是不同，从而使党群关系更加复杂，使党的群众工作特别要注重把满足群众的利益诉求作为党的各项工作的出发点和归宿，否则，党就会脱离群众。同时，还要看到，市场经济所固有的注重物质利益、注重自我发展、注重等价交换等原则和特征，总会在实践中显现出积极、消极双重效应，因而在促使人们思想观念的更新、经济社会的发展进步的同时，也会诱发唯利是图、自私自利、斤斤计较等与共产党员应有的合法取利、专门利人、无私奉献的品质相违背的不良思想和行为，而任何形式的唯利是图、自私自利和斤斤计较都是对他人利益或人民利益的非法侵占，严重者会发展为腐败。这就必然影响党员乃致我们党在群众中的威望和形象，使群众疏远我们党。这就说明在发展社会主义市场经济条件下，党脱离群众的危险增加了。

然而，我们党进行改革开放也好，发展社会主义市场经济也好，根本目的是要建设中国特色社会主义，而建设中国特色社会主义是前无古人的伟大事业，是全国人民共同的事业。我们党只有吸引和团结最广大人民，最广泛最充分地调动一切积极因素，才能实现所肩负的伟大历史使命。因此，对于我们这个在不断深化改革开放、发展社会主义市场经济条件下领导人民进行国家建设的党来说，做好群众工作的任务不是减轻了，而是更重了；不是更容易了，而是更难了。从另一个角度来说，就是党脱离群众的危险不是减小了，而是更大了。对于这一点，各级领导干部必须保持思想上的清醒。

总之，科学认识党的历史方位，切实做好新形势下党的群众工作，是一个关系到我们党的前途和命运的大问题，是一个关系到党的执政地位能否巩固的大问题，是一个关系到党能否在改革开放和发展社会主义市场经济条件下领导全国人民完成建设中国特色社会主义的大问题。我们党特别是各级领导干部一定要在实践中，把始终代表中国最广大群众的根本利益作为党的群众工作的根本，把做好群众工作作为巩固党的群众基础的根本，以保证我们党始终是中国人民和中华民族的先锋队。

（二）世情、国情的新变化使群众工作成为党的各项工作中的一个重点

当前，世情、国情都在发生深刻而广泛的变化，要求我们党必须保持和发展马克思主义执政党的先进性，进一步继续解放思想、深化改革开放、坚持科学发展、促进社会和谐，争取全面建设小康社会的新胜利，才能做好新形势下的群众工作。

1. 当今世界正在发生广泛而深刻的变化

一方面，和平与发展仍然是时代主题，求和平、谋发展、促合作已经成为不可阻挡的时代潮流。世界多极化不可逆转，经济全球化深入发展，科技革命加速推进，全球和区域合作方兴未艾，国与国相互依存日益紧密，国际力量对比朝着有利于维护世界和平方向发展，国际形势总体稳定。另一方面，世界仍然很不安宁。霸权主义和强权政治依然存在，局部冲突和热点问题此起彼伏，全球经济失衡加剧，南北差距拉大，传统安全威胁和非传统安全威胁相互交织，世界和平与发展面临诸多难题和挑战。国际环境的发展变化对党群关系带来了许多新挑战。人民群众希望中国能在国际事务中发挥与我们人口大国相适应的地位和作用，但由于我国综合实力与世界主要国家的差距较大，使我国在国际政治、经济等方面的发展面临着发达国家占优势的强大压力。因此，我们要实现人民群众的愿望，就必须集中一切力量，办好自己国家的事情，搞好自己国家的建设，这迫切要求我们党必须做好群众工作，调动广大人民群众的一切积极因素。

2. 当代中国正在发生广泛而深刻的变革

改革开放新时期最显著的成就是快速发展。我们党实施现代化建设“三步走”战略，带领人民艰苦奋斗，推动我国以世界上少有的速度持续快速发展起来。我国经济从一度濒于崩溃的边缘发展到总量跃至世界第四、进出口总额位居世界第三，人民生活从温饱不足发展到总体小康，农村贫困人口从

2.5 亿减少到 2000 多万，政治建设、文化建设、社会建设取得举世瞩目的成就。其具体表现在：

一方面，经济实力大幅提升、改革开放取得重大突破、人民生活显著改善、民主法制建设取得新进步、文化建设开创新局面、社会建设全面展开、国防和军队建设取得历史性成就、港澳工作和对台工作进一步加强、全方位外交取得重大进展、党的建设新的伟大工程扎实推进。中国的发展，不仅使中国人民稳定地走上了富裕安康的广阔道路，而且为世界经济发展和人类文明进步作出了重大贡献。另一方面，在看到成绩的同时，也要清醒认识到，我们的工作与人民的期待还有不小差距，前进中还面临不少困难和问题，突出的是：经济增长的资源环境代价过大；城乡、区域、经济社会发展仍然不平衡；农业稳定发展和农民持续增收难度加大；劳动就业、社会保障、收入分配、教育卫生、居民住房、安全生产、司法和社会治安等方面关系群众切身利益的问题仍然较多，部分低收入群众生活比较困难；思想道德建设有待加强；党的执政能力同新形势新任务不完全适应，对改革发展稳定一些重大实际问题的调查研究不够深入；一些基层党组织软弱涣散；少数党员干部作风不正，形式主义、官僚主义问题比较突出，奢侈浪费、消极腐败现象仍然比较严重。我国的这一现实国情说明，我们党领导人民取得了各方面建设的重大成就，为进一步做好新形势下群众工作奠定了坚实基础，同时我们党也需要高度重视并认真解决现实存在的各种问题，这是进一步做好新形势下群众工作的根本所在。

还应当看到，改革开放以来，在经济方面，人民群众的经济收入在不断增长、生活水平日益提高，但总体处于低水平、不全面的小康，与生活富裕还有较大的距离，特别是近年来我国贫富差距不断扩大，一些群众收入增加缓慢、生活困难的问题较为突出。在政治方面，人民群众在整体上的民主法制意识不断增强，但群众的主人翁地位在实践中未能得到充分的尊重和保障，政治参与渠道还不十分顺畅，群众利益诉求在具体的方式方法上还不十分科学，群众的民主法制意识还有待于进一步增强。在文化方面，人民群众所受教育年限在不断增加，文化和科技素质在不断提高，但是总体上我国人均受教育年限不仅远低于发达国家，而且还低于一些发展中国家，因而群众在文化方面的渴求度仍然很高。在社会方面，我国社会建设全面展开，人民群众从中得到了不少好处和实惠，对当前我国社会总体稳定的现实较为满意，但是社会上一些不安定因素还大量存在，特别是群众在就业、社保、住房、就医、生态环境、安全生产、饮食健康等方面仍感到有较大压力。这些方面表明，随着我国经济社会的发展，人民群众对我们党的要求更高了，对党履行好领导职能的愿望更强烈了。因此，党群关系必然成为党必须面对的各种关系中的一个重点，做好党的群众工作必然成为党的各项工作中的一个重点。

（三）中国社会阶层的新分化带来了做好群众工作的新问题

改革开放以来，与之相适应而发生转型的不仅有经济、社会，还有人，其中包括人的思想观念，也包括人们所处的社会阶层，即中国社会阶层发生了新的分化。

1. 中国工人阶级的现状和新变化

中国共产党是中国工人阶级的先锋队。企业是工人阶级最集中的地方，是党的阶级基础所在。改革开放以来，随着社会主义市场经济的建立和逐步完善，社会生活环境的变化、国有企业转机建制和非公有制企业的发展，工人阶级队伍发生了深刻变化。认真研究这些变化，有助于巩固党的阶级基础和执政地位，加强和改进党的群众工作。

第一，当代中国工人阶级的内涵深化和外延扩大。改革开放以前，我们从马克思主义经典作家那里所认识的工人阶级，主要有两层含义：一是不占有任何生产资料，以出卖自身的劳动力为生的人所形成的阶级，“无产”即不占有生产资料，是工人阶级的一个最鲜明特征。二是依靠工资为生的劳动者阶级，且这里所说的“劳动者”主要是指从事物质资料生产的体力劳动者。现在看来，在当代中国，工人阶级的内涵已深化，外延也已扩大。表现在：

一是“无产”不再是中国工人阶级的标志。新中国成立以后，工人阶级成为国家和生产资料的主人，政治上是领导阶级，经济上是“有产者”。特别是党的十一届三中全会后，随着经济发展，人们生活水平提高，劳动者买股票、办实业、投资行为不断增多。目前，在银行有存款的人数、持有企业内部职工股的人数、业余时间在股市或期货市场炒股票倒期货的人数以及出资与他人合伙做生意、办实业的人数不断增加。这说明我国的工人阶级除了靠工资生存以外，还有可观的股息、红利收入。因此，我们再不能像过去那样，简单地把工人阶级和“无产”画等号，当代中国工人阶级已经或正在成为“有产”的劳动者。

二是工人阶级队伍的知识化程度迅速提高。在我国生产资料私有制的社会主义改造基本完成以后，我国知识分子成为工人阶级的一部分。特别是在社会主义现代化进程中，随着科学技术发展和在企业的广泛运用，工人阶级不只是从事物质资料生产的体力劳动者，而是越来越知识化。这说明，工人的“大老粗”形象已经发生质的嬗变，知识分子在工人阶级队伍中所占的比例越来越大。

三是队伍迅速壮大。1978 年，全国在职职工总数为 1.2 亿多人。近年来，全国在职职工总数近 3 亿人，占全国总人口的近 1/4，占城乡从业人员总数的 40％。我国每年新增城市就业人口有 1000 多万，大多数加入到工人阶级队伍中来。越来越多的进城务工的农民，也转化为工人阶级的一部分。

四是工人阶级内部出现不同的利益群体。改革开放以前，我国实行单一按劳取酬的分配制度和统一的工资标准，职工收入差距不大，且旱涝保收。现在，我国实行以按劳分配为主的多种分配方式并存的分配制度，加之各企业普遍推行职工收入与企业效益、个人业绩直接挂钩的分配方式，打破了过去那种单一的分配格局，使得不同地区、行业、所有制单位职工收入的增长幅度不一，即使是同一企业的职工，也在经济收入、生活状况、职业地位等方面形成了较大差异，其中一部分职工由于企业经营不好或者自身的原因而下岗失业，收入减少。因此，在工人阶级队伍中，逐步产生了普通工人群体、知识分子群体、机关公务员群体、企业经营管理者群体和包括下岗工人在内的特殊困难群体等不同的利益群体。

五是工人阶级队伍成员的独立性、流动性增强。在计划经济时期，实行单一的国有企业就业选择，职工基本上是一次就业定终身，职业生活相对稳定。在市场经济条件下，就业岗位和就业形式多样化，企业内部的劳动关系逐步向契约、市场化方向发展。各企事业单位普遍实行劳动聘用合同制，职工要凭借自己的实力，通过竞争来选择职业。同时，建立企业内部劳动力市场，企业和职工可以进行双向选择，职工“跳槽”现象越来越普遍。另外，随着医疗、住房和养老制度改革的进一步推进，职工生老病死等都要依赖企业的现象已不复存在。因此，企业对职工的约束力大大降低，职工对企业的归属感，对企业党群组织的认同度也相应趋弱，越来越多的职工逐渐由“单位人”向“社会人”转化。

六是工人阶级队伍成员的政治态度和价值取向呈多元化趋势。存在决定意识。在社会经济成分、组织形式、就业方式、利益关系和分配方式日趋多样化的情况下，职工思想观念、价值取向、文化认同呈现多样化趋势。据一些企业集团职工思想政治工作研究会对职工思想状况所作的调查分析，职工队伍中存在的几种思想观念需引起重视。主要表现在：职工对改革的态度具有抽象肯定、具体否定的两重性，即广大职工群众大都总体上拥护和支持改革，希望通过改革加快企业发展，但当具体的改革举措出台，触动了自身利益时，又表现出消极抵触情绪；不同年龄、文化水平和收入水平的群体思想观念差异较大，一般来说，老年职工存在着较强的怀旧心理，中年职工感叹生活压力和心理压力增大，青年职工希望尽快形成公平竞争的企业环境；职工的政治信念和对党组织的信任度有所淡化，不少职工认为，企业实行劳动合同制后，职工由“主人翁”变成了“打工者”，政治地位大大降低。还有职工理想信念模糊，最关心的是就业和饭碗。同时，由于职工对企业的依存度减弱，认为“有困难找组织”已不可能，因此，对企业党群组织的信任度降低。

第二，工人阶级先进地位作用的新发展。面对工人阶级状况的这些变化，难免会有人对工人阶级的地位和作用产生疑问和困惑，一些过去从未遇到过的问题凸显了出来。如在高科技发展的今天，工人阶级还是先进的阶级吗？大批工人下岗失业了，工人的主人翁地位怎么体现？劳动力进入市场了，企业改制了，董事会、老板说了算，工人还是不是主人了？等等。对这些问题，我们究竟应该怎么看呢？

一是工人阶级仍然是先进的阶级。工人阶级的先进性最根本的体现在它是先进生产力的代表。在当今时代，所谓先进生产力，是指以现代科技特别是高科技为龙头，带动经济迅速发展的生产力。在我们国家，与这样的生产力直接联系的劳动者恰恰是工人阶级。改革开放以来，知识分子的人数不断增加，在工人阶级中所占比重越来越大，他们以自己所掌握的科学技术知识，对发展先进生产力起到了特殊的重要作用。随着科学技术的进步和产业结构的优化升级，我国工人阶级内部有知识、有技术、会管理的人数越来越多，他们与高技术的研究开发，与自动化、智能化的生产以及高科技企业的管理相联系，这就使整个工人阶级作为先进生产力代表的地位越来越巩固。总体上说，工人阶级的先进性，实际上得到了进一步增强。

二是工人阶级作为领导阶级和主人翁的地位没有改变。其一，我国的社会主义基本政治制度没有变。我国宪法规定：“中华人民共和国是工人阶级领导的、以工农联盟为基础的人民民主专政的社会主义国家。”其二，企业改革中出现了部分职工下岗现象，主要是由于经济结构调整而产生的。淘汰落后的生产力，发展先进的生产力，而且在有些工人下岗后，我们党和政府用各种方式对下岗工人进行技术培训，鼓励下岗工人再就业，尤其支持下岗工人自我创业，从而使下岗工人从技术、能力及工作岗位上由不符合先进生产力发展要求转变到适应先进生产力发展要求，这不仅符合工人阶级的整体利益和长远利益，而且还会使工人阶级的主人翁地位更加突出和巩固。其三，在私营企业和外资企业中，确实存在着雇佣关系，但是这类企业在我们国家的经济生活中并不占主导地位，而且它又处在社会主义制度的大环境中，必须接受我国法律的约束。这些企业中，职工群众的合法利益同样受到法律的保护。必须指出的是，工人阶级是我国的领导阶级，是指工人阶级的总体地位，并非指每个工人个体都是领导者。工人阶级的主人翁地位，是一个总体的政治判断，并不能把这种总体的政治判断等同于每个人的具体职业感受。

三是工人阶级作为建设中国特色社会主义事业主力军的作用没有改变。工人阶级是近代以来我国社会发展特别是社会化大生产发展的产物，工人阶级的先进性，决定了它始终是推动中国先进生产力发展的基本力量。新时期的工人阶级，仍然是同社会化大生产相联系的最先进的阶级，仍然保持着原有的阶级特征和优秀品质，在社会主义经济建设、政治建设、文化建设和社会建设中起着决定性作用，是建设中国特色社会主义事业的主力军。他们是当之无愧的“共和国的脊梁”。

我们要从巩固党的阶级基础和执政基础的战略高度，深刻认识今日工人阶级的地位和作用，认真研究和解决新时期全心全意依靠工人阶级在实践中遇到的新情况、新问题，切实维护和发展好工人阶级的利益，始终保持党同工人阶级的血肉联系。要坚定不移地推进政治体制改革，进一步巩固工人阶级在国家政治生活中的领导地位。要把经济改革的力度、发展的速度与广大职工可承受的程度统一起来，时刻关心职工群众的疾苦，特别是要关心那些工作和生活上暂时遇到困难的职工群众。

2. 农民阶层的现状和新变化

从历史上看，中国是个农业大国。时至今日，中国的工业化还没有完全实现，仍然是一个农业大国。农民是我国国民中的大多数，农村在我国地域面积中最为辽阔，农业是我国国民经济的基础。因此，农业、农村、农民问题始终是中国革命和建设的根本性问题。不论是在革命年代、建设时期还是今天改革开放和发展的新时期，我们党赢得中国农民的支持和拥护，就赢得了中国最广大的人民群众，就能够取得革命、建设和改革的成功和胜利。中国革命首先是从农村走向胜利的；中国的改革也是从农村率先取得突破的；中国的现代化发展也同样离不开农村、农业和农民的现代化。当然，随着时代的发展和实践的进步，我国农民作为一个阶级也处于不断的发展和变化之中，特别是改革开放以来，在国家发展社会进步的背景下，农民阶级变化较为明显。对此，在进一步密切党与人民群众的关系，做好新形势下党的群众工作的实践中，必须对农民阶级的现状和新变化给予高度的关注。在我国农民仍然占人口大多数的情况下，必须把做好农民群众的工作作为党的群众工作的重中之重。

科学界定农民的概念是分析农民现状和新变化的基本前提。我们这里所说的“农民”是指按户籍管理制度，具有农村户口的劳动者。从这个概念出发，当前农民阶级的基本现状和新变化总体说来，主要体现在以下几个方面：

第一，从农民的职业特征来看，传统意义上的农民，是面朝黄土背朝天，终生在土地上耕作的农民。今天在农民阶级中分化出来了一些脱离了土地的新型农民。农民工已经成为中国各省区城镇人口的重要组成部分，只是没有得到正式城市户口，也没有获得基本公共服务，但是其生活和生产方式已与城镇劳动力大体相同。即使是身在农村的农民也与传统意义上的农民有了许多差别，他们可分为农业专业大户、兼业农户、小耕农、集体农民和村干部。今日的农民不仅承担着建设社会主义新农村的重任，而且是我国社会主义现代化建设和城市发展的重要力量。

第二，从农民的收入来源来看，传统农民的收入来源只有或者说主要靠种田，而今农民的收入来源已向多元化方向发展，主要包括出售农产品收入、工资性收入、转移性收入、财产性收入和家庭经营性纯收入。出售农产品收入，一般是指农民以出售自己生产的农产品而获得的收入。工资性收入，一般是指靠提供劳务而获得的收入。财产性收入，一般是指家庭拥有的动产（如银行存款、有价证券等）、不动产（如房屋、车辆、土地、收藏品等）所获得的收入。它包括出让财产使用权所获得的利息、租金、专利收入等；财产营运所获得的红利收入、财产增值收益等。转移性收入，一般是指国家、单位、社会团体对农民家庭的各种转移支付和农民家庭间的收入转移。包括政府对个人收入转移的养老金、失业救济金、赔偿等；单位对个人收入转移的辞退金、保险索赔、家庭间的赠送和赡养等。经营性收入，一般是指农民家庭以从事二、三产业等获得的收入等。今日农民的收入呈现如下特点：靠“小农业”为唯一收入来源的格局已彻底打破，“大农业”收入已从整体上成为农民收入的主要来源；劳务经济已成为农民收入不可缺少的重要组成部分，许多地区的农民每年外出务工的劳务收入已占农民纯收入的近30%，工资性收入已经成为农民现金增收的主要来源。但是，也要充分看到，农民收入不稳定且收入的增长过于缓慢、地区不平衡等是当前农民收入方面的一个重大难题。由于缺乏长期有效的收入机制和稳定的收入来源，实现增收的基础不牢，特别是气候条件、天气状况、自然灾害、生态环境、经济社会的突发事件等都对农民收入有较大的影响。由于地区经济社会发展的差距造成了不同地区的农民收入不平衡，即使是同一地区的农民，由于个人和家庭等多方面原因的限制使人与人、户与户之间也存在着收入不平衡。

第三，从农民的知识水平来看，中国农民整体文化知识素质仍然偏低，这是一个不争的事实。我国农民的这种文化素质，与农业、农村和农民自身的现代化进程之间产生了尖锐的矛盾。按照美国罗森布拉姆的观点，未来的农民应该是“更好的农学家和畜牧家，更好的信息员和市场商人”，应该是“出色的时间和能源的管理者”。可见，提高农民的文化知识素质任重而道远。

第四，从农民的思想观念来看，中国农民在几千年自给自足的小农经济环境和封建制度的统治下，养成了一整套与商品经济、社会发展和进步不相适应的相对落后的思想意识和观念，这些思想意识和观念主要有：家庭至上、乡土为重、重农轻商、因循守旧、平均主义、迷信命运、对政治事务的消极性等。今天，在改革开放和发展社会主义市场经济的历史条件下，农村的社会面貌发生了很大的变化，农民的思想观念也日趋多元化。如进城务工的农民越来越多，打破了原有的乡土为重的传统观念；从事二、三产业的农民越来越多，打破了重农轻商的传统观念；越来越多的农民相信科学，打破了迷信命运的传统观念；一部分农民靠自己的勤劳先富起来，打破了平均主义的传统观念；农民群众的政治参与意识和民主法制观念不断增强，打破了原有的对政治事务消极的传统观念等。

总之，今天的中国农民阶层与传统意义上的农民阶层相比发生了许多新的变化，但农民阶层仍然是我国人数最多的一个基本阶层，是党执政的最主要的群众基础，是推动先进生产力发展、建设中国特色社会主义的重要力量。离开农民群众的理解、拥护和自觉参与，社会主义事业将一事无成。十一届三中全会以来，在党的领导下，广大农民从改变自身和国家贫穷落后的强烈愿望出发，勇于探索、敢于创新，实行了以家庭联产承包经营为基础、统分结合的双层经营体制，取得了巨大的成就，并为现代化建设和城市改革奠定了物质基础，提供了宝贵的经验。改革开放和现代化建设不仅符合广大农民的根本利益，而且使他们最早从中得到实惠。农民群众是衷心拥护党的富民政策的。我们党正是在这个基础上同广大农民群众建立了具有时代特点的紧密的联系，而且随着社会主义现代化建设事业的不断发展，今后更要进一步巩固和发展这种联系。

在新世纪新阶段，根据社会生产力和我国社会发展的客观要求，加强党在农民群众中的工作，必须继续加强农业的基础性地位，积极支持和引导广大农民进行改革，大力推进农业和农村经济的结构性调整，全面繁荣农村经济；必须积极支持和帮助农民群众大力发展乡镇企业，扩大集体经济的实力，引导农村富余劳动力向非农产业和城镇转移；必须帮助广大农民学习科学文化知识，提高他们的整体素质，推动农业科技的进步和广泛应用；必须切实保障农民群众的物质利益和民主政治权利，切实减轻农民负担，不断提高农民的生活水平；必须把解决农民收入增长缓慢、城乡收入差距拉大、农村社会保障缺失、失地农民的生产和生活等问题，作为密切党与农民群众联系的重点。

总之，改革开放30多年来，农村超过半数的农民成为实行土地个人承包的农业劳动者；1/5的农民进城就业构成新的工人群体，该群体处于城市生活的下层；一部分农民成为个体经营者和私营企业经营者；在农村集体企业、个体企业和私营企业中，形成了企业经营管理者群体。所有这些变化还正处在继续之中。我们党在农村的各项工作，都要坚持一切从实际出发，在社会主义现代化建设和深化改革的基础上，进一步巩固和发展工农联盟，认真解决好农民、农村和农业发展问题。这一问题关系着改革开放和社会主义现代化事业的大局，关系着党的执政地位的巩固，关系着国家的长治久安。这不但是个重大的经济问题，同时是个重大的政治问题。

3. 城镇居民的现状和新变化

改革开放以来，随着社会主义市场经济的发展，我国社会阶层的重要变化，在城市和城镇表现更为突出。随着城镇的不断发展和规模的日益扩大，新时期的城镇居民出现了许多新的变化：

第一，城镇居民职业层次呈现多元化，特别是出现了一个新社会阶层。新社会阶层，是指社会变革中出现的民营科技企业的创业人员和技术人员、受聘于外资企业的管理技术人员、个体户、私营企业主、中介组织的从业人员、自由职业人员等。社会阶层，是改革开放和发展社会主义市场经济的必然产物。新社会阶层，同我国的工人阶级、农民阶级一样，都是中国特色社会主义事业的建设者，是我们党执政的重要群众基础。因此，我们党要充分信任和依靠在解放和发展生产力过程中具有积极性、创造性和主动性的，能够带头致富的新社会阶层。要鼓励和引导他们为经济社会发展多作贡献，从而最广泛最充分地调动一切积极因素，构建社会主义和谐社会。不断推进社会主义和谐社会建设是包括社会各阶层在内的全体人民的共同事业。作为执政党应该创造条件，让新的社会阶层为构建社会主义和谐社会“各尽所能”，“各得其所”，共享改革发展的成果，使各个社会阶层的人们和谐相处于我们社会主义社会的大家庭中。

第二，城镇居民之间的收入差距日益扩大，而且还有继续拉大的趋势。一方面，随着我国分配制度和政策的不断改革，形成了一部分拥有较多资产或财产的新社会阶层，构成了我国今天的“高薪高收入阶层”。对于这些新兴的社会阶层，我们党“不能简单地把有没有财产、有多少财产当作判断人们政治上先进和落后的标准，而主要应该看他们的思想政治状况和现实表现，看他们的财产是怎么得来的以及对财产怎么支配和使用，看他们以自己的劳动对中国特色社会主义事业所作的贡献”。国家宪法规定保护每位公民通过合法渠道获取的私有财产。同时，城镇中某些垄断行业的工作人员也都有着比较高的薪酬。另一方面，也出现了城镇社会弱势群体和困难群体，如城镇国有、集体企业的下岗职工，一些企业的职工工资和医疗费被拖欠，患职业病和工伤比例较高，劳保制度和劳动合同制不落实，养老、医疗等保险无法正常交纳，职工权益受到侵害。

第三，城镇劳动者的流动性突出，尤其是大量农民工涌入城镇劳动者队伍之中。在城镇劳动者中，“跳槽”已经成为一种屡见不鲜的现象。特别是在进城就业的农民工中，虽然有相当一些已经在工作和生活方式方面融入了城市，但因为我国现有的户籍管理制度等政策性因素，使他们不能与有城镇户口的市民一样享受政府和社会的“阳光”，因而他们在工作岗位的流动和转换方面也没有太多的顾虑，更何况还有相当一些是农忙时回家耕作、收获，农闲时进城打工的农民工，这使他们的工作流动性更大，甚至有些就是进城后再现找工作，能干几天算几天。还应看到的问题是，农民工权益受损害的现象时有发生，有的农民工干了一年拿不到工资，有人“拉家带口”进城，孩子上学无保障，于是就有了社会治安、农民工社会保障、农民工子女上学、农民工的公平待遇等一系列问题。虽然在这方面近年来我们党和政府已经高度关注，拖欠农民工资的问题得到了有效解决，农民工子女的上学、农民工的社会保障以及与市民同等待遇方面有了较大的改善，但要真正从根本上解决好农民工的工作和生活保障，还需要进一步深化城市改革，加快城镇化建设。同时，体现城镇劳动者流动性的还有大量的“漂泊”大学毕业生。近年来，我国每年公办、民办大学毕业生一般不再回农村了，城镇就业一时又不好办，长期稳定的工作更不好找，因此他们只能打一天工挣一天钱，在流动中寻求获得稳定岗位的机遇。

（四）基层党的群众工作的新要求

2014 年 1 月 20 日，习近平在党的群众路线教育实践活动第一批总结暨第二批部署会议上发表重要讲话中强调，要深刻认识第二批教育实践活动的重要性和紧迫性，切实增强思想自觉和行动自觉。第二批教育实践活动是第一批的延伸和深化。基础不牢，地动山摇。市县领导机关、领导干部和基层单位同人民群众的联系更直接，其不良作风更直接损害群众利益、伤害群众感情。必须着力解决发生在群众身边的腐败问题，认真解决损害群众利益的各类问题，切实维护人民群众合法权益。第二批教育实践活动要突出做好这方面工作。

1. 深刻认识基层群众路线教育实践活动的重要性和紧迫性

基础不牢，地动山摇。在执政的条件下，一个政党失去本阶级支持，必然要垮台；而失去群众基础，同样要垮台。共产党的阶级基础是党所产生并直接依靠的阶级力量，从根本上决定着党的性质、宗旨和使命。共产党的群众基础，是党所代表和依靠的广泛社会力量，是党的力量之源。阶级基础从阶级性的角度规定着党的先进性，群众基础从代表性的角度体现着党的先进性，包括社会各方面的优秀分子。共产党的阶级基础和群众基础是党执政的内在根据和根本因素。进入21世纪的中国共产党面对世情、国情和党情的变化，能否与时俱进地增强党的阶级基础、扩大党的群众基础，以巩固党的执政基础，是关系到共产党执政地位能否牢固和国家能否长治久安的政治课题。

党的群众工作，是我们党的领导和执政的前提和基础，是一切工作的出发点和归宿，是党能否经受住各种风险考验的决定性因素。今天，我们认识党的群众工作的地位和意义，必须从社会群体分化出发，上升到巩固党的执政基础的高度去认识。这首先是因为，得民心者得天下。处理好党与民众的关系，充分调动和依靠人民群众是任何政党都要遵循的一般规律，更是执政的中国共产党必须遵循的特殊规律及其要求。这是由我们党的根本性质、宗旨和奋斗目标决定的。我们党领导的事业，其特殊之处在于它是人民群众的事业，正是这一特点决定了共产党人的事业一刻也不能离开广大人民群众的自觉参与。充分调动和组织广大人民群众，去全身心地参与这一伟大的事业，这就是党的群众工作的目标和任务之所在，也是我们执政的全部工作目的之所在。同时它也足以说明在我们党执政条件下群众工作极端重要的地位和作用。因此，在社会群体不断分化的条件下，党的群众工作必须顾及到各部分群体和各个层面，使各个群体和各个层面能够求同存异，和谐相处，在中国共产党的领导下形成建设中国特色社会主义的强大力量，为我们党继续执政、长期执政奠定坚实的群众基础。可见，党的群众工作是共产党执政的基础性、长期性、战略性、全局性、根本性工作。

2. 党的群众工作目标和内容的新要求

社会群体的不断分化，使得各个群体之间的具体利益诉求有了很大差别。但不论差别多大，其对我们党的共同的期待就是把工作做实，领导人民群众把我国建设成为富强、民主、文明、和谐的社会主义现代化国家，这就要求党的群众工作必须在具体的目标和内容上适应社会群体分化的现实。群众工作是党联系群众的主要方式和党的中心工作的实现方式。党要代表人民群众治国理政，就要紧紧依靠人民群众，始终代表人民群众的利益和要求，最大限度地调动广大人民群众的积极性和创造性，坚持和发展中国特色社会主义，把各个阶层、各个社会群体的经济利益、政治利益、文化利益和社会利益实现好、发展好、维护好。在这样的总目标和前提下，吸取以往群众工作中对目标和内容的把握上经常出现的“空”、“虚”的问题，突出实效性，时刻注意把实现和维护人民群众的根本利益和要求作为群众工作的第一要求，注意正确认识和处理群众工作的长远目标和近期目标的关系，尤其要特别重视人民群众的现实利益。坚持从人民群众的实际出发的原则，树立从实际出发就是从群众出发的观念，把群众的利益、愿望和现实状况作为最主要的实际，使群众工作一刻也不脱离人民群众的实际；始终坚持把调动一切积极因素作为群众工作的目标，认真、谨慎地处理好各种社会矛盾，积极整合各种社会力量，坚决反对群众工作中简单化的倾向，充分发挥群众工作应有的社会作用。

特别需要强调的是，在群众的各方面利益中，经济利益是基础，也是最重要的利益。因而做实群众工作，就要抓住群众的经济利益这个关键。鉴于当前我国社会群体分化中现实，社会公众中还没有像已经实现了现代化的国家那样有一个人数众多的稳定的社会中间阶层，从而形成一种“两头小、中间大”的“橄榄形”社会结构。我国现阶段的社会结构是呈“金字塔形”的：高收入者出现了，但是极少数；中等收入者出现了，但所占比重也很小；绝大多数人是低收入者。社会中间阶层规模过小，意味着社会资源分配是不均等的、利益占有的不均衡。由此所导致的贫富差距拉大，不利于社会的稳定和长治久安，同时也使国家缺乏抵御各种风险和持续发展的社会条件，使执政党缺乏稳固执政的基础。因此，我们党在群众工作的目标和内容上，要大力培育社会中间层，扩大中等收入者比重。中等收入者比重的扩大，会极大地改善我国的社会群体结构，大大推动我国社会结构的合理化和现代化。扩大中等收入者比重，从而使中等收入者在人口中占多数，高收入者和低收入者占少数，这是比较合理的收入分配格局。这样的收入分配格局与现代化社会的社会结构是一致的。扩大中等收入者比重的关键，在于提高低收入者的收入水平。必须逐步提高城镇居民最低生活保障标准和农村居民贫困救助标准，切实执行并逐步提高最低工资标准，建立和实行离退休人员最低退休金标准等，使城乡大多数居民的收入水平随着生产的发展而明显提高，使更多的低收入者进入到中等收入者的行列，加快进入充裕的小康生活水平进而向最终实现共同富裕迈进的步伐。

同时，要坚持以科学发展观为指导，确保人民群众共享改革发展的成果。经过30多年的改革发展，我国综合国力显著增强，人民群众的生活水平明显提高，但经济社会发展中也出现了一些突出的矛盾和问题。比如，城乡、区域发展差距和部分社会成员之间收入差距扩大，一些城镇下岗职工、农村贫困人口的生产生活发生困难，涉及群众切身利益的不少问题还没有得到很好解决，在土地征用、城镇拆迁、企业改制、环境保护等方面还存在一些违反法规和政策而损害群众利益的问题等。面对这种情况，我们一方面应当进一步深化改革、加快发展，努力为解决这些矛盾和问题创造条件；另一方面也需要进一步加强和改进群众工作，理顺情绪、化解矛盾、凝聚人心，让改革发展的成果惠及全体人民。

3. 党的群众工作运行机制的新要求

群众工作要渗透到党的各项工作中，才能发挥其应有的社会作用。在社会群体分化日益加剧的条件下，必须探索全新的群众工作方式方法并且逐渐形成新的群众工作运行机制。这种全新的群众工作方式应当是符合新的时代和历史条件要求的，能够充分发挥群众工作功能和作用的方式方法。它应当是以“结合渗透”为根本特征的，同制度和体制的力量相适应、同政府管理社会和服务群众的职能相统一、以结合渗透方式、教育引导方式、沟通协商方式、群众自治方式、社会救助方式和典型示范方式等为主要方式方法，并且要逐步形成与我们党的执政方式、领导体制和运行机制相适应的、以“平等交流、良性互动、和谐发展”为特征的群众工作运行机制。这种运行机制应当具有目标性、客观性、整合性、能动性等特点，包含群众工作主体机制、目标机制、动力机制、控制机制和保障机制等内在统一的工作运行机制。

现代社会的社会关系是多种多样、错综复杂的。特别是我国当前处于社会转型时期，各种社会要素处于不断的分化和重组之中，社会关系更为复杂和多样化。能不能整合好各种错综复杂的社会关系，关系到人民的团结、国内各民族的团结，关系到整个社会的凝聚力大小和人心向背，关系到我们党能不能团结和带领全体人民沿着中国特色社会主义道路继续前进。建立新形势下群众工作的运行机制，目的是对各种有不同利益诉求的社会群体进行整合，进而有效地整合社会，引导各个社会利益群体以理性、合法的形式表达自己的利益诉求，妥善处理好方方面面的利益关系特别是利益矛盾，促进各种社会力量的良性互动。特别是随着社会阶层的分化、重组与民众的政治参与、社会生活参与的积极性越来越高涨的条件下，各个社会群体都强烈地要求通过各种形式和渠道表达自己的利益诉求、愿望和意见，因而建立党的群众工作新的运行机制显得尤为重要和紧迫。

当前，主要应建立健全以下四种机制：一是建立健全党委领导、组织部门牵头抓总、各部门齐抓共管、全社会广泛参与的群众工作机制。各级党委要把做好群众工作作为重要的政治责任，各部门应根据业务分工明确各自的责任，切实做到把群众工作与业务工作同步部署、同步落实、同步检查。二是建立健全群众合理诉求的表达机制。充分发挥人大、政协、政法机关的作用，畅通群众反映意见的渠道；充分发挥工青妇等人民团体联系群众的桥梁和纽带作用，经常听取他们反映的基层情况和群众建议；认真落实《信访条例》，引导广大群众以理性合法的方式反映诉求，及时解决群众反映的问题，维护群众的合法权益；建立和完善政府门户网站、公务热线，广泛推广民主恳谈会、为民服务代理制，及时听取群众的意见、建议和批评。三是建立健全科学民主的决策机制。对涉及经济社会发展全局的重大事项，广泛征求社会各方面的意见，充分进行协商；对同群众利益密切相关的重大事项，普遍实行公示、听证等制度，深入听取群众意见。四是建立健全矛盾排查调处机制和突发性群体事件应急机制。对群众反映的意见和要求、群众中产生的矛盾和纠纷，必须高度重视、及时研究，努力把矛盾解决在当地、解决在基层、解决在萌芽状态。应严格区分两类不同性质的矛盾，坚持以民主的方法、说服教育的方法化解冲突、解决问题，逐步把处理群体性事件纳入法制化规范化的轨道，靠科学的体制和机制化解矛盾、维护稳定，为改革发展创造良好环境。

4. 党的群众工作基本规律的新要求

规律是事物内部的、本质的、必然的联系，人们对规律的认识是对事物及其本质发展变化的动态的揭示和把握。群众工作有其特有的规律性，这种规律性是在群众工作路线和根本要求的指导下，运用各种有效的方式方法宣传、组织、引导群众为实现革命目标而斗争的规律。根据改革开放以来党的群众工作的新经验，做好新形势下的群众工作，应当把握以下基本规律。

一是始终站稳群众立场。坚持立党为公、执政为民，是开展群众工作必须始终站稳的政治立场。具体说来，就是坚持“两要、两不要”：要深入群众之中，同群众打成一片，从群众中汲取智慧和力量，带领群众共同前进，不要凌驾于群众之上，做官当老爷；要站在群众的前面，以身作则，当好表率和向导，不要站在群众的对立面，轻慢、指责甚至压制群众。想问题、作决策、办事情，应把人民群众的意愿、要求和利益作为出发点和归宿；遇到与群众意见不一致的情况，应多从自身找原因，看看措施是不是对头、方法是不是得当。应真心实意地接受群众的监督，努力克服自身的缺点和不足，不断改进自己的工作。

二是不断增进对人民群众的感情。感情决定立场。对人民群众的感情越深，做好群众工作的自觉性就越强。共产党员保持先进性，必须坚持权为民所用、情为民所系、利为民所谋，深怀爱民之心、恪守为民之责、善谋富民之策、多办利民之事。共产党员特别是党的领导干部必须时刻牢记，人民群众是我们的力量之源和胜利之本，为人民谋利益是党员干部的“天职”。只有始终把对人民群众的深情厚谊铭刻在头脑里、落实在行动上，才能真心爱护群众、真诚服务群众，从而真正体现先进性。

三是切实实现好、维护好、发展好人民群众的利益。加强和改进群众工作，说到底是为了实现好、维护好、发展好最广大人民的根本利益。深化改革、促进发展、保持稳定，都必须以群众利益为重，把改革的力度、发展的速度和社会可承受的程度结合起来。应努力办好涉及群众切身利益的事情，认真解决上学难、住房难、行路难、就业难、看病难、办事难等广大群众反映强烈的问题，让群众高兴，使群众满意；千方百计帮助困难群众解决生产生活中的实际问题，让他们感受到社会主义大家庭的温暖。在经济社会发展的基础上，更加重视社会建设和管理，大力发展教育、卫生、科技、文化、体育、社会保障等社会事业，高度重视安全生产和环境保护，为广大人民群众安居乐业创造良好的条件和环境。

四是提高群众的觉悟与提高党的执政能力相统一。我们党最大的优势是密切联系群众，党执政后的最大危险是脱离群众。加强和改进党的群众工作，就是要通过提高群众的觉悟来促使党不断提高执政能力，保持党同人民群众的血肉联系。现在，有的党员干部对群众感情不深，很少深入实际、深入基层，不愿做群众工作；有的不掌握群众心理，不了解群众愿望，不熟悉群众语言，工作方法简单、态度生硬、作风粗暴，不会做群众工作；有的面对矛盾和问题畏难发愁，遇到突发性、群体性事件惊慌失措，不敢做群众工作。不重视、不善于做群众工作，不仅可能导致问题处置失当和矛盾激化，不利于工作发展和稳定，而且影响党的形象，损害党同人民群众的血肉联系，削弱党的执政基础。因此，在党的群众工作实践中，我们党不仅要宣传群众、教育群众、引导群众，同时还必须提高自身的执政能力，不断提高服务群众的本领。

（五）切实增强思想自觉和行动自觉

永远同人民群众心连心，我们党的执政基础就坚如磐石。这是我们党对执政规律的深刻认识。“基础不牢，地动山摇。”我们党执政的基础就是人民群众的支持和拥护。新形势和新任务对做好群众工作提出了更高的要求，我们党要不失去执政的资格，要谋求政权的持续稳固和国家的长治久安，务必十分注意做好群众工作。市县领导机关、领导干部和基层单位同人民群众的联系更直接，其不良作风更直接损害群众利益、伤害群众感情。必须着力解决发生在群众身边的腐败问题，认真解决损害群众利益的各类问题，切实维护人民群众合法权益。

第一，学会整合各种利益关系，不断化解社会矛盾、维护社会稳定。改革开放是我们党在新的时代条件下领导人民进行的一场新的伟大革命，是一场深刻的社会变革，必然带来利益格局和利益关系的调整。利益关系由于利益主体的不同趋向复杂化。而这种多元化和复杂化，又使社会矛盾不断产生。社会利益矛盾不协调是产生社会冲突的主要根源，也是导致社会秩序不稳的主要因素。当前，由于改革开放不断深化和经济关系不断调整，涉及群众切身利益和影响社会稳定的人民内部矛盾不可避免地大量增加，而且大量地、经常地发生在分配领域，表现为群众收入差别所引起的利益矛盾。这些新情况，无疑加大了执政党利益整合的难度。正确认识和处理涉及群众切身利益的人民内部矛盾，一方面要靠深化改革来解决，另一方面要靠党的卓有成效的群众工作来化解。如果我们不注重做好群众工作，漠视群众利益，不能以积极的态度化解矛盾，对群众的合理要求置若罔闻，或者对群众没有感情、态度生硬、方法简单，就有可能引发一些群体性事件，影响整个社会的稳定。20 世纪末 21 世纪初，世界上一些长期执政的党因为改革过程中损害社会大多数人的利益，同时漠视利益整合与协调，导致社会矛盾加剧而下台。吸取这些政党的教训，我们必须十分注重协调和处理好人民内部的各种利益矛盾，进一步加强和改进新形势下的群众工作。

第二，适应我国社会阶层的新变化，把巩固党执政的阶级基础与扩大党的群众基础统一起来。我们党作为社会主义国家的执政党，其执政的社会政治基础主要有两个：一个是以工人阶级为中坚的工农联盟，即通常所说的阶级基础；一个是社会各个阶层的群众，即通常所说的群众基础。随着改革的深入特别是利益格局的变动，我国社会阶层已经而且还将发生新的变化，不仅有工人阶级、农民阶级这两大基本阶级，而且还出现了诸如个体劳动者、私营企业主、自由职业者、受雇于外资企业的科技人员等具有不同经济地位、社会地位和不同利益特点的多层次的新兴阶层。这些新兴阶层具有较强的经济实力，随着改革的深入人数还在不断增加。他们和广大工人、农民一样，都是中国特色社会主义事业的建设者，是我们党实现宏伟目标所依靠的巨大力量。这就要求我们在着眼依靠工农两大基本阶级并相应做好有关工作的同时，必须把团结新兴阶层、拓展群众基础进一步突出出来。要按照党是中国工人阶级先锋队、同时是中国人民和中华民族先锋队的要求，以科学的态度积极做好巩固党执政的阶级基础和群众基础的工作，加强与各阶层人民群众的密切联系，调动各个方面的积极性，把包括新兴阶层在内的最广大人民群众团结和凝聚在党的周围，使党拥有更加广泛的群众基础，从而更好地贯彻执行党的理论、路线、纲领、方针、政策和完成各项任务。

第三，提高党的执政水平和领导水平，学会运用民主和法律的手段及说服教育的方法来解开群众的思想疙瘩。不断提高党的执政水平和领导水平，是新时期党的建设要解决的两大历史性课题之一。而改进工作方法和领导方法，则是提高党的执政水平和领导水平的重要一环。毛泽东曾用过河要有“桥”和“船”的生动比喻，深刻地说明了方法的重要性。他说，我们的任务是过河，不解决桥或船的问题，过河就是一句空话；不解决方法的问题，任务也只是瞎说一顿。实践反复证明，正确的主张必须与适当的工作方法结合起来，我们的任务才能实现。随着改革开放的不断深入和民主政治的不断发展，广大人民群众的思想观念发生了很大变化，知识水平在不断提高，政策观念、效率观念、公平竞争观念和民主意识、参与意识、自主意识、维权意识在不断增强。这种变化，对我们的工作方法和领导方法提出了新的要求。过去那种单纯靠行政手段、搞强迫命令、“通不通，三分钟；再不通，龙卷风”的老套套再也行不通了。只有不断学习和掌握新形势下做好群众工作的本领和方法，学会运用民主和法律的手段及说服教育的方法来解开群众的思想疙瘩，来化解各种社会矛盾，以极端负责的态度做好与群众利益密切相关的各项工作，才能赢得群众的信任，取得群众的理解和支持，在困难面前和人民群众同心协力，共度难关，把我们的工作做得更好。

第四，着力解决发生在群众身边的腐败问题，不断增强拒腐防变的能力和抵御风险的能力。执政党的地位，容易使一些党组织和党员产生忽视群众工作的倾向，使党脱离群众的危险大为增加；而执政党统揽全局的地位，又容易使我们党成为社会矛盾的焦点。由于党掌握着政权，我们可以把各种资源都利用、调动起来，为群众谋利益，同时也带来了权力的蜕变，而且执政的时间越长，其危险性也就越大。改革开放以来，党的基本路线和方针政策符合人民利益，从根本上讲党的主流是好的。但同时也必须看到，在党的自身建设上，确实存在着许多新问题、新情况。比如官僚主义、命令主义、形式主义、以权谋私、腐化堕落等严重脱离群众的现象，败坏党的声誉，损害党群关系。它们与国有企业亏损和一些职工下岗、灾区和贫困地区群众生活困难等社会矛盾交织在一起，使许多矛盾更容易激化，甚至对党的执政地位和社会政治稳定构成潜在威胁。“水可载舟，亦可覆舟”。只有切实加强和改进新形势下的群众工作，才能启发群众的觉悟，使他们正确理解党的路线方针政策，增强他们对党的政治认同，缓解他们对党和政府的挑战，使他们真正起来监督党和政府及各级领导干部，减少执政风险，增强拒腐防变能力。

四、基层党的群众工作怎么做

社会主义现代化建设的极其艰巨复杂的任务摆在我们的面前。很多旧问题需要继续解决，新问题更是层出不穷。党只有紧紧地依靠群众，密切地联系群众，随时听取群众的呼声，了解群众的情绪，代表群众的利益，才能形成强大的力量，顺利地完成自己的各项任务。①

——邓小平

2014年1月20日，习近平在党的群众路线教育实践活动第一批总结暨第二批部署会议上发表重要讲话指出，开展第二批教育实践活动，要坚持主题不变、镜头不换，贯彻“照镜子、正衣冠、洗洗澡、治治病”的总要求，以严的标准、严的措施、严的纪律坚决反对“四风”，推动思想认识进一步提高、作风进一步转变、党群干群关系进一步密切、为民务实清廉形象进一步树立、基层基础进一步夯实。习近平强调，要更加强化问题导向，盯住作风问题不放，从小事做起，从具体事情抓起，让群众看到实实在在的成效，有利于百姓的事再小也要做，危害百姓的事再小也要除，不等不靠，立行立改，对拖欠群众钱款、克扣群众财物、侵占群众利益等问题要开展专项治理，属实的都要立即加以解决。要更加注重严格要求，思想上要严起来，整改上要严起来，正风肃纪上要严起来。

（一）联系群众是做好新形势下群众工作的基本前提

密切联系群众是我们党的优良的领导作风，是我们党最大的政治优势。脱离群众是执政党的最大危险。因此，我们党要巩固执政地位，要实现对群众的领导，要赢得群众的支持和拥护，密切联系群众是一条必须遵循的规

① 《邓小平文选》第2卷，人民出版社1994年版，第342页。

律。要使党群关系进一步密切，就要把联系群众这项工作做好。

1. 党员干部要善于深入到群众之中

党员干部深入到群众之中，是我们党密切联系群众的基本前提。我们党作为中国的执政党，在国家中居于领导地位，对广大人民群众发挥领导作用。然而党对群众的领导，最主要的不是通过支配和指挥、更不是通过统治和命令来实现，而是通过党密切联系群众，为群众排忧解难来体现。只有这样，群众才能由衷地接受和拥护党的领导。党员干部一定要密切联系群众，就不能将自己置身于群众之外，就不能远离群众，更不能脱离群众。当然，深入群众也有一个怎么深入的问题。有些领导干部认为，我们党的宗旨就是为人民服务，所以共产党不存在不深入群众的问题。也有的基层干部认为，我每天都身在群众之中，密切联系群众是很自然的事情。其实，我们所讲的深入群众、密切联系群众，主要的不是光从理论上看我们党的性质宗旨是什么。更重要的是看我们的党能够为群众做什么。如果不深入群众，怎么能了解群众的所思所想所盼，怎么能按照群众的意愿去制定路线方针政策，那么联系群众就会成为一句空话。时而久之，就会改变党的性质和宗旨。同时，我们所讲的深入群众、密切联系群众，主要的也不是看我们的党员干部身在哪里，更重要的是看党员干部的心在哪里。或者说主要的不只是指“身”入群众，更是“心”入群众。只有心里时刻想着群众的安危，时刻装着群众的冷暖，才能真正做到“情为民所系、权为民所用、利为民所谋”。广大党员干部一定要始终坚持从群众中来、到群众中去的群众路线，始终把实现好、维护好、发展好广大人民群众的根本利益，把群众拥护不拥护、赞成不赞成。高兴不高兴、答应不答应，作为一切工作的出发点和落脚点，切实坚持以人为本、执政为民。

2. 党员干部要大兴求真务实之风

大力弘扬求真务实精神、大兴求真务实之风，是我们党的一贯要求。党的十六大以来，胡锦涛又多次明确要求全党特别是各级领导干部要弘扬真抓实干，务求实效的作风。当前，我国正处于全面建设小康社会的关键时期，进一步深化改革，加快转变经济发展方式的攻坚时期，也是我国经济社会发展的重要战略机遇期。我们要把握住重要战略机遇期，推动经济社会科学发展，不断开创中国特色社会主义事业新局面，实现全面建设小康社会的宏伟目标，很重要的一条就是要始终坚持求真务实，全面科学地判断形势，抓住机遇，迎接挑战，克服困难，把加快发展的立足点放到真抓实干上。因此，全党要在工作作风上大力弘扬求真务实精神、大兴求真务实之风，扎扎实实地把现代化建设事业推向前进。基层干部做到求真务实，就是要实事求是，力戒空谈。就是要当老实人，说老实话，做老实事。就是要不偷、不装、不吹。偷就是偷东西，装就是装样子，吹就是吹牛皮。就是要时时处处坚持重实际、说实话、务实事、求实效，脚踏实地、埋头苦干，抓好各项工作的落实。因此，广大党员干部深入实际、深入基层、深入群众，加强调查研究，了解群众疾苦、倾听群众呼声，着力解决群众反映强烈的突出问题，坚决纠正损害群众利益的不正之风，真正把心思用到干事业上，把功夫下到察实情、出实招、办实事上，坚决制止搞劳民伤财的“形象工程”和沽名钓誉的“政绩工程”，严肃查处弄虚作假、虚报浮夸特别是因作风漂浮、敷衍塞责引发重大事件或造成重大损失的行为。

3. 要对广大党员干部加强群众观点和群众立场教育

相信谁、依靠谁、为了谁，始终是区分唯物史观和唯心史观的分水岭，也是判断马克思主义政党的试金石。我们党的群众观点和群众立场，包含着一系列重要思想观点。比如，党要始终代表中国最广大人民的根本利益的观点；最大多数人的利益是最紧要和最具有决定性因素的观点；时刻把人民群众的安危冷暖放在心上，深怀爱民之心、恪守为民之责、善谋富民之策、多办利民之事的观点；绝不允许党内形成既得利益集团的观点；坚持权为民所用、情为民所系、利为民所谋的观点；坚持发展为了人民、发展依靠人民、发展成果由人民共享的观点；群众利益无小事的观点等等。坚持群众观点和群众立场，就是要解决好为谁执政的问题。对于我们党这样一个马克思主义执政党来说，坚持以人为本、执政为民，实现好、维护好、发展好最广大人民的根本利益，充分发挥全体人民的积极性、创造性来发展先进生产力和先进文化，始终是最紧要的。建党 90 多年来，我们党把群众路线作为根本路线，把群众观点作为基本观点，把群众利益作为最高利益，党的一切理论和奋斗，都以民为本、以民为重、以民为先。党离不开人民，人民离不开党，这是历史得出的基本经验和基本结论。在新的历史条件下，我们要切实做到坚持群众观点和群众路线，坚持全心全意为人民服务根本宗旨，坚持以人为本为核心的科学发展观，实现好、维护好、发展好最广大人民根本利益，坚持权为民所用、情为民所系、利为民所谋，始终保持党同人民群众的血肉联系。

4. 要着力解决党员干部作风方面存在的突出问题

党风建设既是一项长期战略任务，也是一项紧迫现实任务。在工作中，既要着眼长远、科学谋划，又要立足当前、突出重点，抓紧解决当前存在的突出问题和群众关注的热点问题，以重点带全面、积小胜为大胜，不断以反腐倡廉的新成效取信于民。因此，在坚持全面推进惩治和预防腐败体系建设的同时，更应当大力开展对党的群众路线执行情况的监督检查，着力解决当前党风建设中存在的突出问题，从而使党风建设具有更强的针对性和实效性。一是进一步加大查办案件工作力度，严厉惩处腐败分子和整治消极腐败现象，特别要严肃查办发生在领导机关和领导干部中滥用职权、贪污贿赂、腐化堕落、失职渎职案件；深入开展商业贿赂专项治理，严肃查办商业贿赂案件；严肃查办严重侵害群众利益案件、群体性事件和重大责任事故背后的腐败案件；严肃查办工程建设、房地产开发、土地管理和矿产资源开发等腐败现象易发多发领域的案件；严肃查办严重违反政治纪律和组织人事纪律的案件，为黑恶势力充当“保护伞”的案件。二是认真落实并抓紧完善党员领导干部报告个人有关事项制度。要把住房、投资、配偶子女从业等情况列入报告内容。加强对配偶子女均已移居国（境）外的公职人员的管理。三是坚持勤俭节约，反对铺张浪费，整治奢靡之风。严格执行中央有关文件精神，继续治理公款出国（境）旅游、公务用车、公务接待、楼堂馆所建设等方面的问题，对违反规定的，必须严肃处理。四是深入开展工程建设领域突出问题和“小金库”等专项治理工作。五是积极推进党务公开特别是基层党务公开工作，落实党员的知情权、参与权、选举权、监督权。各种不正之风或腐败现象都是见不得“阳光”的，都是背着人民群众的情况下在阴暗中进行的，这正是离开了监督的权力必然导致腐败。六是拓宽群众参与反腐倡廉工作渠道，加强反腐倡廉舆情网络信息的收集、研判和处置，积极回应社会关切。

（二）宣传群众是做好新形势下群众工作的重要基础

全面建设小康社会，实现社会主义现代化，推进中华民族的伟大复兴，必须通过宣传群众启发群众的觉悟，必须通过组织群众凝聚群众的力量，从而充分地动员全国各族人民投入坚持和发展中国特色社会主义的伟大实践之中。因此，各级领导干部在宣传群众、组织群众方面，负有不可推卸的责任。宣传群众是启发群众觉悟、把群众的思想凝聚到党的路线方针政策上来的重要途径，组织群众是凝聚群众力量、使党的路线方针政策得以贯彻落实的根本途径。我们经常讲，群众的力量是无穷的。这句话是一个已经被无数事实证明了的客观真理。但是，群众只有被正确的理论武装起来，只有在党的领导下组织起来的情况下，其力量才是无穷的。如果群龙无首、一盘散沙，人数再多，毫无意义。可见，宣传工作、组织群众，归根到底是党的群众工作的重要内容。

1. 宣传民族复兴“中国梦”

实现中华民族的伟大复兴，体现了中国共产党紧密团结和紧紧依靠全国各族人民为实现中华民族伟大复兴而奋斗的巨大勇气和坚强决心。我们党领导人民进行革命、建设和改革开放，就是要让中国人民富裕起来，国家强盛起来，振兴伟大的中华民族。按照现代化建设“三步走”的战略部署，建设富强民主文明和谐的社会主义现代化国家，是我们党和国家在整个社会主义初级阶段的奋斗目标，也是我们实现中华民族伟大复兴的关键。我们党的庄严使命、改革开放的根本目的、我们国家的奋斗目标，都聚焦于实现中华民族伟大复兴这个总任务、归结于这个总任务。我们要紧紧扭住这个总任务，一代人又一代人锲而不舍地干下去，实现中华民族伟大复兴的“中国梦”就一定不只是梦想、不再是梦想，就一定能够实现。

我们党在不同历史时期，总是根据人民意愿和事业发展需要，提出富有感召力的奋斗目标，团结带领人民为之奋斗，不断取得阶段性的光辉成果。这就为我们党把实现中华民族的伟大复兴作为建设中国特色社会主义的总任务，奠定了坚实基础。比如，在新民主主义革命时期，我们提出了推翻帝国主义、封建主义、官僚资本主义反动统治，实现民族独立、人民解放，国家富强、百姓富裕的任务。在社会主义改造时期，我们党提出了实现社会主义工业化的任务。在社会主义建设时期，我们党提出了实现工业、农业、科学技术和国防四个现代化的任务，在改革开放新时期，我们党提出了建设富强民主文明和谐的社会主义现代化国家的总任务。所有这一切都是为了完成实现中华民族伟大复兴的总任务。今天，这些任务虽然有些完成了，有些正处于完成之中，但从这个过程中已经向全中国人民展现出了实现中华民族伟大复兴的光明前景。

自近代以来的170多年间，中国人民把实现中华民族伟大复兴作为最伟大的中国梦，为把实现中华民族的伟大复兴的梦想变成现实，从来没有间断过、更没有停止过艰难探索，太平天国运动、维新变法、辛亥革命，哪一次都是为着这个梦想而发动。这些英勇奋争虽然都未能成功，但它们为后来人实现梦想提供了教训。中国共产党成立后，更是为实现中华民族伟大复兴这个梦想开展了前无古人、艰苦卓绝的斗争。从与国民党合作进行北伐战争，到独立领导土地革命战争，再到与国民党二次合作进行抗日战争，再到与国民党进行殊死决战；从迅速恢复国民经济，到创造性地进行“三大改造”，再到进行大规模社会主义建设，再到进行改革开放新的伟大革命、开创中国特色社会主义事业，中国共产党的所有努力和创造，无一不是为了实现中华民族伟大复兴这个梦想。今天，虽然我们在实现中华民族伟大复兴的征途中不断前进，中华民族伟大复兴展现出光明的前景，但是，实现中华民族伟大复兴仍然是当代中国人民最伟大的梦想，仍然需要中国共产党人带领和团结全国各族人民为实现这个最伟大的梦想而开拓创新、努力奋斗。

中国梦是民族的梦，也是每个中国人的梦。2012 年 11 月 29 日，中共中央总书记、中央军委主席习近平参观《复兴之路》时指出，每个人都有理想和追求，都有自己的梦想。现在，大家都在讨论中国梦，我以为，实现中华民族伟大复兴，就是中华民族近代以来最伟大的梦想。这个梦想，凝聚了几代中国人的夙愿，体现了中华民族和中国人民的整体利益，是每一个中华儿女的共同期盼。历史告诉我们，每个人的前途命运都与国家和民族的前途命运紧密相连。国家好，民族好，大家才会好。实现中华民族伟大复兴是一项光荣而艰巨的事业，需要一代又一代中国人共同为之努力。空谈误国，实干兴邦。我们这一代共产党人一定要承前启后、继往开来，把我们的党建设好，团结全体中华儿女把我们国家建设好，把我们民族发展好，继续朝着中华民族伟大复兴的目标奋勇前进。的确。一个国家就像一个大家庭，每一个公民都是这个大家庭中的一个成员。家庭的和睦、家庭的富裕，要靠全体家庭成员共同创造。实现中华民族伟大复兴的中国梦，需要全民族、所有的中国人共同为之奋斗。

2. 围绕推动科学发展、促进社会和谐宣传群众

科学发展、社会和谐是发展中国特色社会主义的基本要求。科学发展观，是马克思主义关于发展的世界观和方法论的集中体现，是同马克思列宁主义、毛泽东思想、邓小平理论、“三个代表”重要思想既一脉相承又与时俱进的科学理论，是我国经济社会发展的重要指导方针，是发展中国特色社会主义必须坚持和贯彻的重大战略思想。科学发展观，是立足社会主义初级阶段基本国情，总结我国发展实践，借鉴国外发展经验，适应新的发展要求提出来的。实现科学发展必须促进社会和谐。科学发展和社会和谐是内在统一的。没有科学发展就没有社会和谐，没有社会和谐也难以实现科学发展。社会和谐是中国特色社会主义的本质属性。构建社会主义和谐社会是贯穿中国特色社会主义事业全过程的长期历史任务。

当前，推动科学发展，促进社会和谐的基本任务，就是实现全面建成小康社会的奋斗目标。全面建成小康社会，是党和国家到 2020 年的奋斗目标，是全国各族人民的根本利益所在。今天，我们已经朝着十八大确立的全面建成小康社会的目标迈出了坚实步伐，今后要继续努力奋斗，确保到 2020 年实现全面建成小康社会的奋斗目标。那时，我们这个历史悠久的文明古国和发展中的社会主义大国，将成为工业化基本实现、综合国力显著增强、国内市场总体规模位居世界前列的国家，成为人民富裕程度普遍提高、生活质量明显改善、生态环境良好的国家，成为人民享有更加充分民主权利、具有更高文明素质和精神追求的国家，成为各方面制度更加完善、社会更加充满活力而又安定团结的国家，成为对外更加开放、更加具有亲和力、为人类文明作出更大贡献的国家。

全面建成小康社会，要从实事做起。党组织要在宣传工作中着力把上级的路线方针政策同自己本部门、本单位的具体实际结合起来，制定出具有自身特色的改革和发展举措，并及时地宣传到群众之中，让群众所了解、理解，落实到群众的实际行动上，让群众通过自己的诚实劳动和艰辛努力过上越来越好的日子。也就是说党组织的宣传群众工作，必须更具体、更真实、更富有成效，绝对不能“假大空”、“唱高调”。群众是最讲究实际，最反感“吹牛皮”。只有宣传工作围绕办实事、办好事去宣传群众，才能赢得群众的信赖和支持。因此，党组织一定要为群众多办好事、实事作为基本的宣传内容，围绕广大人民群众普遍关心的问题，集中力量办一批与人民群众生活密切相关的实事、好事，为广大群众谋实利，让广大群众得实惠。如农村党组织要以建设社会主义新农村、服务农民群众为目的，切实为群众办实事好事。如探讨发展致富的路子，为农村经济发展指明方向、选好项目；对农民进行种植、养殖以及新型农民科技培训，提高农民的致富能力；加强农村基础设施建设，解决农民群众日常生产生活中的用水、用电、出行等方面的问题；加强农村学校建设，改善农民子女的受教育环境；开展联贫致富活动，发挥先富农户的引导、带领和辐射作用，帮助贫困农民脱贫致富；抓好农村社会治安治理，化解农村矛盾纠纷，维护农村社会稳定，等等。这些都是农民群众日思夜想的好事实事。农村党组织要在这些方面多谋划，多宣传，把农民群众的力量和干劲调动起来、凝聚起来，以推动农村科学发展，社会和谐。

3. 围绕发展社会主义人民民主宣传群众

人民民主是社会主义的生命。发展社会主义民主政治是我们党始终不渝的奋斗目标。发展人民民主，就是要保证人民当家作主。发展基层民主，是民主政治建设的基础。基层民主有两个极其重要的特征：一是直接性，即社会公民通过基层民主实现自我管理、自我服务、自我教育、自我监督；二是广泛性，即渗透到政治、经济、文化、教育等社会生活的各个方面，是全体社会公民直接当家作主的最主要和最基本的形式。基层民主的实现形式是社会公民的直接选举和直接参与。无论是基层人民代表大会，还是基层群众性自治组织或企事业单位的民主管理组织，都是基层民众直接选举产生的。从国家政治制度来看，基层直接民主与高层的代议制民主结合，能够相得益彰，既保障群众的民主权利和参与需求，又保障国家政治健康有序发展。可以说，基层民主的蓬勃发展是中国特色政治文明的重要体现，必须作为发展社会主义民主政治的基础性工程重点推进。这就决定了党的基层组织在宣传群众的工作实践中，必须围绕发展社会主义民主特别是基层民主做好宣传群众的工作。

围绕发展社会主义民主特别是基层民主做好宣传群众的工作，就必须坚持“三个公开”，即党务公开、政务公开、财务公开。首先，党务公开，是指城市、城镇、农村、企业、学校等党的基层组织，在培养入党积极分子、吸收新党员、民主评议党员、研究本单位经济社会发展情况等问题上，事先要公开告示，过程要公开透明，结果要让群众了解。这样，既能使党员群众积极参与到党务实践和党务管理之中，又能及时地接受党员群众的监督，保证党务活动的正确和有效。其次，政务公开，是指基层党组织领导和直接从事的政务活动，要公开、透明，便于人民群众实行民主决策、民主管理和民主监督。如城市、城镇社区党组织，每年为社区群众办多少好事，为下岗待岗群众如何联系工作，如何培训技能，如何服务社区等，要公示、公告宣传。如农村乡、镇党委的政务活动，更要公开透明。如农村党组织，在计划生育、宅基地审批，民政救济等各方面，必须公告、通报，便于群众监督和提意见，等等。凡是参与政务活动的基层党组织，政务活动均应公开、透明。同时，应监督行政机构推行政务公开、推行电子政务，阳光行动。最后，财务公开，是指党组织或行政组织一年的财务花销情况，要每个季度向群众通报一次。人民群众对财务最敏感，财务问题也最容易产生不正之风，不廉洁现象和腐败现象。因此，财务问题必须彻底公开，便于人民群众监督，促进廉政建设。各级党政机关、国有企业、学校等党的基层组织，应当充分接受人民群众的监督，使财务公开、透明，防止各种不廉洁行为和腐败现象的发生。

坚持党务公开、政务公开和财务公开，必须建立公开办事制度。实行公开办事制度，是党务部门、政务部门和财务部门保持清正廉洁，提高办事效率，接受群众监督的好形式，应予积极推广。实行公开办事制度，可以促使相关人员牢固树立全心全意为人民服务的思想，正确运用党和人民赋予的权力，遵纪守法，秉公办事，不徇私情。因此，党的基层组织要结合本部门、本单位的工作实际，制定在直接同群众利益相关的问题上，实行公开办事章程、公开办事结果、加强群众监督的制度，能向群众公开的一律向群众公开；能在适当范围公开的就在适当范围公开；能向本人公开的则向本人公开。当前，特别要抓住群众反映最多的热点问题，发动群众开展讨论，提出整改措施，公开整改结果。公事必须公办，公办必须公开，什么事该办，什么事不该办，程序如何，由谁来办，如不按章办又将如何处理和申诉，所有这些，都要有章可循、有法可依，并让群众知道。基层党组织把公开办事制度落实好了，围绕发展基层民主的宣传群众工作做好了，就必然极大地推进我国社会主义人民民主建设。

4. 围绕发展社会主义先进文化宣传群众

当今时代，文化越来越成为民族凝聚力和创造力的重要源泉、越来越成为综合国力竞争的重要因素，丰富精神文化生活越来越成为我国人民的热切愿望。要坚持社会主义先进文化前进方向，兴起社会主义文化建设新高潮，激发全民族文化创造活力，提高国家文化软实力，使人民基本文化权益得到更好保障，使社会文化生活更加丰富多彩，使人民精神风貌更加昂扬向上。中华民族伟大复兴必然伴随中华文化繁荣兴盛。要充分发挥人民在文化建设中的主体作用，调动广大文化工作者的积极性，更加自觉、更加主动地推进文化大发展大繁荣，在中国特色社会主义的伟大实践中进行文化创造，让人民共享文化发展成果。这就从根本上阐述了推动我国社会主义文化大发展大繁荣的重大意义和基本要求，从而指明了我国文化建设的正确方向。推动社会主义文化大发展大繁荣，基层党组织肩负着极其重要的责任。因为文化的大发展大繁荣，不仅是创造出越来越多、越来越好的精神文化产品，更重要的是提高最广大人民群众的文化素质，让文化发展的成果惠及人民群众。这就决定了建立在群众之中的基层党组织必须用社会主义先进文化宣传群众。

要坚持用社会主义核心价值体系宣传群众，增强社会主义意识形态对群众的吸引力和凝聚力。社会主义核心价值体系是社会主义意识形态的本质体现。社会主义核心价值体系，包括四个方面的科学内涵，即马克思主义指导思想、中国特色社会主义共同理想、以爱国主义为核心的民族精神和以改革创新为核心的时代精神、社会主义荣辱观。社会主义核心价值体系的四方面内容，是相互联系、相互贯通、相互促进，是有机统一的整体。其中，马克思主义指导思想是社会主义核心价值体系的灵魂，中国特色社会主义共同理想是社会主义核心价值体系的主题，民族精神和时代精神是社会主义核心价值体系的精髓，社会主义荣辱观是社会主义核心价值体系的基础。社会主义核心价值体系是中国共产党的一面精神旗帜，是全民族奋发向上的精神力量和团结和睦的精神纽带，是引导全社会在思想道德上共同进步的重要基础，是巩固全党全国人民团结奋斗的共同思想基础。

要坚持用和谐文化宣传群众，培育文明风尚。和谐文化是全体人民团结进步的重要精神支撑。和谐文化是指一种以和谐为思想内核和价值取向，融思想观念、理想信仰、社会风尚、行为规范、制度体制于一体的一种文化形态。建设社会主义和谐文化，发挥文化对经济和社会发展的巨大内驱力，不仅是适应塑造当代中国精神形象的需要，也是推进我国社会和谐发展的必然要求。和谐文化为构建社会主义和谐社会、坚持和发展中国特色社会主义提供精神动力、思想保证、舆论支持和文化环境。建设和谐文化的主题是培育和谐精神，倡导和谐理念，即以人为本的理念、公平正义的理念、利益协调的理念、共建共享的理念。建设和谐文化的目标是形成良好的社会风尚和社会氛围，培育与人为善、乐于助人的道德情感，见利思义、顾全大局的行为准则，相互尊重、礼让宽容的人际关系，互谅互让、友好协商以及人人为我，我为人人的社会风尚。为此，基层党组织要通过各种宣传形式，宣传爱国主义、集体主义、社会主义思想，宣传社会公德、职业道德、家庭美德、个人品德的基本要求，宣传科学精神，普及科学知识，以科学的理论武装人，以正确的舆论引导人，以高尚的精神塑造人，以优秀的作品鼓舞人，弘扬社会正气。

要坚持用中华文化宣传群众，建设中华民族共有精神家园。文化是一个民族的血脉和根基。中华文化是中华民族生生不息、团结奋进的不竭动力。要全面认识祖国传统文化，取其精华，去其糟粕，使之于当代社会相适应、与现代文明相协调，保持民族性，体现时代性。加强中华优秀文化传统教育，运用现代科技手段开发利用民族文化丰富资源。加强对各民族文化的挖掘和保护，重视文物和非物质文化遗产保护，做好文化典籍整理工作。加强对外文化交流，吸收各国优秀文明成果，增强中华文化国际影响力。这是因为：文化建设不能割断历史。我们中华民族历经沧桑，创造了人类发展史上灿烂的中华文化，形成了具有强大生命力的文化传统。中华民族有着几千年的悠久历史和文化积累，其传统文化源远流长、博大精深，包含思想观念、礼仪制度、思维方式、价值取向、道德情操、生活方式、风俗习惯、宗教信仰、文学艺术、科学技术等不同层面的丰富内容。这些优秀文化遗产，几千年始终保持延续发展，维系着民族成员的心理纽带，对于中华民族的繁衍、统一、稳定和自立于世界民族之林起到了巨大作用。

5. 围绕以改善民生为重点的社会建设宣传群众

社会建设与人民的生产生活、幸福安康息息相关，因而更受百姓的高度关注。近年来，我们党和政府在经济发展的基础上，更加注重社会建设，着力保障和改善民生，推进社会体制改革，扩大公共服务，完善社会管理，促进社会公平正义，努力使全体人民学有所教、劳有所得、病有所医、老有所养、住有所居，推动建设和谐社会。和谐社会要靠全社会共同建设。我们要紧紧依靠人民，调动一切积极因素，努力形成社会和谐人人有责、和谐社会人人共享的生动局面。因此，党组织在宣传群众的工作实践中，必须把我们党和政府加强社会建设的路线方针政策及时地宣传给广大群众。

加快推进以改善民生为重点的社会建设，必须优先发展教育，建设人力资源强国。党的基层组织必须积极宣传党的教育方针，把教育放在优先发展的地位，坚持育人为本、德育为先，实施素质教育，提高教育现代化水平，培养德智体美全面发展的社会主义建设者和接班人，办好人民满意的教育。特别要健全学生资助制度，创造条件保障经济困难家庭、进城务工人员子女平等接受义务教育。

加快推进以改善民生为重点的社会建设，必须实施扩大就业的发展战略，促进以创业带动就业。党组织要加强对群众正确的就业观念的宣传教育，围绕经济发展创造就业岗位。特别是要鼓励和支持群众的创业精神，积极与上级机关或技术部门加强联系，对创业者提供政策、技术等方面的服务。要及时帮助零就业家庭或生活困难家庭解决就业困难，保证他们的最低生活。同时，要对本地的劳动关系进行规范和协调，依法维护劳动者权益。

加快推进以改善民生为重点的社会建设，必须加快建立覆盖城乡居民的社会保障体系，保障人民的基本生活。党组织要积极向群众宣传党的社会保障政策，全面贯彻落实社会保障政策，在最低生活保障、基本医疗保障、工伤保障、生育保障、养老保障等方面把党的政策落到实处。同时，要结合本地实际，加大社会救助、社会福利、慈善事业、商业保险等工作力度，使生活和工作困难的人感到党和政府的关心，感到社会主义的温暖，从而进一步提高中华民族的凝聚力和大团结。

（三）组织群众是做好新形势下群众工作的根本要求

群众只有组织起来才能形成力量。如果群龙无首、一盘散沙，必将一事无成。党的作用，就是要组织群众；党之所以有力量，就是因为把群众组织了起来。所以不论在任何时候、任何情况下，组织群众都是我们党必须始终做好的重要工作，也是党的群众工作的根本要求。当前，组织群众最重要的就是要组织群众学习和落实科学发展观。因为“科学发展观，是对党的三代中央领导集体关于发展的重要思想的继承和发展，是马克思主义关于发展的世界观和方法论的集中体现，是同马克思列宁主义、毛泽东思想、邓小平理论和‘三个代表’重要思想既一脉相承又与时俱进的科学理论，是我国经济社会发展的重要指导方针，是发展中国特色社会主义必须坚持和贯彻的重大战略思想”。所以，各级党组织要注重组织认真学习、准确理解科学发展观的深刻内涵，使广大群众真正了解为什么要发展、为谁靠谁发展、要什么样的发展、怎样实现科学发展等一系列有关科学发展观的问题，把科学发展观真正贯彻落实到群众的实践之中。

1. 组织群众进行社会主义经济建设

党的十八届三中全会提出了全面深化改革的历史任务，强调面对新形势新任务，全面建成小康社会，进而建成富强民主文明和谐的社会主义现代化国家、实现中华民族伟大复兴的中国梦，必须在新的历史起点上全面深化改革，不断增强中国特色社会主义道路自信、理论自信、制度自信。社会主义经济建设是全面建设小康社会的基础，也是满足群众各方面利益的基础。党组织应当把组织群众进行社会主义经济建设作为各项工作的中心，动员组织人民群众积极参加社会主义现代化建设的伟大实践。特别是党的基层组织，是党的全部工作和战斗力的基础，应该成为全面建设小康社会、推进中华民族伟大复兴的组织者、推动者和实践者。如，农村党组织，要积极探索让干部经常受教育、让农民群众长期得实惠的有效途径；国有企业和集体企业党组织，必须坚持全心全意依靠工人阶级，积极参与企业重大问题的决策，充分发挥政治核心作用；非公有制企业党组织，要贯彻党的方针政策，引导和监督企业遵守国家的法律法规，领导工会和共青团等群众组织，团结凝聚职工群众，维护各方的合法权益，促进企业健康发展；社区党组织，要以服务群众为重点，构建城市社区党建工作新格局；机关、学校、科研院所、文化团体等事业单位、社会团体和社会中介组织中的党组织，都要围绕经济建设中心开展工作、服务经济发展大局。

应当看到，改革开放新时期最显著的成就是快速发展，尤其是经济建设快速发展，成就巨大。我们党实施现代化建设“三步走”战略，带领人民艰苦奋斗，推动我国以世界上少有的速度持续快速发展起来。我国经济从一度濒于崩溃的边缘发展到总量跃至世界第四、进出口总额位居世界第三，人民生活从温饱不足发展到总体小康，农村贫困人口从两亿五千多万减少到两千多万，经济建设取得举世瞩目的成就。中国的发展，不仅使中国人民稳定地走上富裕安康的广阔道路，而且为世界经济发展和人类文明进步作出了重大贡献。于是在国际舆论中，如“中国制造”、“世界工厂”、“中国威胁论”等论调嚣然，这都从不同角度反映出我国经济建设的发展已经被世界所公认。我国新时期经济建设的快速发展，为全面建设小康社会、实现社会主义现代化奠定了坚实的经济基础。我国经济建设的成就，从根本上说，是我们党组织广大人民群众在新的时代条件下、新的实践中的新的创造。

但是我们也要看到，在新世纪新阶段，我国出现了一些新的阶段性特征，在经济方面主要表现为五个方面：一是经济实力显著增强，同时生产力水平总体上还不高，自主创新能力还不强，长期形成的结构性矛盾和粗放型增长方式尚未根本改变；二是社会主义市场经济体制初步建立，同时影响发展的体制机制障碍依然存在，改革攻坚面临深层次矛盾和问题；三是人民生活总体上达到小康水平，同时收入分配差距拉大趋势还未根本扭转，城乡贫困人口和低收入人口还有相当数量，统筹兼顾各方面利益难度加大；四是协调发展取得显著成绩，同时农业基础薄弱、农村发展滞后的局面尚未改变，缩小城乡、区域发展差距和促进经济社会协调发展任务艰巨；五是对外开放日益扩大，同时面临的国际竞争日趋激烈，发达国家在经济科技上占优势的压力长期存在，可以预见和难以预见的风险增多，统筹国内发展和对外开放要求更高。这些情况表明，经过新中国成立以来特别是改革开放以来的不懈努力，我国取得了举世瞩目的发展成就，使我国的生产力、生产关系、经济基础都发生了意义深远的重大变化，但我国仍处于并将长期处于社会主义初级阶段的基本国情没有变，人民日益增长的物质文化需要同落后的社会生产之间的矛盾这一社会主要矛盾没有变。因此，党组织要引导群众认清社会主义初级阶段基本国情，不是要妄自菲薄、自甘落后，也不是要脱离实际、急于求成，而是要坚持把它作为推进改革、谋划发展的根本依据，作为发挥群众的主动性和创造力的新起点。只要我们的党真正把群众组织起来，立足社会主义初级阶段这个最大的实际，科学分析我国全面参与经济全球化的新机遇新挑战，全面认识工业化、信息化、城镇化、市场化、国际化深入发展的新形势新任务，深刻把握我国发展面临的新课题新矛盾，更加自觉地走科学发展道路，就一定能够开拓中国特色社会主义经济建设更为广阔的发展前景。

因此，我们一定要坚持发展是党执政兴国的第一要务，适应国内外形势新变化，顺应各族人民过上更好生活新期待，以科学发展为主题，以加快转变经济发展方式为主线，深化改革开放，保障和改善民生，巩固和扩大应对国际金融危机冲击成果，促进经济长期平稳较快发展和社会和谐稳定，为全面建成小康社会打下具有决定性意义的基础。

2. 组织群众进行社会主义民主政治建设

党的十八届三中全会提出了加强社会主义民主政治制度建设的任务。全面建设小康社会，实现社会主义现代化，一个重要的任务就是建设社会主义民主政治。党组织必须组织广大群众努力建设社会主义政治文明，使社会主义民主更加发展，社会主义法制更加健全，保障人民群众的政治权益。

人民民主是社会主义的生命。发展社会主义民主政治是我们党始终不渝的奋斗目标。我们要坚持党的领导、人民当家作主、依法治国有机统一，发展社会主义民主政治，保障人民知情权、参与权、表达权、监督权。坚持和完善人民代表大会制度、中国共产党领导的多党合作和政治协商制度、民族区域自治制度以及基层群众自治制度。巩固和壮大最广泛的爱国统一战线。发挥工会、共青团、妇联等人民团体作用。切实做好民族和宗教工作，加强民族团结进步教育。全面落实依法治国基本方略，完善中国特色社会主义法律体系，维护法制权威，推进依法行政、公正廉洁执法，加强普法教育，形成人人学法守法的良好社会氛围，加快建设社会主义法治国家。加强人权保障，促进人权事业全面发展。特别是要做好以下工作。

发展基层民主，保障人民群众享有更多更切实的民主权利。人民依法直接行使民主权利，管理基层公共事务和公益事业，实行自我管理、自我服务、自我教育、自我监督，对干部实行民主监督，是人民当家作主最有效、最广泛的途径，必须作为发展社会主义民主政治的基础性工程重点推进。要健全基层党组织领导的充满活力的基层群众自治机制，扩大基层群众自治范围，完善民主管理制度，把城乡社区建设成为管理有序、服务完善、文明祥和的社会生活共同体。因此，在企业中要全心全意依靠工人阶级，完善以职工代表大会为基本形式的企事业单位民主管理制度，推进厂务公开，支持职工参与管理，维护职工合法权益。在农村里要深化乡镇机构改革，加强基层政权建设，完善政务公开、村务公开等制度，实现政府行政管理与基层群众自治有效衔接和良性互动。同时，要发挥社会组织在扩大群众参与、反映群众诉求方面的积极作用，增强社会自治功能。

建设社会主义法治，切实维护人民群众的合法权益。依法治国，建设社会主义法治国家，是社会主义民主政治的基本要求，是党领导人民治理国家的基本方略。要坚持科学立法、民主立法，完善中国特色社会主义法律体系，做到有法可依，为有法必依、执法必严、违法必究奠定基础。加强对群众进行宪法和法律宣传教育，更要注重组织群众对宪法和法律的实施，坚持公民在法律面前一律平等，维护社会公平正义，维护社会主义法制的统一、尊严、权威，弘扬法治精神，形成自觉学法守法用法的社会氛围。推进依法行政，提高各级党政干部及其工作人员依法办事的能力。深化司法体制改革，优化司法职权配置，规范司法行为，建设公正高效权威的社会主义司法制度，保证审判机关、检察机关依法独立公正地行使审判权、检察权，做到严格、公正、文明执法，形成对违法犯罪活动强有力的震慑和打击，确保群众的合法权益不被侵犯，维护社会稳定。完善制约和监督机制，保证人民赋予的权力始终用来为人民谋利益。确保权力正确行使，必须让权力在阳光下运行。要坚持用制度管权、管事、管人，建立健全决策权、执行权、监督权既相互制约又相互协调的权力结构和运行机制。健全组织法制和程序规则，保证国家机关按照法定权限和程序行使权力、履行职责。完善各类公开办事制度，提高政府工作透明度和公信力。特别要重点加强对领导干部特别是主要领导干部、人财物管理使用、关键岗位的监督，健全质询、问责、经济责任审计、引咎辞职、罢免等制度。加强民主监督，发挥好舆论监督作用，增强监督合力和实效。

特别需要强调的是，党的基层组织身处于群众之中，在组织群众进行社会主义政治建设方面有着更直接、具体和不可替代的作用。党的基层组织应该善于洞悉民意、发掘民才、汲取民智、凝聚民力、顺应民心，尤其在决定涉及多数群众利益的事情之前，要广泛征求群众的意见，真正实现科学民主决策。要注意提高工人和农民的政治参与能力和水平，遇有群体性问题特别是群体性突发事件，要从关心群众疾苦的思维出发，坚持宜缓不宜激、宜散不宜聚、宜快不宜慢、宜实不宜虚的处理方法，妥善处理好政治参与和社会稳定的关系，及时有效化解各类矛盾，容不得半点马虎和懈怠。要大力推广基层党组织领导班子成员由党员和群众公开推荐与上级党组织推荐相结合的办法，逐步扩大基层党组织领导班子直接选举范围，探索扩大党内基层民主多种实现形式，使广大群众真正感受到自己的主人翁地位，使基层党组织成为广大党员和党外群众的引导者、组织者和帮助者。

3. 组织群众进行社会主义文化建设

文化是一个民族的精神和灵魂，是国家发展和民族振兴的强大力量，必须坚持社会主义先进文化前进方向，弘扬中华文化，建设和谐文化，发展文化事业和文化产业，满足人民群众不断增长的精神文化需求，充分发挥文化引导社会、教育人民、推动发展的功能，建设中华民族共有的精神家园，增强民族凝聚力和创造力。党的十八届三中全会指出，建设社会主义文化强国，增强国家文化软实力，必须坚持社会主义先进文化前进方向，坚持中国特色社会主义文化发展道路，培育和践行社会主义核心价值观，巩固马克思主义在意识形态领域的指导地位，巩固全党全国各族人民团结奋斗的共同思想基础。当前，组织群众进行社会主义文化建设，重要的是做好如下工作：

培育和践行社会主义核心价值观。党的十八大从坚持和发展中国特色社会主义的高度，提出培育和践行社会主义核心价值观的战略任务。十八大关于“倡导富强、民主、文明、和谐，倡导自由、平等、公正、法治，倡导爱国、敬业、诚信、友善，积极培育和践行社会主义核心价值观”的重要论述，与中国特色社会主义发展要求相契合，与中华优秀传统文化和人类文明优秀成果相承接，是我们党凝聚全党全社会价值共识作出的重要论断。富强、民主、文明、和谐是国家层面的价值目标，自由、平等、公正、法治是社会层面的价值取向，爱国、敬业、诚信、友善是公民个人层面的价值准则，这 24 个字是社会主义核心价值观的基本内容，为培育和践行社会主义核心价值观提供了基本遵循。在这里我们可以清楚地看到，理解社会主义核心价值观，就是要牢牢把握住这 24 个字的深刻含义；践行社会主义核心价值观，就是要全面实践这 24 个字的基本要求。

建设和谐文化。和谐是社会发展进步的基本前提，和谐的社会环境需要靠和谐文化奠基引航。尤其是在当今落实科学发展观、构建社会主义和谐社会的今天，和谐文化建设显得更为重要。和谐文化是全体人民团结进步的重要精神支撑。建设社会主义和谐文化，一是充分发挥各宣传媒体的重要作用，积极发展新闻出版、广播影视、文学艺术事业，坚持正确导向，弘扬社会正气。二是重视城乡、区域文化协调发展，着力丰富农村、偏远地区、进城务工人员的精神文化生活。三是加强网络文化建设和管理，发挥网络优势，营造良好网络环境，鼓励发布进步、健康、有益的精神信息，防止反动、迷信、淫秽、庸俗等不健康内容通过网络传播，引导网络机构和广大网民增强网络道德意识，共同建设网络文明。四是大力弘扬爱国主义、集体主义、社会主义思想，以增强诚信意识为重点，加强社会公德、职业道德、家庭美德、个人品德建设，发挥道德模范榜样作用，引导人民自觉履行法定义务、社会责任、家庭责任。五是加强和改进思想政治工作，注重人文关怀和心理疏导，用正确方式处理人际关系。六是深入开展群众性精神文明创建活动，完善社会志愿服务体系，形成男女平等、尊老爱幼、互爱互助、见义勇为的社会风尚。

推进文化创新。随着实践的发展以及人们文化生活要求的不断提高，在时代的高起点上推动文化内容形式、体制机制、传播手段创新，解放和发展文化生产力，是繁荣文化的必由之路，也是组织群众建设社会主义文化的活力源泉。文化创新，一要坚持为人民服务、为社会主义服务的方向，这是发展社会主义文化的根本要求。因此，一定要抵制各种腐蚀人们精神世界、危害社会主义事业的腐朽文化，澄清各种带有迷信、愚昧、颓废、庸俗等色彩的落后文化，把广大人民群众的思想文化引导到坚持和发展中国特色社会主义的共同理想上来。二要坚持百花齐放、百家争鸣的方针，既要弘扬主旋律，又要倡导多样化，使各种思想文化相互尊重、互相包容、取长补短、求同存异，创作更多反映人民主体地位和现实生活、群众喜闻乐见的优秀精神文化产品，以满足不同层次、不同群体的精神文化需求。三要落实“三贴近”原则，贴近实际、贴近生活、贴近群众，始终把社会效益放在首位，做到经济效益与社会效益相统一。为此，就必须完善扶持公益性文化事业的政策，把发展公益性文化事业作为保障人民基本文化权益的主要途径，加大投入力度，加强社区和乡村文化设施建设，加快构建传输快捷、覆盖广泛的文化传播体系，为广大人民群众享受丰富多彩的文化生活创造便利条件，让人民共享文化发展成果，提高广大人民群众的文化水准和文化品位。

4. 组织群众进行社会主义和谐社会建设

党的十八届三中全会指出，紧紧围绕更好地保障和改善民生、促进社会公平正义，深化社会体制改革，改革收入分配制度，促进共同富裕，推进社会领域制度创新，推进基本公共服务均等化，加快形成科学有效的社会治理体制，确保社会既充满活力又和谐有序。

社会建设与人民幸福安康息息相关。和谐社会要靠全社会共同建设。我们要紧紧依靠人民，调动一切积极因素，要按照民主法治、公平正义、诚信友爱、充满活力、安定有序、人与自然和谐相处的总要求，努力形成社会和谐人人有责、和谐社会人人共享的生动局面，为发展提供良好社会环境。必须在经济发展的基础上，更加注重社会建设，着力保障和改善民生，推进社会体制改革，扩大公共服务，完善社会管理，促进社会公平正义，努力使全体人民学有所教、劳有所得、病有所医、老有所养、住有所居，推动建设和谐社会。这就为党的基层组织组织群众进行社会主义和谐社会建设指明了方向。

组织群众进行社会主义和谐社会建设，必须着力保障和改善民生，必须逐步完善符合国情、比较完整、覆盖城乡、可持续的基本公共服务体系，提高政府保障能力，推进基本公共服务均等化。加强社会管理能力建设，创新社会管理机制，切实维护社会和谐稳定。

实施扩大就业的发展战略，促进以创业带动就业。由于我国是人口大国，就业压力较大是当前一个不争的事实。特别是在市场经济条件下，劳动者就业主要靠政府安置已经不现实，劳动力资源也主要纳入了市场调节。因此，必须教育群众转变就业观念，发扬艰苦创业的精神，把就业的着力点放在自主创业、自谋职业上。事实证明，一个人或几个人的自主创业，可以为一批人提供就业岗位，带动一批人就业。政府也要完善支持自主创业、自谋职业的政策，为创业者提供更多的方便和可能，以激发创业者的积极性，使更多劳动者成为创业者。同时，要坚持实施积极的就业政策，加强政府引导，完善市场就业机制，扩大就业规模，改善就业结构。特别是要健全面向全体劳动者的职业教育培训制度，加强农村富余劳动力转移就业培训，加强对农民工的职业技能培训，建立统一规范的人力资源市场，形成城乡劳动者平等就业的制度，完善面向所有困难群众的就业援助制度，及时帮助零就业家庭解决就业困难，鼓励高校毕业生到基层创业、就业，使更多的群众不仅成为自食其力的劳动者，而且能不断增加经济收入，体现自身价值。

切实增加城乡居民收入，加快建立覆盖城乡居民的社会保障体系。改革开放以来，我国城乡居民的收入逐年提高，居民的社会保障系数逐年提高，人民生活质量有了许多改善。但目前存在的突出问题是，城乡居民的收入差距太大，城乡居民尤其是农民的社会保障覆盖面仍然过于狭窄，保障力度不大。虽然近几年来党和政府采取了许多支农、惠农的政策和措施，而且也收到了一定的成效，但城乡居民收入差距进一步拉大的趋势还未得到根本性的扭转，社会保障的力度还不足以使每个人维持最低生活水平。因此，深化收入分配制度改革，健全社会保障体系势在必行。要坚持和完善按劳分配为主体、多种分配方式并存的分配制度，健全劳动、资本、技术、管理等生产要素按贡献参与分配的制度，初次分配和再分配都要处理好效率和公平的关系，再分配更加注重公平。逐步提高居民收入在国民收入分配中的比重，提高劳动报酬在初次分配中的比重。着力提高低收入者收入，创造条件让更多群众拥有财产性收入，保护合法收入，调节过高收入，取缔非法收入，逐步扭转收入分配差距扩大趋势。要以社会保险、社会救助、社会福利为基础，以基本养老、基本医疗、最低生活保障制度为重点，以慈善事业、商业保险为补充，加快完善社会保障体系，在城乡居民基本养老、基本医疗和最低生活保障以及失业、工伤、生育保险制度等方面不断探索适合我国国情，与我国经济发展和人民需求相适应的保障，使人民群众提高生活水平，改善生活质量，为社会主义和谐社会建设奠定坚实的群众基础。

进一步完善社会管理，维护社会安定团结。社会稳定是人民群众的共同心愿，是改革发展的重要前提。要健全党委领导、政府负责、社会协同、公众参与的社会管理格局，健全基层社会管理体制。最大限度激发社会创造活力，最大限度增加和谐因素，最大限度减少不和谐因素，妥善处理人民内部矛盾，妥善协调各方面的利益关系。特别是基层党组织必须坚持把最广大人民群众的根本利益作为制定决策、开展各方面工作的出发点和落脚点，正确反映和兼顾不同方面群众的利益，高度重视和维护人民群众最现实、最关心、最直接的利益，坚决纠正各种损害群众利益的行为和不正之风，引导群众以理性合法的形式表达利益要求、解决利益矛盾，自觉维护安定团结。同时，要积极推进社会管理体制创新，深入研究社会管理规律，完善社会管理体系和政策法规，更新管理理念，创新管理方式，拓宽服务领域，发挥基层党组织和共产党员服务群众、凝聚人心的作用，发挥城乡基层自治组织协调利益、化解矛盾、排忧解难的作用，发挥社团、行业组织和社会中介组织提供服务、反映诉求、规范行为的作用，形成社会管理和社会服务的合力。要坚持打防结合、预防为主，专群结合、依靠群众，加强和完善社会治安综合治理工作机制，依法打击各种犯罪活动，保障人民生命财产安全。在维护社会稳定的工作中，基层党组织要注重激发社会活力，促进社会公平和正义，增强全社会的法律意识和诚信意识，维护社会安定团结，构建和谐社会。

（四）服务群众是做好新形势下群众工作的关键所在

“水能载舟，亦能覆舟”。人心向背，决定一个政权的兴衰，决定一个政党的生存和发展。历史规律充分证明，统治者或者执政党只有权为民所用，才能赢得人心，才能在群众的拥戴和助推下生存和发展。因此，服务群众的实际行动是做好群众工作的关键。只要做好了服务群众的工作，就抓住了做好新形势下群众工作的“牛鼻子”。

1. 在就业和社会保障方面服务群众

就业和社会保障，是我们党服务群众的最重要方式。创造使每个有劳动能力的人充分就业的环境，是解决群众的生活问题的根本。为群众提供必要的社会保障，是解决群众生活困难的必需。因此，我们党服务群众，首先就要在就业和社会保障方面服务群众。

第一，扩大就业是我国当前和今后长时期重大而艰巨的任务。就业是民生之本。全面建设小康社会的新时期，城镇人口就业、社会保障问题较为突出。从就业情况看，近年来，党中央、国务院一直把就业和再就业作为一项利国利民的重大任务抓紧抓好，采取了一系列扩大就业和促进再就业的积极的就业政策，包括财政援助、金融支持、税费优惠、服务体系建设等一系列政策，包括近年来促进、关心和支持高校毕业生的政策。另外，关于我们国家农村城镇化的情况，国务院办公厅发出了《关于进一步做好改善农民进城就业环境工作的通知》，来解决和关心农民的就业环境，改变过去对农民工的歧视。因此，就业的规模不断扩大，再就业工作取得巨大进展，农村劳动力就业环境得到改善、数量稳步增长，城镇登记失业率得到控制，高校毕业生就业也取得一定成效。同时也要看到，近年来，当前我国的就业总量压力和结构性矛盾并存。年度就业岗位供大于求的缺口很大。农村大量剩余劳动力需要向非农产业转移。每年要有几百万大学毕业生需要谋职就业。每年有几十万复员转退军人需要合理安置。城镇困难企业艰难挣扎、困难职工和下岗、待转岗职工过渡期带来的“阵痛”，也需要认真解决。因而，国家整体的就业形势还很严峻，就业压力很大。

面对上述就业形势，在解决就业问题方面应当采取的主要措施可考虑以下几种：

一是确立“优先发展战略”，加强对就业的宏观调控。根据当前就业形势和构建和谐社会的要求，必须进一步转变政府职能，并且要把创造更多的机会就业作为经济社会发展的优先目标。政府制定各类发展战略和规划，要把扩大就业目标列为重要内容。继续完善和实行积极的就业政策。进一步调整财政支出结构，健全促进就业的投入机制，增加公共投资中用于促进就业的投资比重，整合和规范政府用于就业的各种资金。建立就业绩效考核制度和重大项目就业评估制度。建立健全劳动力调查统计制度和失业监测预警制度，特别是要加快建立农民就业统计制度。

二是用发展的办法，解决就业和再就业问题。党的十八届三中全会提出，健全促进就业创业体制机制。建立经济发展和扩大就业的联动机制，健全政府促进就业责任制度。规范招人用人制度，消除城乡、行业、身份、性别等一切影响平等就业的制度障碍和就业歧视。完善扶持创业的优惠政策，形成政府激励创业、社会支持创业、劳动者勇于创业新机制。完善城乡均等的公共就业创业服务体系，构建劳动者终身职业培训体系。增强失业保险制度预防失业、促进就业功能，完善就业失业监测统计制度。创新劳动关系协调机制，畅通职工表达合理诉求渠道。

三是加大政策支持力度，促进农民转移就业。要制定统筹城乡就业的战略规划和政策措施，建立良好的促进农民就业的管理体制和工作机制；要积极推进农业产业化发展，大力发展农村二、三产业和多种经营，扩大农村就业容量；要进一步改善农民进城就业环境，实施以培训、维权、住房、社保、子女教育等为主要内容的农村劳动力转移就业环境建设工程；要建立健全城镇化发展的政策法规，为农村劳动力进城就业、生活和定居提供完善的机制和制度环境。

四是积极贯彻落实政策措施，做好高校毕业生就业工作。要进一步挖掘科教文卫、公共管理和其他高端服务业的就业潜力。鼓励和引导毕业生形成多元化的择业观，通过完善政策，满足事业单位、民营企业、中小企业、乡镇企业、街道社区、乡村建设等用人需求。加快教育改革，完善投入机制，调整教育和专业结构，适应社会和市场需求。

五是大力开展职业技能培训，加强公共培训体系建设。尽快形成城乡统一、开放、竞争、有序的劳动力市场，完善社会保障体系，加强法制建设，保护劳动者合法权益。

第二，社会保障是社会稳定和国家长治久安的重要保证。建立健全同经济发展水平相适应的社会保障体系，最重要的是健全最低生活保障制度。从1997年国务院下发关于建立最低生活保障的文件以后，这项制度逐步在全国建立起来。这是对我国传统救济制度的改革和发展，它是我国社会保障体系的重要组成部分和最后一道安全网。1999年颁布《城市居民最低生活保障条例》，后来逐步扩大到全国所有非农业人口，基本上做到了动态管理下的“应保尽保”。农村低保是对农村特困人口按农村低保标准进行救济的制度，在暂时没有建立农村低保的地区，正在推进农村特困户救济制度，对自然条件恶劣，或者因病因残造成家庭长期困难的实行定期定量救助。特别是近几年来，对工伤保障、医疗保障、生育保障等方面，也都取得了一定的成就。

同时，也要看到，建立与我国国情相适应、与经济发展水平相适应的社会保障体系，是一项艰巨的任务。现行社会保障制度还不能完全适应市场经济体制的要求，主要表现在以下几个方面：一是社会保障覆盖面还不够宽。从城市现有的保障范围看，大量的城市集体、私营和外商投资企业的职工、自由职业者、个体工商户和进城农民工仍未纳入社会保障范围，城市社会保障的覆盖面还远远不够宽。而在小城镇和广大的农村地区，社会保障制度还处于探索阶段，大部分地区还是空白。二是社会保障基金筹措困难。我国的社会保障制度是在统包统配的劳动力管理体制和统收统支的财政体制下建立起来的，国家和企业承担一切保障。现在，正处于由“国家全部包揽”向“国家、单位和个人”三方共同负担的转变时期，由于思想观念、企业效益等多种原因，逃缴拖欠保费的现象严重。再加上地方财政支出结构调整力度不够，对中央财政依赖性较大，一些补充社保基金的渠道尚未落实等原因，造成目前的社会保障基金筹措困难。三是多头管理、体制分散。现行的社会保障制度缺乏统一的设计和协调，缺乏整体性、规范性。社会保障的领导、管理、经办、服务、监督分散，形成了多头分散管理的格局。由于多头管理，政出多门，实际工作中经常发生决策和管理上的相互碰撞，有的地区矛盾相当尖锐。管理体制问题在一定程度上影响了社会保障事业的健康发展。四是失业保险面临前所未有的压力。随着我国经济结构调整步伐的加快和加入世界贸易组织，一些传统的耗能高、效益低、科技含量不高的产业受到了巨大冲击，失业人数显著增加。国家每年新增就业岗位远远满足不了失业人员再就业和新增就业人口的就业需求，失业保险面临前所未有的压力。五是人口老龄化对社会养老保险和医疗保险提出了更高要求。我国人口老龄化的速度正在加快，正在步入老龄化社会。与西方发达国家在经济发达的情况下进入老龄化社会不同的是，中国是在经济欠发达的情况下进入人口老龄化社会的。这对社会养老保险和医疗保险提出了更高的要求，而我国现有的资金积累和保障服务功能尚不能适应这种形势的要求。六是社会保障立法还不够完善。为适应建立社会保障制度的需要，近年来，我国加强了有关社会保障制度方面的立法工作，国务院制定了《失业保险条例》《工伤保险条例》《城市居民最低生活保障条例》等行政法规，发布了一系列有关社会保障的决定。但是，还有一些社会保障领域的立法，如医疗保险、生育保险等社会保险和社会救济、社会福利方面的立法尚付阙如，需要进一步完善。

因此，党的十八届三中全会强调要建立更加公平可持续的社会保障制度。坚持社会统筹和个人账户相结合的基本养老保险制度，完善个人账户制度，健全多缴多得激励机制，确保参保人权益，实现基础养老金全国统筹，坚持精算平衡原则。推进机关事业单位养老保险制度改革。整合城乡居民基本养老保险制度、基本医疗保险制度。推进城乡最低生活保障制度统筹发展。建立健全合理兼顾各类人员的社会保障待遇确定和正常调整机制。完善社会保险关系转移接续政策，扩大参保缴费覆盖面，适时适当降低社会保险费率。研究制定渐进式延迟退休年龄政策。加快健全社会保障管理体制和经办服务体系。健全符合国情的住房保障和供应体系，建立公开规范的住房公积金制度，改进住房公积金提取、使用、监管机制。

2. 在行政、司法援助方面服务群众

随着依法治国历史进程的深入发展，在行政、司法方面帮助群众，已逐步成为党的基层组织的一项重要工作。尤其是进城就业、创业的农民工，是城乡基层党组织在行政、司法方面服务群众的重点。从这些年的发展状况分析，包括进城务工的农民工在内的流动人口的合法权益受到极其严峻的挑战。侵害进城务工人员合法权益的行为，集中在六大方面：一是企业用工和劳动管理不规范，劳动合同签订率低。二是超时加班现象较为普遍。但企业往往以实行计件工资为由，拒按国家规定给付加班工资。三是工资水平低，克扣、拖欠工资现象没有从根本上得到解决。如何建立健全解决欠薪问题的长效机制，还有待进一步完善。四是基本社会保险缺失严重，留下社会隐患。多数企业不为进城务工人员缴纳社会保险，加之进城务工人员自身投保意识淡薄，致使多数进城务工人员游离于社会保障之外。五是职业危害不容忽视。许多非公有制企业不愿投资必要的劳动保护设施，致使进城务工人员生命安全和身体健康受到极大威胁，工伤事故时有发生。六是子女受教育问题仍然堪忧。由于城市、城镇公立学校吸纳能力有限，加之进城务工人员子女流动性大等各方面原因，导致许多进城务工人员子女接受义务教育的权利仍然无法得到充分保障。

党的十八届三中全会强调，完善行政执法程序，规范执法自由裁量权，加强对行政执法的监督，全面落实行政执法责任制和执法经费由财政保障制度，做到严格规范公正文明执法。完善行政执法与刑事司法衔接机制。健全国家司法救助制度，完善法律援助制度。完善律师执业权利保障机制和违法违规执业惩戒制度，加强职业道德建设，发挥律师在依法维护公民和法人合法权益方面的重要作用。鉴于此，为建设社会主义和谐社会，基层党组织必须积极发挥帮助群众的工作，切实维护进城务工人员的合法权益。

一是提高城市、城镇、农村基层党组织的计划性和组织化程度，建立劳务派遣组织。为适应企业灵活用工需求，组织农村富余劳动力进城务工，通过对要求进城务工人员进行培训，然后与城市基层党组织组建的社会劳动派遣部门对接，不分民族、种族、性别、岗位、宗教信仰、教育程度，一视同仁，依法保障农民工权益。同时，积极发挥城市、城镇培训机构的作用，对农民工岗前订单式培训，将因缺乏技能而难以转移的劳动力，通过技术培训变为人力资本，使进城务工人员就业培训和有序流动逐步走向正轨。

二是各级财政部门的基层党组织和广大党员，应积极建议各级财政都要开设针对农民工培训专项经费渠道，对进城务工人员组织转移就业的首次上岗技能培训，由当地财政提供培训补贴，实行政府埋单。

三是用多种方法将全体民工纳入社保范围。劳动和社会保障部门的基层党组织，应积极建议行政机关努力探索与用人单位形成劳动关系的农民工全部纳入工作保险范围。重点推进农民工较多、工作风险较大的建筑、矿山等行业参加工作保险，探索制定适合农民工特点的待遇支付办法，方便农民工参保和享受待遇。同时，逐步将与用人单位形成劳动关系的农民工纳入医疗保险范围，并根据农民工自身特点和医疗需要，合理确定缴费率和保障方式，督促用人单位按规定缴纳医疗保险费，解决他们就业期间的大病医疗保障问题。对在城镇灵活就业的，按照灵活办法参保。对于农民工中有土地承包经营权的特殊群体，考虑低标准缴费、低标准待遇的办法。

四是实行高危行业安全生产许可证制度。安全生产监督管理部门的基层党组织，应建议行政机关实行高危行业企业安全生产许可证制度，把好审查发证的关口，从源头上制止不具备安全生产条件的企业进入生产领域。切实加大安全生产宣传培训教育力度，除抓好特种作业人员的培训、考核外，重点督促企业对新招进城务工人员上岗前的安全生产教育和培训，凡未经安全生产教育和培训合格的从业人员不得上岗作业，这样才能有效地减少因从业人员“三违”现象而引发的伤亡事故。

五是劳动和社会保障与卫生部门的基层党组织应建议行政机关探索设立工伤保险行政机构、劳动鉴定委员会设立办事机构，使工伤保险业务经费落实到位。卫生部门督促用人单位切实履行如实告知的义务，依法在劳动合同中如实将工作过程中可能产生的职业病危害及其后果、职业病防护措施和待遇告知劳动者，将职业健康体检结果如实告知劳动者。对于不履行告知义务的用人单位进行查处教育。

六是建立“清欠”快速反应机制。建筑行业是清欠的重点。建设部门党的基层组织应积极建议行政机关制定应急预案，筹集应急资金，应对突发事件，及时化解矛盾，维护社会稳定。要完善欠薪举报投诉制度，建立解决拖欠农民工工资问题的“快速通道”和快速反应机制。对拖欠农民工工资事件发生一起，解决一起，分包单位不能解决的，由总包单位先行支付，总包单位不能解决的，由建设单位先行支付，必要时由应急资金先行支付，再追究有关单位的责任。

3. 在解除家庭后顾之忧方面服务群众

在全面建设小康社会的新时期，党的基层组织和党员必须坚持和发扬党的优良作风，关心群众的生产生活，努力帮助有家庭后顾之忧的群众。2014年1月20日，习近平在党的群众路线教育实践活动第一批总结暨第二批部署会议上发表重要讲话中指出，干部要从小事做起，从具体事情抓起，让群众看到实实在在的成效，有利于百姓的事再小也要做，危害百姓的事再小也要除，不等不靠，立行立改。因此，各地各级干部牢记“两个务必”，认真解决人民的生产生活和经济社会发展问题等，使我们党在人民群众中的威信有了新的提高。实践证明，我们必须在谦虚谨慎、戒骄戒躁、艰苦奋斗的同时，还要努力帮助群众，不但要关心群众的生产生活，还要努力帮助家庭有后顾之忧的群众解决实际困难。党的基层组织和全体共产党员，关心群众的生产生活，努力帮助有家庭后顾之忧的群众，主要从以下几个方面做好帮助群众的工作：

第一，孩子。在城市、城镇，要建议政府建立进城务工人员子女接受义务教育的经费保障机制。各级财政部门应为接受进城务工人员子女接受义务教育提供必要的办学经费，对接收进城务工人员子女较多的学校给予适当补助，及时拨付教育经费，保证学校正常运转；要安排一部分城市教育附加费，用于进城务工人员子女义务教育工作；同时，对进城务工人员子女中的贫困学生要予以政策性补助，确保每一个进城务工人员子女不因贫困而失学。在农村，大量农民进城就业，把子女留在了农村老家上学，缺乏照顾。农村基层党组织必须承担起照顾这部分孩子上学的责任，通过组织家政服务，把这些孩子集中起来，负责做饭、上学早出晚归的接送等基本生活。不要让这些孩子成为“没娘的孩子”，可以依据市场经济的发展规律，采取有偿服务等办法，解决问题。

第二，老人。要做好老年人的生活安排和思想政治工作。做好老年人的生活安排和思想政治教育工作，是一项十分重要的任务。老年人一生忙碌操劳，年老后赋闲在家，既需要基本的生活保障，更需要比较丰富多彩的精神文化生活，提高生活质量。他们不甘孤独、不甘生活单调，需要与社会接触，需要身边有人说话聊天，需要了解当前国家的政治、经济、文化、社会形势，需要健康的文化娱乐生活和精神生活。现在，老年人的物质生活大多有所保障，有的儿女与老人生活在一起，能够给老人以物质上的赡养和精神上的慰藉，老人晚年生活幸福。但也有不少老年人处于孤寡状态，有些人身体状况较差、疾病缠身，有些人子女不孝或无人照顾，有些由于儿女工作繁忙等其他原因，很少关照老人，过年过节时去老人那里猛吃一顿，平时却把老人忘了，这使老人感到孤独。更有的子女不孝顺，只知道继承老人的财产，不管老人的生活，甚至子女间对老人的财产你争我抢，对老人赡养你推我让，闹矛盾、起纠纷，直至对簿公堂。这不仅使老年人赋闲在家后，一下远离了原先熟悉的工作生活环境，与原先朝夕相处的同事、朋友少了往来，开始面对原先不那么熟悉而显得陌生的街区、家居、孤独的生活，所接触的人也大多是原先很少往来的新面孔，思想上缺乏沟通，感情上缺少交流，生活也显得枯燥、单调、乏味，孤独的阴影很长一段时间笼罩着他们，而且还使得老年人为子女的不孝伤心、生气，晚年生活很不理想。实际问题，影响了老年人的生活质量，需要全社会关心他们的生活疾苦，重视他们的精神文化生活。

4. 为社会弱势群体与贫困群众提供服务

在我国，虽然人民生活从总体上进入了小康阶段，全面建设小康社会成为我国人民的奋斗目标。但城市还有困难群体，他们家庭成员中或者是就业不稳定，或下岗，或暂时就业问题难以解决，或家中有病人等等情况。在农村，广大的中西部地区还有贫困人口，脱贫的任务还没有完成；也有大量人口虽然已经脱贫，但十分不稳定，处于“脱贫”、“返贫”循环往复阶段。因此，无论在城市还是在农村，党的基层组织都存在一个如何帮助社会弱势群体与贫困群众的问题。

小康社会的全面建设，关键在农村，而农村小康的实现，关键在于消除农村贫困。如果说农村的扶贫工作是我们党切实解决“三农”问题所实施的一项民心工程，那么新世纪的扶贫，则成为全面建设小康社会的奠基工程。只有把这个基础打牢了，小康社会的全面建设才能稳步快速发展。因此，如何做好新时期的扶贫工作，成为党的基层组织面临的一个重大课题。

新世纪扶贫任务还相当繁重。从扶贫对象看，要把贫困地区尚未解决温饱的贫困人口作为扶贫开发的首要对象，同时，还要继续帮助初步解决温饱问题的贫困人口，增加收入，巩固扶贫成果。从基本条件上看，多数贫困地区的生产、生活和生态条件尚未根本改变，一遇天灾就大面积返贫。这表明我国的扶贫解困工作任重道远，要想从根本上解决贫困问题，必须发扬艰苦奋斗精神，走强基固本、根治贫困战略。因此，要注重从以下几个方面做好群众工作：

一是必须彻底改变贫困地区基本生存条件，包括基本生产条件、基本生活条件和生态条件。重点是加强农田基本建设，解决好人畜饮水困难，搞好退耕还林还草，恢复生态植被。对于极少数居住在生存条件恶劣、自然资源贫乏地区的特困人口，要结合退耕还林还草实行生态移民，搬迁扶贫。二是必须提高贫困人口的基本素质，切实加强基础教育，确保九年义务教育，普遍提高贫困人口受教育程度，实行农、科、教结合，普通教育、职业教育、成人教育统筹。搞好职业技术和先进实用技术培训，普及科学，反对迷信，移风易俗，发展社会主义精神文明。办好乡镇医院，搞好初级卫生保健，提高贫困人口的身体素质。搞好计划生育和优生优育，杜绝越穷越生，越生越穷的恶性循环；继续加大财政扶贫力度，在推进西部大开发中，要把西部开发与扶贫开发结合起来，着力带动贫困地区经济发展；要继续做好沿海发达地区对口帮扶西部贫困地区的东西扶贫协作工作，进一步扩大协作规模，提高工作水平，增强帮扶力度。三是积极支持贫困地区扩大劳务输出。城市、城镇党的基层组织，必须关注城市困难群体的脱贫问题。坚持既扶贫解困，解燃眉之急，又谋划思路，实施治本之策。首先在生活上扶贫，解决好下岗特困职工的基本生活需求问题。四是必须结合产业结构调整，发挥帮扶主体自身优势，实行特色帮扶，以增强“造血”功能。要突出科技扶贫、产业扶贫、社区扶贫，努力培育和壮大有利于产业结构优化的新经济增长点。要着力培训城市困难群体以新技术、前瞻性的新技能，通过基层党组织实施培训、联系工作、指导就业、开发事业等多种形式，不断解决城市困难群体问题。

党的十八届三中全会提出，要积极应对人口老龄化，加快建立社会养老服务体系和发展老年服务产业。健全农村留守儿童、妇女、老年人关爱服务体系，健全残疾人权益保障、困境儿童分类保障制度。在第二批群众路线教育实践活动中，党的基层组织和基层党员领导干部，必须继承革命传统，坚持和发扬党的优良作风，坚持做到权为民所用，情为民所系，利为民所谋。做到“权为民所用”，就是要求党的基层领导干部必须正确看待和运用手中的权力，始终以党和人民的事业为重，为人民掌好权、用好权，用人民赋予的权力服务于人民、造福于人民，绝不以权谋私。做到“情为民所系”，就是在实际的群众工作中，必须与人民群众心连心，倾听群众的呼声，关心民众的疾苦，体贴民众的安危冷暖。要勇于深入到艰苦的地方深入到问题较多、矛盾尖锐的地方，深入到贫困地区、困难企业中去，深入到城市下岗职工、农村贫困人口、城市城镇贫困居民等困难群众中去，千方百计地帮助他们解决实际困难，绝不脱离群众。做到“利为民所谋”，就是必须时刻把人民群众的利益放在首位，始终把维护好、实现好、发展好最广大人民群众的根本利益作为全部工作的出发点和落脚点，坚持一切为了群众、一切依靠群众，立志为人民做实事、做好事，决不与民争利。

（五）团结群众是做好新形势下群众工作的重要途径

中国共产党是中国广大人民群众的领导者。“领导”的基本含义就是带领、引导，其基本目的就是把广大群众团结在党的周围，带领和引导群众自己实现自己的利益。同时，党只有不断地带领和引导群众靠自己的力量实现自己的利益，群众才能够更加坚定地团结在党的周围，形成密切融洽的党群关系，从而使群众工作更加深入有效地开展。

1. 团结出凝聚力、战斗力和新的生产力

团结出凝聚力，出战斗力，出新的生产力。这些都是历史经验的总结，是客观事实反复证明了的真理。凡是团结，就必然具备以下几个特点：一是思想上政治上高度统一但具体问题上可能存在某些差异，少数人在具体问题上可能有不同意见。二是组织上纪律严明，行动上步调一致，即便少数党员有不同意见，也能坚决执行已经形成的决议。三是实现团结的过程也是统一思想的过程，是发扬民主、实事求是、开展批评与自我批评、正确认识客观事物发展规律的过程。

第一，团结群众是党取得革命建设和改革开放成就的保证。从我们党的历史和中国革命的历史来看，中国共产党领导的人民革命为什么能够在强大的敌人和重重困难之下不断取得革命、建设和改革开放的胜利？首先，是由于我们党的主张是正确的，它代表着人民的利益。但是，仅仅有正确的主张还不能战胜强大的敌人，还在于我们党的坚强团结，在于我们党与广大的人民群众建立了密切联系，并且把人民群众的力量团结了起来，这才是我们取得胜利的根本原因所在。建党 90 年来，我们形成了以党的团结为核心的全国人民的大团结，党团结和带领全国人民主要干了三件大事：

一是战胜了帝国主义、封建主义和官僚资本主义，完成了新民主主义革命，建立了中华人民共和国。从此，中国历史从半封建半殖民地社会转变成了新民主主义社会，中国的人民革命从新民主主义革命转变为社会主义革命。

二是我们党团结和带领全国人民战胜了巨大的困难和重重的障碍，迅速实现了国民经济的恢复和发展，迅速进行并顺利完成了对短缺经济的社会主义改造，使中国确立了社会主义制度。同时，在这一时期，我们还胜利地进行了抗美援朝战争，为中国在国际上赢得了崇高的威望。

三是党的十一届三中全会以来，我们党仍然是靠着自身坚强的团结，并团结和带领广大人民群众，实现了思想路线、政治路线和组织路线的拨乱反正，使党所领导的中国特色社会主义事业走上了正确航向。在思想理论上，我们恢复并坚持了解放思想，实事求是的思想路线，形成了以邓小平理论、"三个代表"重要思想、科学发展观为主要内容的中国特色社会主义理论体系。在政治上，我们党正确地分析了我国正处于社会主义初级阶段的基本国情，果断地废除了"以阶级斗争为纲"的错误路线，确立了经济建设是党和国家的工作中心，制定了"团结和带领全国各族人民，以经济建设为中心，坚持四项基本原则，坚持改革开放，自力更生，艰苦创业，为把我国建设成为富强、民主、文明、和谐的社会主义现代化国家而奋斗"的基本路线。在经济上，我们党团结和带领人民群众毫不动摇地坚持以经济建设为中心，使我国经济快速发展，到新世纪之初，我国人民生活进入小康阶段，2009 年 GDP 总量达到世界第二位。在社会建设方面，我们着力于和谐社会建设，着力于改善民生，更加注重公平正义，大力推进劳动就业，大力发展教育科学文化以及各种社会保障，使人民生活过得更加殷实。

如果没有党自身的坚强团结，如果没有以党为核心的全国人民的紧密团结，这样的历史性转变是不可能实现的；这样的历史性成就是不可能取得的。因此，团结出战斗力、团结出凝聚力、团结出新的生产力，这是历史经验的总结，是一条不以人的意志为转移的客观规律。

第二，团结群众首先要实现党的团结。团结群众，是指出党要团结群众。而党要团结群众，首先是党要团结，即要实现党内团结。党内团结，就是党的领导机关和领导干部团结党内一般党员群众。

马克思主义是实现党的团结的政治基础。中国共产党的团结，是在马克思列宁主义的基础上的团结，是在正确的政治路线和正确的组织路线基础上的团结。经过种种牺牲奋斗，形成了以毛泽东为首的党中央的统一领导和全党的团结一致，这个团结又由于及时地正确地克服了危害党的团结的敌对活动和错误倾向而日益巩固，终于使党成为一个不可战胜的力量。因此，党的团结不是无原则的团结，不是形式的团结和虚假的统一，而是建立在以马克思主义为原则的思想统一基础上的真正团结。

党的团结必须是也只能是在马克思列宁主义基础上的团结，在正确的政治原则和正确的组织原则的基础上的团结。因为，我们的党是以马克思主义理论为指导思想的党，我们的党员是中国工人阶级的有共产主义觉悟的先锋战士。党的团结，就是全党在科学理论和正确政治原则、组织原则基础上形成的思想上、政治上、行动上的一致。

团结——批评——团结，是实现党的团结的重要途径。党的团结是由马克思主义原则基础上的团结所决定，党的团结是一种合力，一种和谐，但不是鸦雀无声，也不是死水一潭。盲从的团结是表面的团结，没有不同声音的团结是形式上的团结，一团和气地和稀泥式的团结不是真正的团结。我们党的经验表明，实现党的团结的重要途径，是要通过党内的思想斗争而达到思想统一和行动一致，也就是说，团结——批评——团结，即从团结的愿望出发，经过批评和自我批评，达到更高基础上的团结。这是我们党的基本经验，也是实现团结的行之有效的基本途径。因此，为了增强党的团结，必须发展党内民主和党内的批评和自我批评，而且必须保证充分发展党内民主，充分发展党内的批评和自我批评，以求竭力避免一切可以避免的缺点和错误，使党的事业得到顺利的进展。

惩前毖后、治病救人，是实现党的团结的基本方针。每个同志都可能有缺点或错误，每个同志都需要别人帮助，而党的团结正是为了发展这种同志式的互相帮助。对于党员的缺点或错误应当区别不同的情形，采取不同的方针，对于那种具有在性质上比较不重要的缺点或犯有在性质上比较不重要的错误的同志，或者对于那种虽然具有严重或比较严重的缺点、犯有严重或比较严重的错误，但在受到批评教育以后，仍能把党的利益放在个人的利益之上，愿意改正并实行改正的同志，应当采取治病救人的方针。对于他们的缺点或错误必须按照情况进行严肃的批评或必要的斗争；但是这种批评或斗争应当从团结出发，经过批评或斗争达到团结的目的，不应当不给他们改正的机会，更不应当故意将他们的个别的、局部的、暂时的、比较不重要的缺点或错误夸大为系统的、严重的缺点或错误，因为这种态度就不是从团结出发，就不能达到团结的目的，就不利于党。但是对于那种与党对抗，坚持不改正错误，甚至在党内进行宗派活动、分裂活动和其他危害活动的分子，党就必须进行无情的斗争，给以严格的制裁，直至在必要时将他们驱逐出党，因为只有这样，才能维护党的团结，才能维护革命的利益和人民的利益。

总之，只要我们党在马克思主义原则基础上，通过“团结——批评——团结”的途径，坚持“惩前毖后、治病救人”的方针，就一定能够团结得如同一个和睦的家庭一样，如同一块坚固的钢铁一样；就一定能够增强凝聚力、战斗力。

第三，团结群众关键是党的机关、党员干部团结广大的党外群众。中国共产党是中国工人阶级的先锋队，同时是中国人民和中华民族的先锋队，是中国特色社会主义事业的领导核心，代表中国先进生产力的发展要求，代表中国先进文化的前进方向，代表中国最广大人民的根本利益。党的这一性质包含着三层含义：一是“先锋队”，二是“领导核心”，三是“三个代表”。不论从理论上还是从实践中来看，这三层含义中哪一层都离不开人民群众，都离不开党与人民群众的坚强团结。因为既然是“先锋队”，就说明其后面必须有长长的群众队伍追随着，脱离了群众的“先锋队”就像是脱离了“车厢”的“火车头”一样，跑得再快也没有意义。既然是“领导核心”，就表明其必须有接受其领导的广大群众，没有领导对象的领导者，或者不被领导对象认可的领导者，单靠自己孤军奋战是不可能取得事业成功的。既然是“三个代表”，就必然有一个“代表谁”的问题，其代表的人越多，力量就会越大，只有代表了最广大的人民群众，才能获得无穷的力量。因此，团结群众是党的性质决定的，是党的性质的内在要求和具体体现。

爱国主义是党团结群众、实现全国人民大团结的政治基础。祖国，是我们休养生息的地域。热爱祖国，是人类早已存在的一种最古老的感情，是自从人类社会出现阶级和国家以来，不同民族和国家的人民在自己民族、国家生存发展的历史长河中，逐渐形成的一种极其深厚的感情。中国人民有自己的民族自尊心和自豪感，以热爱祖国贡献全部力量建设社会主义祖国为最大光荣，以损害社会主义祖国利益、尊严和荣誉为最大耻辱。纵观中华民族的五千年文明历史，出现了许多为祖国抛头颅、洒热血的仁人志士。虽然他们都经历了艰难困苦，甚至献出了自己的生命，但他们的爱国精神永存！他们的爱国业绩永存！他们的爱国英名永存！纵观中国共产党 90 多年的历史，中国共产党在爱国主义旗帜下，团结和领导全国人民对祖国的建设和发展做出了重要贡献。

2. 实现全国各族人民的大团结

我国是统一的多民族国家，西部和边疆绝大部分地区都是少数民族聚居区。这一基本国情，决定了民族问题始终是我们建设中国特色社会主义必须处理好的一个重大问题，也决定了民族工作始终是关系党和人民事业发展全局的一项重大工作。因此，我们倡导团结互助，就必须做好民族团结工作。

第一，从党和人民事业发展全局的高度深刻认识做好民族团结工作的重要性和紧迫性。在我国革命、建设、改革的各个历史时期，我们党坚持把马克思主义民族理论同中国民族问题的具体实际相结合，始终把民族工作作为一项重大工作来抓，团结带领全国各族人民共同实现中华民族的独立和解放、共同走上社会主义道路，不断促进各民族的平等团结和繁荣发展，开创了具有中国特色的解决民族问题的正确道路，我国民族团结进步事业取得了举世瞩目的巨大成就。今天，我国各民族平等、团结、互助、和谐的社会主义民族关系不断巩固，各族人民共同当家作主、管理国家事务；民族区域自治制度更加完善，少数民族的合法权益得到有力保障；民族地区经济社会发展实现历史性进步，少数民族群众的生产方式和生活水平发生历史性飞跃；民族地区社会文化事业显著进步，各族群众的思想道德素质、科学文化素质和健康素质全面提高；少数民族干部队伍和各类专业人才队伍不断壮大，党同少数民族群众保持着密切联系；各民族多彩多姿的文化交相辉映，中华文明焕发出蓬勃的生机和活力。在党的坚强领导下，全国各族人民始终同呼吸、共命运、心连心，显示出强大的凝聚力和创造力，为我国经济发展、政治稳定、文化繁荣、社会进步提供了重要保证。这些成就，是全国各族人民共同团结奋斗的重大成果，也是党的民族政策和民族工作的巨大成功。

进入新世纪新阶段，实现全面建设小康社会的宏伟目标，对做好民族工作提出了新的课题和更高的要求。正确认识和把握新形势下的民族问题，正确处理民族问题，切实做好民族工作，加快少数民族和民族地区经济社会发展，促进各民族共同繁荣发展，是全面建设小康社会、加快推进社会主义现代化的必然要求，是巩固和发展全国各族人民的大团结、确保党和国家长治久安的必然要求，也是开创中国特色社会主义事业新局面、实现中华民族伟大复兴的必然要求。

第二，实现全国人民大团结的关键是正确处理民族问题。我们党在长期实践中积累了处理民族问题的丰富经验，形成了关于民族问题、民族工作的基本理论和基本政策。在今后的民族工作中，要始终坚持和贯彻以下重要指导原则。

——坚持从实际出发，充分认识我国多民族的国情和民族问题的长期性、复杂性，根据我国民族问题的特点和规律，着眼于党和人民事业发展的全局，正确处理我国的民族问题，做好民族工作，促进各民族共同团结奋斗、共同繁荣发展。

——坚持巩固和发展平等、团结、互助、和谐的社会主义民族关系，大力弘扬爱国主义精神，牢固树立汉族离不开少数民族、少数民族离不开汉族、各少数民族之间也相互离不开的思想观念，促进各民族互相尊重、互相学习、互相合作、互相帮助，始终同呼吸、共命运、心连心。

——坚持和完善民族区域自治制度，切实贯彻民族区域自治法，充分保证民族自治地方依法行使自治权，切实尊重和保障少数民族的合法权益。坚持因地制宜、因族举措、分类指导，制定并实施符合少数民族和民族地区实际的政策措施。全面贯彻党的宗教政策，尊重少数民族的宗教信仰。

——坚持把加快少数民族和民族地区经济社会发展作为解决我国民族问题的根本途径，坚持国家帮助、发达地区支援、民族地区自力更生相结合，不断改善各族群众的生产生活条件，不断提高各族群众的思想道德素质、科学文化素质和健康素质。

——坚持维护法律尊严，维护各族人民利益，依法妥善处理影响民族关系的各种矛盾和问题，依法打击民族分裂主义势力及其活动，坚决反对境内外敌对势力利用民族问题进行的渗透、破坏活动，坚决维护民族团结、祖国统一、国家安全、社会稳定。

第三，巩固全国人民的大团结必须善于协调各方面利益关系。随着改革开放的深入，人们的利益格局发生了巨大变化，特别是随着一部分人先富起来，不同群体之间的贫富悬殊不断加大，出现了一些困难群体。如果这个问题不注意加以有效解决，不仅会加剧社会矛盾，引发各种犯罪和社会动荡，而且会影响全党和全国人民的大团结。因此，增强党的团结，并以党的团结为基础增强全国人民的团结，就要善于协调各方面利益关系，特别要注重关心困难群体。这样，才能更好地体现人文关怀和人本精神，及时解决群众的困难，把矛盾解决在基层，消灭在萌芽状态，为实现和加强团结奠定广泛的群众基础和坚实的社会基础。

善于协调各方面的利益关系，最根本的是不断实现好、维护好和发展好最广大人民的根本利益。改革开放以来，我国国民经济持续快速增长，使人民生活实现两大历史性跨越：一是20世纪80年代基本解决了温饱问题，二是20世纪90年代人民生活水平总体达到了小康。这是我们党坚持立党为公、执政为民的最根本体现，也为党做好新形势下的群众工作奠定了基础。

善于协调各方面的利益关系，必须关心群众疾苦，首先要为困难群体谋利益。因为他们眼前最困难，最需要帮助，他们的困难如果解决不好，不仅会挫伤他们的积极性，而且有可能影响人民团结和社会安定，甚至影响改革开放和现代化建设的大局。一定要带着对人民群众深深的情和爱做好群众工作，关心困难群众的安危冷暖，努力为困难群众办实事、办好事、真办事。只有这样，才能真正增强党的社会影响力，才能真正代表人民的根本利益，才能使最广大人民由衷地拥护共产党，才能使我们党无往而不胜。

五、群众工作的本质是密切党群关系

历史和现实都表明，一个政权也好，一个政党也好，其前途与命运最终取决于人心向背，不能赢得最广大群众的支持，就必然垮台。①

——江泽民

马克思主义政党最大的政治优势是密切联系群众，执政党最大的危险是脱离群众。这是我们党在总结世界各国执政党兴盛衰亡的经验教训过程中得出的一个基本结论。党的群众工作之所以重要，就在于党要通过深入细致、有效管用的群众工作，更加深入地了解群众的利益诉求，更加准确地掌握群众的思想动向，以在制定和实施路线方针政策的实践中，实现、维护和发展人民群众的根本利益，带领人民群众过上更加幸福美好的生活。只有这样，才能进一步密切党与人民群众的血肉联系。因此，党的群众工作的本质就是密切党群关系。

（一）密切联系群众是马克思主义政党的最大优势

马克思主义政党——共产党从成立的那天起，就宣布自己是代表广大无产阶级和人民群众利益的政党，而且在实践中也代表了广大无产阶级和人民群众的利益，这是毫无疑问的。正是共产党的这一最大的政治优势，才能使党从小到大不断进步，才能使党的事业从一个胜利到新的胜利而不断发展。

1. 密切党群关系是共产党的本质所在

党群关系实际指的是党与群众之间相互作用、相互影响的状态，具体表现为党与群众之间联系和连接的方式。政党是阶级的组织，但任何政党都是

① 江泽民：《关于改进党的作风》（2000年10月11日），《论“三个代表”》，中央文献出版社2001年版，第72页。

与特定的群众基础相联系的，任何政党都有党群关系问题，只不过这种关系有实质的不同。

第一，共产党从一开始就同群众有密切联系。虽然任何政党都有党群关系问题，但共产党的党群关系是自政党产生以来最为独特的。这是因为，共产党不是在资本主义议会体制内产生的，是资本主义发展到一定阶段无产阶级和资产阶级阶级斗争的产物。自政党产生以来，一直到19世纪占主体的一直是资产阶级政党。到18世纪末19世纪初，出现了空想社会主义者和一些工人阶级利益的代言人，到19世纪40年代，马克思、恩格斯创立了科学社会主义理论，并于1847年在改造正义者同盟的基础上建立了共产主义者同盟，这是第一个无产阶级的政党。

共产主义者同盟的建立摆脱了以往一些工人组织要么特别松散，要么带有密谋神秘主义的成分，它有自己的纲领和章程，是严格意义上的现代政党。然而，工人阶级政党又不是一般的政党。作为一般性政党，特别是资产阶级政党，是产生于议会体制之内，并且按照遵循着资产阶级民主活动规则，如选举制的。而无产阶级政党，绝不能遵循资产阶级议会民主的形式。因为资本主义民主实质是资产阶级的民主，在这一体制下没有无产阶级利益表达的形式。从功能上讲，按照资本主义发展过程中一些政治学家的说法，政党就是表达公意的工具。无产阶级政党建立的目的就是革命，在《共产党宣言》中马克思、恩格斯指出，“共产党人的最近目的是和其他一切无产阶级政党的最近目的一样的：使无产阶级形成为阶级，推翻资产阶级的统治，由无产阶级夺取政权”。① “共产党人不屑于隐瞒自己的观点和意图。他们公开宣布：他们的目的只有用暴力推翻全部现存的社会制度才能达到。”②

正由于共产党不同于一般政党的这种特性，因而，它一开始就同群众有密切联系。因为共产党不是在议会体制内产生的，它的存在就只能靠广大工人阶级和人民群众的支持，离开了本阶级和人民群众便无法生存。因此，工人阶级政党要联系群众，并不是完全为了选举，而是由党的性质和历史使命所决定的。

第二，共产党的先进性是和群众性相互联系的。在如何认识和处理党群关系的问题时，还涉及到对于党的先进性怎么看的问题。对于党的先进性，各个政党有不同的解释，但对于共产党来讲，至少包含有两层含义：一是党员特别是党的领导干部，是本阶级的骨干或精英所在。二是党的政纲，不仅

---

① 《马克思恩格斯选集》第1卷，人民出版社1995年版，第285页。
② 《马克思恩格斯选集》第1卷，人民出版社1995年版，第307页。

反映本阶级的现实利益，而且比本阶级一般群众反映未来的利益。正如马克思、恩格斯在《共产党宣言》中说：共产党不是一般的无产阶级政治组织，而是无产阶级的先进政党。一方面，共产党人强调整个无产阶级的不分民族的共同利益；另一方面，在斗争的各个发展阶段上，共产党人始终代表整个运动的利益。也就是说，共产党人具有无产阶级国际主义和为共产主义彻底斗争的精神。因此，“在实践方面，共产党人是各国工人政党中最坚决的、始终起推动作用的部分；在理论方面，他们胜过其余无产阶级群众的地方在于他们了解无产阶级运动的条件、进程和一般结果”①。

由此，共产党的先进性和群众性的关系，可以从两方面看，一方面，党是由工人阶级和其他社会阶层的先进分子所组成的，能够而且必须领导本阶级和最广大人民群众的斗争。因为人民群众作为单个的个体，其作用是有限的，而要集合起来，则需要有组织的力量。共产党的历史任务就在于，组织和领导本阶级和最广大人民群众。另一方面，党又必须紧紧和本阶级结合在一起，紧紧和包括本阶级群众在内的广大人民群众结合在一起。因为一个政党无论是要取得政权，还是要掌握政权，最根本的一点，就是要赢得包括本阶级在内的最广大人民群众的理解、支持和拥护。共产党是代表工人阶级利益的先进性政党，是以消灭一切剥削制度和阶级差别，解放全人类，实现共产主义的社会制度为目的的。共产党和工人阶级的这种利益要求和运动目的不仅完全符合社会发展的方向，而且同广大人民群众的根本利益也是完全一致的。所以，马克思、恩格斯在《共产党宣言》中就指出：“过去的一切运动都是少数人的或者为少数人谋利益的运动。无产阶级的运动是绝大多数人的、为绝大多数人谋利益的独立的运动。”② 这里马克思、恩格斯指出了无产阶级革命的特征，实际也强调了党的先进性和群众性的关系。

2. 中国共产党的历史就是一部密切联系群众的历史

密切联系群众，是马克思主义政党始终恪守的政治立场。马克思、恩格斯早在《共产党宣言》中就曾经指出：“过去的一切运动都是少数人的或者为少数人谋利益的运动。无产阶级的运动是绝大多数人的、为绝大多数人谋利益的独立的运动。”③ 中国共产党的几代领导人也都把密切联系群众作为党生存和发展的最大政治优势。90 多年来，为了中国革命的胜利，为了中华民族的富强，为了中国人民的幸福，广大共产党员在革命战争年代出生入

① 《马克思恩格斯选集》第 1 卷，人民出版社 1995 年版，第 285 页。
② 《马克思恩格斯选集》第 1 卷，人民出版社 1995 年版，第 283 页。
③ 《马克思恩格斯选集》第 1 卷，人民出版社 1995 年版，第 283 页。

死、浴血奋战，在和平建设时期开拓进取、甘于奉献，为党和人民建立了巨大功绩。这就是中国共产党之所以能够成为领导中国革命、建设、改革事业的核心力量，之所以能够承担起中国人民和中华民族的历史重托，之所以能够在剧烈变动的国际国内环境中始终立于不败之地的根本原因。因此，党的历史发展进一步充分证实，密切联系群众是马克思主义政党的最大政治优势，保持党同人民群众的血肉联系是我们党无往而不胜的重要法宝。

与此同时，我们党 90 多年的历史进一步证明了两个道理：一是人民是创造历史的根本动力，是我们党最可依赖的最大政治资源。二是中国共产党是中国最广大人民群众根本利益的忠实代表，密切联系群众是中国共产党的最大政治优势。我们党自诞生之日起就勇敢担当起带领中国人民创造幸福生活、实现中华民族伟大复兴的历史使命。为了完成这个历史使命，我们党代表人民群众的利益，密切与人民群众的联系，得到了人民群众的大力支持，才使我们的事业不断向前推进。今天，我们党正在带领全国各族人民进行改革开放和社会主义现代化建设，是新中国成立以后我国社会主义建设伟大事业的继承和发展，是近代以来中国人民争取民族独立、实现国家富强伟大事业的继承和发展。我们坚信，只要我们党全心全意地为了群众，坚定不移地依靠群众，积极努力地为人民群众创造安定的生活环境和优越的生活条件，不断提高人民群众的物质文化生活水平，我们党就一定能够一如既往地得到人民群众的支持，就能够在更高的基础上进一步密切与人民群众的血肉联系，完成把我国建设成为富强民主文明和谐的社会主义现代化国家的历史重任。

3. 密切联系群众对执政党是一个更加严峻的考验

如果说，一个革命党不能离开人民群众而生存，还有一种夺取政权的强大外在压力的话，特别是一个处于地下状态、受到统治阶级镇压的革命党，这种联系群众的外在压力会更加强大。但是，执政党的地位，却使其在联系群众方面面临着新的考验。与革命党相比，执政党的这种新考验主要来自于官僚主义习气的滋长。官僚主义最基本的表现就是脱离群众、脱离实际，因而也是执政党的最主要危险，是执政党在密切联系群众方面遇到的最为严峻的考验。

当前密切联系群众的考验非常严峻。联系我们党的当前实践，我们必须清醒地看到，脱离群众的危险正在向我们走近，密切联系群众的考验已经到了非常严峻的地步。这主要表现在以下几个方面：

一是一些党员干部尤其是领导干部，马克思主义群众观点和群众路线有所淡化。他们在做决策、定措施的时候，不是从人民群众的根本利益出发，而做自己想做的事情，用自己想用的办法；有的虽然从主观愿望上有为群众谋利益的良好动机，但因为脱离实际，而结果则是事与愿违、劳民伤财。

二是一些党员领导干部利用手中掌握的权力捞取个人特殊利益，拜金主义、享乐主义、利己主义不断发展，腐败现象不断滋长。

三是国家机器庞大、政府机构重叠、领导体制缺陷、执政方式呆板、政务繁多庞杂，特别是民主法制不够健全，监督机制不够完善等原因，致使一些党员干部囿于“官本位”之中，只图做官，不愿做事；暮气沉沉，不思进取；推诿拖拉，敷衍塞责；好大喜功，弄虚作假。

四是一些党员干部缺乏新形势下做好群众工作的本领和方法，对新形势下群众工作的特点、规律的认识还有些滞后，正确处理群众矛盾特别是正确处理各种利益关系的本领和方法，还有待于进一步提高。一些党员领导干部怕担风险、办事迟缓，要么照抄照搬已经过时的老套数，要么简单粗暴、施以高压，使得一些应该解决的问题没有得到及时、正确解决，伤害了人民群众的利益和感情，激化了社会矛盾，疏远了党和人民群众的联系。

总之，对于我们中国共产党这样一个长期连续执政的执政党来说，脱离群众的危险不是比过去减少而是比过去增加了，密切联系群众的要求不是可以降低而是更高了。全党同志特别是各级领导干部必须居安思危，树立强烈的忧患意识，因为虽然我们党的执政地位是巩固的，在当代中国是没有任何一个党派能够与中国共产党争夺国家权力的。但这并不能表明我们党就没有任何危险，不表明我们党没有脱离群众的现象。而执政党一旦脱离群众就面临着垮台的危险！

共产党作为执政党，大批党员、干部担任着从中央到地方的各级领导职务，手中掌握着这样那样的权力。如果拥有了自己的特殊利益，着眼点和努力方向就会发生偏移，政党性质、党员干部的政治信念就会发生蜕变。“在现实生活中，确实也有些党员和干部违背党的要求，他们在人民利益、国家利益、集体利益和个人利益之间，更多的偏向于自己的个人利益，甚至热衷于追逐不应该属于自己的、不合理的、非法的个人私利，并不惜利用自己的地位、职权、影响去竭力维护和扩大这种私利。”[①] 当掌握着公共权力的党员干部，去着力追求个体利益或小集团的利益时，所谓代表最广大人民的根本利益，就只能是一句空话。

实践证明，许多人并非在主观上没有为人民服务的愿望，但是他们仍然把工作做坏了，使群众利益受到重大的损失。这是因为他们自以为是先进分子，是领导者，比群众懂得多，因而遇事不向群众学习，不同群众商量，因

① 江泽民：《论“三个代表”》，中央文献出版社2001年版，第187页。

而他们出的主意，经常在群众中行不通；但是，他们又不从错误和失败中吸取教训，以为错误和失败，只是由于群众落后和其他临时因素的影响，因而滥用党的威信，继续一意孤行，这就使他们的错误和失败愈来愈严重。因此，一个党和它的党员，只有认真地总结群众的经验，集中群众的智慧，才能指出正确的方向，领导群众前进。因此，坚持马克思主义群众观点，坚持我们党的群众路线，就能够使党永远保持与人民群众紧密的血肉联系，就能够使党永远具有无往而不胜的强大威力。

4. 充分发挥党密切联系群众的最大优势

历史反复证明，一个政党也好，一个政权也好，得民心则兴，失民心则亡。过去是这样，现在是这样，将来也是这样。任何一个政党、任何一个政权都不能违背这个规律。苏联、东欧一些社会主义国家执政党的垮台，固然有许多原因，但最根本的是违背了人民群众的利益。我们要吸取这一教训，就必须进一步密切党与人民群众的血肉联系。密切联系群众不是空洞的口号，必须落实在行动上，体现在让人民群众长期得实惠上。这样，才能真正形成党的“最大优势”，真正发挥党的“最大优势”。从当前来看，就是要做到以下几个方面。

第一，心想群众，身入群众，同群众打成一片。密切联系群众是很具体的实践活动。它的逻辑起点，是放下架子，以群众认可、感到亲切的形象，走到群众中去。革命战争年代形成的领导干部与群众同吃同住同劳动的“三同”，是联系群众的一个有效形式，许多党员干部通过“三同”的实践，同群众的感情更深了，群众观念更强了，为人民服务的自觉性更高了。时代发展到今天，“三同”的形式或许在一些地方不再适用了，但是“三同”的实质性要求，即与群众多方面交往，同群众进行近距离、零距离的接触，努力消除与群众的外在隔阂与内在隔阂，做到融洽相处，却是不能不坚持的。在这方面，中央领导同志为我们做出了榜样。2014 年春节将至，习近平总书记 1 月 26 日下午来到地处边陲的内蒙古阿尔山市伊尔施镇看望生活在林业棚户区的群众。这里过去曾是林区，现在禁伐，正处在艰苦的产业转型之中。行车途中，他详细询问林区职工群众生活状况，要求当地加快棚户区改造，让群众早日住上新房。

第二，倾听民声，与民交流，全面了解民意。我们常说，要把人民拥护不拥护、赞成不赞成、高兴不高兴、答应不答应作为衡量一切工作的根本标准。但是，要清楚地了解这个标准掌握得好不好，那就非倾听人民群众的真心话不可。这就要求党员干部必须注重与群众面对面、口对口、心对心的交流，确切地了解老百姓在想什么、盼什么，对党和政府的哪些决策满意、对哪些决策不满意。20 世纪 60 年代初，我们党大兴调查研究之风，周恩来、陈云等许多领导同志亲自到农村长时间蹲点，同普通农民交朋友，听取群众对办食堂、集体养猪等意见。这对于党的正确决策起了重要作用。在信息化水平日益提高的今天，对社情民意的了解仅满足于坐在办公室上网、打电话、看电视是不行的，还必须亲自深入到群众中去，才能全面地掌握活生生的真实情况，全面了解民意；也才能通过与群众面对面地交流和沟通，增强互信，消除隔阂。因此，胡锦涛同志要求全党特别是党的领导干部，要大兴密切联系群众之风、大兴求真务实之风，要健全领导干部调查研究制度，目的就是确保领导干部有时间深入基层，体察民情，了解民意。

第三，广开言路，集中民智，作出正确决策。在现代社会，领导者要做许多事情，但核心是制定和执行决策。决策对错，影响全局，事关成败。能否做出符合人民群众根本利益的决策，领导干部的聪明才智当然是至关重要的，但是同广大人民群众的经验和智慧相比，个人的力量毕竟是“沧海一粟”。俗话说：“三个臭皮匠，顶个诸葛亮。”我们党的实践表明，只有广泛听取人民群众的意见，注重总结群众创造的经验，才能做出正确的决策，才能取得人民满意的执政成效。因此，一定要建立健全决策民主化制度。从制度上规定，没有群众参与就不能出台重大决策，确保党的决策尊重民权、顺应民意、维护民利。我们的党员干部只要做到在决策这一关键环节上，坚持以人民拥护不拥护、赞成不赞成、高兴不高兴、答应不答应为依据，把实现好、维护好、发展好最广大人民的根本利益作为一切工作的根本目的，不断让人民群众得到实实在在的利益，就能够从根本上密切党与人民群众的血肉联系。

第四，帮危济困，赢得民心，解决好群众面临的实际问题。衡量一个党是否真正密切联系群众的试金石，就是是不是真心实意地帮助群众解决好面临的实际问题。对群众面临的实际问题是否帮助认真解决，不是一般的工作问题、方法问题，而是十足的政治问题，是对人民群众的态度问题，直接关系到党的执政能力和执政地位的问题。各级领导干部一定要把我们党密切联系群众的优良作风和传统优势，运用到为群众诚心诚意办实事、尽心竭力解难事、坚持不懈做好事的实践中，以对人民群众特别是困难群众高度负责的精神，细心研究群众的利益，关心群众疾苦，体察群众情绪，围绕人民群众最现实、最关心、最直接的利益，思考问题，采取措施，部署工作，切实做到群众利益无小事。

今天，我国经济社会有了长足发展，民生问题有了根本性的改善。但是必须看到，人民群众面临的民生问题还很多，尤其是住房难、看病难、上学难还困扰着不少老百姓。不仅如此，发生在少数党员干部身上的损害群众利益的不正之风和消极腐败现象也相当严重，急需治理。例如，一些地方牺牲农民利益换取区域经济的一时发展和领导干部的所谓“政绩”；一些国有企业的党员领导干部在企业重组、改造和改制中，漠视职工利益，利用职权转移、侵吞、贱卖国有资产；一些党员领导干部参与矿产资源开发，接受“干股”或参股，以权谋私，成为“矿难”频发的深层次原因。这些问题的存在，严重损害党与人民群众的血肉联系。必须坚持标本兼治、综合治理、惩防并举、注重预防的方针，加大反腐败工作力度，从根本上防止损害群众利益的行为发生。因此，一定要完善领导干部接待群众制度，及时了解群众在工作和生活中的困难，及时了解干部在群众中的工作情况以及在群众心目中的形象，以更有针对性地解决群众困难，促进干部成长。

广大党员干部一定要牢记，民心向背，是检验一个政党是否具有先进性的试金石。一个政党，如果不能保持同人民群众的血肉联系，如果得不到人民群众的支持和拥护，就会失去生命力，更谈不上先进性。我们党的根基在人民、血脉在人民、力量在人民。保持党同人民群众的血肉联系，是我们党无往而不胜的法宝，也是我们党始终保持先进性的法宝。广大党员干部尤其是各级领导干部要牢固树立科学的世界观、人生观、价值观和正确的权力观、地位观、利益观，坚持权为民所用、情为民所系、利为民所谋，始终与人民群众同呼吸、共命运、心连心。要坚持把群众关心的热点难点问题作为我们工作的重点，认认真真访民情，诚诚恳恳听民意，实实在在帮民富，兢兢业业保民安，努力增强为人民服务的本领。要深入实际、深入基层、深入群众，倾听群众呼声，了解群众意愿，集中群众智慧，使我们作出的决策、采取的举措、推行的工作更加符合客观实际和规律，更加符合广大人民的愿望和利益。要建立健全密切联系群众和实现好、维护好、发展好最广大人民根本利益的长效机制，为我们党始终保持同人民群众的血肉联系提供可靠的制度保证。

总之，历史一再表明，只有深刻认识人民创造历史的伟力，真诚代表中国最广大人民的根本利益，一切为了人民，一切依靠人民，我们党才能得到人民的充分信赖和拥护，才能无往而不胜。因此，广大党员干部一定要坚持用党员的标准严格要求自己，做到：心系群众、服务人民，进一步增强公仆意识，始终牢记全心全意为人民服务的宗旨，多为群众办好事、办实事。

（二）进一步密切执政条件下的党群关系

做好群众工作是我们党的优良传统。我们党在长期的群众工作实践中，积累了丰富的群众工作经验。这仍然是我们在新形势下做好群众工作必须遵循的法宝。然而，随着形势的不断发展变化，随着人民群众利益诉求的发展以及对党的新的更高的期待，客观上要求我们党不能满足于已有的经验和成就，局限于原有的群众工作形势和方法，而必须不断创新。因此，近些年来，我们党一再强调：各级党委和政府要积极研究和把握新形势下群众工作的特点和规律，探索做好新形势下群众工作的新途径、新方法，不断提高组织群众、宣传群众、教育群众、服务群众的本领。这是站在新的时代高度对群众工作的新认识，是对各级党委和政府提出的明确要求。加强和改进新形势下党的群众工作，对于提高党对人民群众的影响力和感召力，巩固党执政的群众基础，具有决定性的意义。

1. 树立正确的群众观

树立正确的群众观，是做好群众工作的思想基础。如果说，血肉相联的党群关系，在战争年代主要表现为鱼水相依，那么在党执政之后，除了要继续保持这种关系外，我们一定要牢记“水能载舟，亦能覆舟”的古训，吸取苏联、东欧一些共产党由于脱离群众而导致的“翻船”、“垮台”的教训，必须始终紧紧依靠人民群众，诚心诚意为人民谋利益，从人民群众中汲取前进的不竭力量。在任何时候任何情况下，与人民群众同呼吸共命运的立场不能变，全心全意为人民服务的宗旨不能变，坚信群众是真正英雄的历史唯物主义观点不能丢，党的群众观点和群众路线不能丢。

随着改革开放的不断深入和市场经济的不断发展，我国社会的方方面面都产生了深刻变化，出现了许多影响党群关系的新情况和新问题。有些党员干部对群众的感情越来越淡薄，与群众的关系越来越疏远，极少数干部对群众的疾苦麻木不仁，对困难群众避之唯恐不及，有的干部甚至害怕群众。产生这些问题的根本原因在于群众观念的淡化、弱化甚至动摇、丧失。继承和发扬党的密切联系群众的优良传统，不断强化广大党员特别是各级领导干部的群众观念，自觉坚持党的群众观点和群众路线，是新形势下做好群众工作的一项重要而紧迫的政治任务。因此，各级领导干部必须做到以下几个方面：

以坚持科学理论武装为基础，增强党的先进性意识和执政为民意识，端正对人民群众的态度，建立起对人民群众的深厚感情。对待人民群众的态度和感情问题是群众观念的灵魂。只有满怀爱民之心，才能恪守为民之责，善谋富民之策，多办利民之事。没有对人民群众的真情实感，就不可能有群众观念，不可能当好最广大人民根本利益的忠实代表。马克思主义充分肯定人民群众创造历史的伟大作用，认为人民群众是历史活动的主体，是社会实践的主体。从理论上弄通并真正树立起科学的唯物史观，就会更加深刻地理解马克思主义群众观点的真谛，认识保持与广大人民群众血肉联系的重要性，为群众谋利益的行动就会更加自觉主动。因此，必须坚持用马克思主义的群众观点武装全党，树立全心全意为人民服务的思想和真心实意对人民负责的精神，树立立党为公、执政为民的意识，做到心里时刻装着人民群众，凡事始终想着群众，在任何时候任何情况下都与人民群众同呼吸、共命运、心连心。

以改进工作作风和工作方法为突破点，在全党大力弘扬求真务实精神、大兴求真务实之风，不断提高新形势下做好群众工作的能力和水平，真正为群众解难题办实事。增强群众观念不仅要有对人民群众的深厚感情，还要有为群众解决实际问题的本领。群众往往是通过与他们自己最直接相关的事情来感受和体验党的温暖，从他们接触到的党员干部的作为来认识和评价我们整个党的先进性。能不能真正关心群众的疾苦，切实解决群众生产和生活的实际问题，是检验一个党员干部是否真正树立了群众观念的重要标志，也是是否保持共产党员先进性的重要标志。提高解决群众实际问题的能力和水平，必须树立科学的工作作风，掌握科学的工作方法。我们党的科学工作作风最主要的是密切联系群众，我们党的科学工作方法最主要的是走群众路线。具体说来，一是要牢固树立科学发展观和正确政绩观，做到科学执政、民主执政、依法执政，求真务实、真抓实干，用实实在在的工作和成效努力树立为民、务实、清廉的形象，赢得群众的认同和拥护。二是要牢固树立群众利益无小事的观念，把群众利益想细做实。要以解决群众最现实、最关心、最直接的实际问题为切入点和抓手，深入实际、深入基层、深入群众，切实了解群众的所思、所盼、所求，使我们的各项决策和工作更加符合实际、更加符合群众要求，保证广大群众不断从经济社会发展中得到更多实惠。三是要正确处理党群关系中的矛盾问题，克服某些干部身上存在着的形式主义、官僚主义、命令主义作风，解决某些干部不关心群众痛痒、脱离群众、甚至滥用权力、违法乱纪等问题。因此，在处理党群干群关系时，首先要从党员干部自身找原因，对于群众中出现的某些问题，不能用唯我独尊、强迫命令的简单粗暴方法，主要是做好耐心细致的思想工作。

以制度建设为保证，建立健全党员密切联系群众的长效机制，用制度和机制来调动广大干部增强群众观念，密切联系群众的积极性、主动性和创造性。要把各地各单位在开展保持共产党员先进性教育活动中创造的好经验好做法，用制度的形式固定下来，坚持下去，把先进性教育活动的成效体现在党员进一步强化群众观念，长期不懈联系群众上。要建立健全联系群众的各项基本制度，包括调查研究制度、接待群众制度、干部联系点制度、定期向群众通报重大问题制度等等，确保党员干部特别是领导干部倾听群众呼声、了解群众意愿的渠道稳定畅通，保持与人民群众的经常性联系，有针对性地维护人民群众的切身利益。还必须建立健全有效的运行机制，包括考核机制、群众评议机制、监督机制、激励机制等，把每个领导干部落实联系群众制度的情况，作为工作实绩考核的主要内容，作为提拔使用的重要依据。

无数事实表明，确立马克思主义群众观念，密切联系群众，是始终保持党的先进性的根本要求和根本标志，决定着党的生死存亡。只要我们党的各级组织和全体党员特别是党的领导机关和领导干部，始终保持旺盛的革命斗志，坚持和发扬党密切联系群众的优良传统和作风，不断增强群众观念，我们党就一定能始终保持同人民群众的血肉联系，永葆先进性的生机与活力。因此，党的组织和广大党员干部，一定要充分认识到：重不重视、善不善于做好新形势下的群众工作，是不是坚持从群众中来、到群众中去，这是衡量领导干部政治上合格不合格、工作上称职不称职的重要标志。要坚持马克思主义群众观点，自觉摆正同人民群众的关系，牢记群众是真正的英雄，永远视自己为人民的勤务员，始终把权力的运用置于人民群众的监督之下。要坚持党的群众观点和群众路线，不管现代交通工具多么发达、通讯手段多么先进，都不能取代深入基层、深入群众、与群众打成一片的工作作风。要深入研究和把握新形势下群众工作的特点和规律，针对新时期人民群众思想观念、利益需求、生活方式发生的新变化，综合运用说服教育、示范引导、提供服务等方法，有效协调利益、化解矛盾、排忧解难，不断增强组织群众、宣传群众、教育群众、服务群众，团结和激励群众共同前进的本领。

2. 树立正确的权力观

保持党同人民群众的血肉联系，做好新形势下的群众工作，关键是要教育党的干部树立正确的权力观。党的干部手中的权力都是人民赋予的，各级干部是人民的公仆。党的干部必须以身作则，树立正确的权力观，要弄清楚自己手中的权力是谁给的，共产党掌权为了谁，怎样才能掌好权、用好权这样一些问题，才能正确行使手中的权力，始终做到清正廉洁，自觉地与各种腐败现象作坚决斗争，树立起在人民群众心目中的良好形象和崇高威望，赢得人民群众的信赖和支持。

党除了工人阶级和最广大人民群众的利益，没有自己特殊的利益。党的干部，位子再高，权力再大，都是人民的公仆，人民的勤务员，只有为人民服务的义务，没有为个人谋私利的权力。我们党执政60多年了，广大党员、干部坚持全心全意为人民服务的宗旨，国家面貌发生了翻天覆地的变化，人民生活得到了显著提高，这是人所共知的事实。但是，党内也确有一部分干部包括高级干部，把党的全心全意为人民服务的宗旨忘得一干二净，他们利用手中掌握的权力，不择手段地为自己或亲属谋取私利，贪污受贿，走私贩私，聚敛财富，过着荒淫无耻的腐朽生活。这与我们党的宗旨和性质是格格不入的，也是我们严明的党纪党法所不允许的。面对执政条件和社会环境的变化，各级党委和领导干部要不辱使命，不负重托，为人民掌好权、用好权。绝不允许以权谋私，形成既得利益集团。

权力的使用有两重性：如果它和人民结合在一起，可以成为为人民谋利益的工具；如果它同个人结合在一起，就可以变为为自己谋私利的特权。历史和现实反复教育我们，在执政的条件下，我们党的各级干部一定要正确行使手中的权力，绝不能把“职权”变“特权”，绝不允许以权谋私，绝不允许形成既得利益集团。认识权力的两重性，就是要防止把权力变成个人手中的特权，要防止权力的“商品化”，禁止搞权钱交易、“等价交换”，绝不允许党的干部利用手中掌握的“人、财、物”的实权，吃拿卡要，或者到处送礼、收礼，跑官、要官等。在发展经济过程中滋生的消极腐败现象，已经成为损害党群关系的一个严重问题。

实行改革开放政策，发展社会主义市场经济，搞活了经济，也为党的建设注入了活力。但是，必须清醒地看到，当前剥削阶级的腐朽思想严重侵袭党员队伍，腐败现象在一些地方蔓延，以权换钱、以钱买权、权钱交易的腐败行为，渗透到许多领域。近年来，党内经济违纪问题呈上升趋势，性质恶劣，大案要案增多，团伙作案数量上升，党员领导干部违纪违法现象增多，严重败坏了党的声誉，损害了党群关系。因此必须加强对权力的监督，坚决惩治腐败。

社会主义条件下仍然存在腐败现象，有种种复杂的原因，其中缺乏对权力的有力监督，特别是来自人民群众的监督，不能不说是一个重要的原因。党的八大就强调“党要受监督，党员要受监督”，实质上就是强调要对执政党、对党员干部的权力进行监督。监督有党内监督、群众监督、民主党派的监督、法律监督、党规党法的监督、国家机关的监督、舆论监督等等。但最为重要、威力最大、最为经常的还是人民群众的监督。因为任何一个党员、干部都生活、工作在群众之中，谁好谁劣，谁廉洁自律受人爱戴，谁以权谋私遭人唾骂，群众一清二楚。所以，建立和健全群众对干部权力的监督机制极为重要。全党同志一定要从党和国家生死存亡的高度，充分认识反腐倡廉工作的重大意义，把党风廉政建设和反腐败斗争进行到底。我们要通过加强干部教育，加强党内监督、法律监督、群众监督，建立健全权力的制约机制和监督机制，严厉惩治和有效预防腐败等措施，促使广大党员干部树立正确的权力观，为人民掌好权、用好权，做到权为民所用、情为民所系、利为民所谋。

3. 深入贯彻落实科学发展观

科学发展观，是立足社会主义初级阶段基本国情，总结我国发展实践，借鉴国外发展经验，适应新的发展要求提出来的。科学发展观，是对党的三代中央领导集体关于发展的重要思想的继承和发展，是马克思主义关于发展的世界观和方法论的集中体现，是同马克思列宁主义、毛泽东思想、邓小平理论、“三个代表”重要思想既一脉相承又与时俱进的科学理论，是我国经济社会发展的重要指导方针，是发展中国特色社会主义必须坚持和贯彻的重大战略思想。深入贯彻落实科学发展观之所以是做好新形势下党的群众工作的关键，是因为科学发展观从根本上代表和反映了最广大人民群众的根本利益。这可以从科学发展观的基本内涵上看出来。科学发展观，第一要义是发展，核心是以人为本，基本要求是全面协调可持续，根本方法是统筹兼顾。

从科学发展观的“发展”这个第一要义来看，必须坚持把发展作为党执政兴国的第一要务。发展，对于全面建设小康社会、加快推进社会主义现代化，具有决定性意义。要牢牢扭住经济建设这个中心，坚持聚精会神搞建设、一心一意谋发展，不断解放和发展社会生产力。更好实施科教兴国战略、人才强国战略、可持续发展战略，着力把握发展规律、创新发展理念、转变发展方式、破解发展难题，提高发展质量和效益，实现又好又快发展，为发展中国特色社会主义打下坚实基础。努力实现以人为本、全面协调可持续的科学发展，实现各方面事业有机统一、社会成员团结和睦的和谐发展，实现既通过维护世界和平发展自己、又通过自身发展维护世界和平的和平发展。这就是说，只有发展，才能把我们的国家建设成为富强、民主、文明和谐的社会主义现代化国家；只有发展，才能使我国屹立于世界民族之林。这正是中国人民的真心企盼。

从科学发展观“以人为本”的核心来看，必须始终把实现好、维护好、发展好最广大人民的根本利益作为党和国家一切工作的出发点和落脚点，尊重人民主体地位，发挥人民首创精神，保障人民各项权益，走共同富裕道路，促进人的全面发展，做到发展为了人民、发展依靠人民、发展成果由人民共享。这不仅是我们党全心全意为人民服务是党的根本宗旨和造福人民的奋斗目标的具体体现，而且也是人民群众推动发展的直接目的。

从科学发展观“全面协调可持续发展”的基本要求来看，必须全面推进经济建设、政治建设、文化建设、社会建设，促进现代化建设各个环节、各个方面相协调，促进生产关系与生产力、上层建筑与经济基础相协调。坚持生产发展、生活富裕、生态良好的文明发展道路，建设资源节约型、环境友好型社会，实现速度和结构质量效益相统一、经济发展与人口资源环境相协调，使人民在良好生态环境中生产生活，实现经济社会永续发展。这不仅反映了中国特色社会主义事业的总体布局，而且也是实现、维护和发展最广大人民的经济、政治、文化和社会利益的具体体现，符合人民群众日益增长的多方面利益的要求。

从科学发展观“统筹兼顾”的根本方法来看，必须正确认识和妥善处理中国特色社会主义事业中的重大关系，统筹城乡发展、区域发展、经济社会发展、人与自然和谐发展、国内发展和对外开放，统筹中央和地方关系，统筹个人利益和集体利益、局部利益和整体利益、当前利益和长远利益，充分调动各方面积极性。统筹国内国际两个大局，树立世界眼光，加强战略思维，善于从国际形势发展变化中把握发展机遇、应对风险挑战，营造良好国际环境。既要总揽全局、统筹规划，又要抓住牵动全局的主要工作、事关群众利益的突出问题，着力推进、重点突破。因此，只有通过统筹兼顾的根本方法，才能促进我国各个地区、各个部门、各个行业、各个社会群体以及人口资源环境等各个方面的全面协调可持续发展，从而满足最广大人民群众的各方面利益的需要。

因此，科学发展观作为我们党统领各项工作的指导思想，新形势下的群众工作也必须坚持以科学发展观为指导。

4. 努力培养对群众的深厚感情

对群众有深厚的感情，始终把群众挂在心上，是做好群众工作的一个重要前提。做群众工作，首先要让群众感到你是自家人。有时候感情投入比物质给予更重要。实践证明，如果我们的党员干部真正把人民群众看成自己的衣食父母，深怀爱民之心，真诚地与他们交朋友，许多看似难乎其难的问题就会迎刃而解，党同人民群众的联系自然也就会日益密切。否则，如果对待群众冷、冲、横、硬，把为群众办实事看成是找麻烦，把敢于提不同意见的群众看成是“刁民”，门难进、脸难看、话难听、事难办，抱着这样的态度，是不可能做好群众工作的。当前，许多人民内部矛盾的发生以至激化，与干部对待群众态度生硬、工作方法粗暴有直接关系。因此，做好新时期群众工作，首先要对广大党员干部进行群众观点和群众路线的再教育，使他们真正做到在思想上尊重群众、感情上贴近群众、行动上深入群众、工作上依靠群众，认真了解他们的所思、所想、所盼，时刻注意倾听群众的呼声、反映群众的意愿、尊重群众的创造、集中群众的智慧、凝聚群众的力量，始终把谋求最广大人民群众的利益作为全部工作的根本出发点和归宿，这是做好群众工作的重要基石。

把对群众的深厚情感化为满足群众物质文化生活需要的实际行动。党员干部对群众有没有深厚感情，不仅要听其是怎样说的，更要看其是怎样做的。只有坚定不移地抓发展，满足群众需要，才是抓住了做好新形势下群众工作的关键。发展是硬道理，是解决中国所有问题的关键。只有加快发展步伐，才能不断满足人民群众日益增长的政治、经济、文化和社会等多方面的需要，从而为加强和改进新形势下的群众工作提供内在的原动力。一要发展经济即建设物质文明。这是做好群众工作最重要的物质基础。生产力是最终起决定作用的力量。只有经济发展了，综合实力增强了，人民生活条件改善了，才能更好地执政安民，广大人民群众才能安居乐业。许多地方的实践证明，经济越发展，群众基础就越扎实，群众工作也就越好做。经济没有搞上去，一切都是空的。二要发展民主政治即建设政治文明。要以推进基层民主政治建设作为切入点，因势利导，满足人民群众的民主需要和当家作主的愿望，敢于和善于运用民主手段做好群众工作，依靠群众自身的力量做好群众工作。要坚持在党的领导下有步骤、有秩序地全面推进以民主选举、民主决策、民主管理、民主监督为主要内容的基层民主建设，不断扩大广大群众对政务、财务和重大事务的知情权、参与权、监督权，尊重和维护人民群众的民主权利。三要发展先进文化即建设精神文明。认真贯彻落实《公民道德建设实施纲要》，深入开展“文明村镇”、“文明行业”、“文明窗口”、“文明户”等群众性的精神文明创建活动，大力倡导健康、文明、科学的生活方式，扫除腐朽落后的精神糟粕和封建习惯势力，严厉打击危害社会治安的刑事犯罪活动和各种黑恶势力，扫除“黄赌毒”，为广大农民群众创造良好的精神文化生活环境。四要着力保障和改善民生加强社会建设。要推进社会体制改革，扩大公共服务，完善社会管理，促进社会公平正义，努力使全体人民学有所教、劳有所得、病有所医、老有所养、住有所居，推动建设和谐社会，为人民群众创造良好的社会生活环境。发展的工作做好了，党的群众工作就会上一个新的台阶。

对群众的深厚情感要落脚到为群众办实事好事上。为群众办实事好事，是做好新形势下群众工作的重点。做好群众工作，很重要的一点就是要关心群众生活，帮助群众解决实际困难，让群众感受到实实在在的、看得见的利益。群众看我们的党员干部，不在于你说了什么，而在于你做了什么，给群众带来了什么。在为群众排忧解难的过程中解开群众的思想疙瘩，这是我们党做群众工作的一条基本经验，也是最实际、最普遍、最有效的群众工作。在广大人民群众面前，一切空话都是无用的，必须给人民以看得见的物质福利。为此，每一个党员干部都要以对党对人民高度负责的精神，经常深入基层，深入群众，到群众需要的地方去问寒问暖，到群众困难的地方去排忧解难，到群众意见多的地方去理顺情绪，到出现新情况、新变化的地方去总结经验，到工作推不开的地方去打开局面。要积极围绕实现科学发展中的重点、热点、难点问题，如落实党在农村的基本政策、发展民营经济和农业产业化经营、减轻农民负担、增加农民收入、狠抓城市困难居民最低生活保障线等，切实为群众办实事、好事，让群众得到实实在在的利益。只要我们真正情系群众，心想基层，体察民情，了解民意，集中民智，办好民事，我们就一定能够得到群众的信赖和拥戴。有了人民群众的支持，群众工作就有了可靠的保证。

把带着感情做群众工作与依法办事结合起来。建设社会主义法治国家是我国社会主义民主政治建设的基本目标，依法办事是法治的基本要求和具体体现。依法办事不仅是政府管理社会的手段，更是约束自己的准绳。要切实做到“有权必有责、用权受监督、违法要追究”。对于那些滥用权力与民争利、损害群众利益的行为，必须依法查处。严格执法决不是对群众“冷、横、硬”，带着感情做群众工作才能更好地依法把群众的事情办好。要坚持以理服人，把道理、政策、法律向群众讲清楚，充分尊重群众的知情权和选择权，遇到问题要动之以情、晓之以理，使群众心悦诚服。要坚持宽严相济，对于大量个体纠纷尽量采用调解的方法处理，对群体性事件多做息诉罢访的工作，对多数不明真相群众多做宣传解释工作，对少数带头闹事的坏人依法给予打击。

5. 妥善处理各方面利益关系

改革开放是党在新的时代条件下带领人民进行的新的伟大革命，目的就是要解放和发展社会生产力，实现国家现代化，让中国人民富裕起来，振兴伟大的中华民族；就是要推动我国社会主义制度自我完善和发展，赋予社会主义新的生机活力，建设和发展中国特色社会主义；就是要在引领当代中国发展进步中加强和改进党的建设，保持和发展党的先进性，确保党始终走在时代前列。

第一，改革就是对原有利益关系的重新调整。以改革开放为鲜明特征的新的革命，必然带来各种利益关系和利益格局的深刻调整，使人民内部的利益矛盾出现新的情况，并带有过去不曾有的复杂性。既然经济成分和经营方式多元化，利益主体就必然多元化；既然要实行按有效劳动分配利益以提高效率，那么人们的收入就必然拉开差距；既然要实行市场竞争，那么必然会出现一些人受益或受损等问题。如处理不当，一些利益矛盾就会尖锐地表现出来。为此，必须正确调整改革中的利益格局，妥善处理和协调各种利益矛盾。这既是改革顺利进行的保证，也是做好新形势下群众工作的重点。

改革的根本目的是使人民群众受益，但在短期内又不可能达到所有人都满意的程度，有的甚至要做出暂时的牺牲。比如，目前城市下岗职工的存在，就是企业走向市场的必然。再如农村剩余劳动力的大量存在，也是当前一个不容忽视的问题。再如城乡还有一些贫困人口，其中有些基本的生活保障还有问题等等。对这些问题如果处理不好，无疑要影响党群关系。因此，在推进改革时，要充分注意到群众的承受能力，要正确处理改革、发展、稳定三者的关系。

群众利益高于一切，群众利益就是我们党的最大利益。这就要求我们自觉地从政治的高度、全局的高度、事业成败的高度来增强群众观点，真正把为人民谋利益作为天职，把实现群众的愿望作为最大的事情。要始终把涉及群众利益的事作为大事，满腔热情地去做。为群众办事，既要解决那些关系全局的事，也要解决群众生产生活中的各种难事。各级领导干部应时刻把群众的冷暖挂在心上，满腔热情、高度负责地解决群众生产和生活中的实际问题，努力为群众排忧解难，尤其要解决好亏损企业职工生活困难问题，关心困难职工的生活，妥善安置下岗人员，搞好“送温暖工程”和“再就业工程”，加快社会保障制度改革的步伐，维护职工合法权益，保持职工队伍的稳定。

第二，妥善协调利益关系。妥善协调各方面利益关系，需要全面辩证地理解人民群众的根本利益与具体利益的关系。根本利益是指人民群众的全局利益、长远利益；根本利益是人民群众具体利益的总和。因此，认真研究并努力实现群众的具体利益，是代表最广大人民根本利益的题中应有之义。党处在执政地位，党群关系往往集中表现为整体利益与局部利益，长远利益与眼前利益的矛盾。应当承认，我们的党是全心全意为人民服务的党，我们的人民政府是真正代表人民利益的政府，是为人民服务的政府。因而党与政府同人民群众之间的根本利益是一致的，但这并不排除党与政府同人民群众之间也有一定的矛盾。这种矛盾包括国家利益、集体利益同个人利益之间的矛盾，民主同集中的矛盾，领导同被领导之间的矛盾，党和国家机关某些工作人员的官僚主义作风同群众之间的矛盾。这些矛盾在市场经济条件下又有新的变化，如果处理不当，就会影响党群关系。因此，新时期保持和发展党同群众的密切关系，必须按照统筹兼顾的原则，处理好国家、集体和个人的三者利益关系。

妥善协调各方面利益关系，必须抓住重点。在城市，要特别解决好特困群体问题。对城市下岗和失业人员、困难和破产企业职工、离退休职工、残疾人，要在帮助他们在就业和再就业方面排忧解难。建立健全社会保障体系，构筑横向到边、纵向到底、措施到位、责任到人的社会关怀网络和体系，做到应保尽保。要在深化改革的进程中，充分考虑社会的承受能力，涉及群众切身利益的重大改革措施更是要慎重周全，条件不成熟不能操之过急；需要部分群众牺牲眼前利益时，要取之有据，取之有度；一时难以解决的问题要耐心细致地向群众劝导说服，解疑释惑，消除其消极情绪，防止因思想工作不到位而引发矛盾。在农村，要解决好农民增收问题。发展农村经济，增加农民收入，事关农民群众的切身利益，也是全面建设小康社会的重大任务之一。只有农民能大幅度增收，才能使中国最广大人民共享改革成果。因此，农村基层党组织要着力解决工业化水平低、城镇化水平低、农业产业化水平低、农民组织化程度低、农民的非农化程度低、农民整体素质较低等困扰农民增收的主要问题，以增加农民收入为根本做好“三农”工作。总之，要针对不同时期群众反映最普遍、最强烈的问题，集中力量，千方百计为人民群众办实事、办好事，让人民群众得到实实在在的利益，增强群众工作的实效性。

妥善协调各方面利益关系，要着力建立和健全党的群众工作制度。密切联系群众要取得实效，我们还要针对市场经济条件下党群关系中出现的新情况、新问题，建立和完善新的制度，为密切党群关系提供有效的保证。一要建立健全党的决策程序和决策的执行制度，推进党的决策的民主化、科学化。决策正确与否，直接关系人民群众的切身利益，从而影响党同人民群众的血肉联系。因此，我们一定要坚持党的群众路线，建立健全民主的科学的决策和决策执行程序，保证决策和决策的执行符合人民的利益。党的决策不仅要充分体现人民群众的根本利益，而且更重要的是要建立一种了解民情、反映民意、集中民智的决策机制，以此来保证党同人民群众的密切联系。二要建立健全党的监督制度。实践表明，执政党脱离群众的最大危险，就是滥用权力，以权谋私。因此，要通过建立健全党的监督制度，充分保证各级党组织和党的所有干部都要接受监督，领导层次和领导职位越高的越要自觉接受监督，绝不允许有特殊党员。那么，建立健全党的监督制度应从何着手呢？一是改革党的干部制度，制定党内选举细则，保障党员的选举权和被选举权，把干部命运的决定权交到广大群众手中。二是完善党内监督的领导体制，健全党内监督的法规。三是所有党员领导干部要坚持“双重”民主生活会制度，既接受同级领导成员的监督，也接受普通党员的监督。四是建议建立党员领导干部监督连带责任制，即可以考虑试行上级党委成员特别是常委成员对下级党委成员分工负责的监督连带责任制，被监督者出了问题，监督者要负连带责任。

妥善协调各方面利益关系，要着力保障人民群众的合法权益。一要注重维护和实现社会公平。维护和实现社会公平，不仅涉及收入分配、利益调节等经济问题，而且涉及公民权利保障、政府施政、司法公正等政治、社会问题。我们必须高度重视收入分配问题，处理好按劳分配为主体和实行多种分配方式的关系。合理调整国民收入分配格局，逐步解决地区之间和部分社会成员收入差距过大的问题。要进一步完善社会保障体系，逐步扩大社会保障的覆盖面，切实保障各方面困难群众的基本生活。要从法律上、制度上、政策上努力营造公平的社会环境，保证社会成员都能够接受教育，都能够进行劳动创造，都能够平等地参与市场竞争、参与社会生活，都能够依靠法律和制度来维护自己的合法权益。要坚决纠正损害群众利益的不正之风，重点解决当前在土地征用、城镇拆迁、企业重组改制和破产过程中损害群众利益的问题。二要关心群众生产生活。群众看我们的党员干部，不在于你说了什么，而在于你做了什么，给群众带来了什么。我们知道，一切空话都是无用的，必须给人民以看得见的物质福利。要继续做好就业再就业工作；继续做好扶贫开发工作；继续抓好农民进城务工就业的管理、培训和服务工作，确保农民工工资足额按时发放；采取更加有力的措施，进一步解决好群众看病难、上学难的问题；切实抓好安全生产工作，坚决遏制重特大安全事故的发生，确保人民群众生命财产安全；加强对严重危害群众健康的重大传染性疾病的防治。彻底根除腐败。三要坚决遏制各种腐败现象。党内存在的腐败现象严重地侵犯了人民群众的根本利益，割裂了党与人民群众的血肉联系，严重损害了党在人民群众中的形象和对政府的信任度，必须下大力气有效遏制日益蔓延的腐败现象，坚决惩处腐败分子。

妥善协调各方面利益关系，要加强对群众的教育引导。要在群众中深入开展党的基本理论、基本路线、基本纲领、基本经验的教育，深入进行党和国家的方针政策的教育，深入开展国情教育，深入进行思想道德教育，特别要加强民主法制教育，深入开展思想政治工作，引导和帮助群众学会运用正确的手段维护自身的合法权益。做宣传群众、教育群众的工作，要讲究方式方法，善于摆事实、讲道理，努力做到深入浅出、以理服人，使群众能听得明白、听得进去，真正产生实际效果。但是，在实践中，有一些领导干部不善于做群众的说服教育工作，甚至有的违法强制群众服从自己的意愿，在现实中出现的一起又一起的暴力拆迁事件就是明证。这种做法，不仅使人民群众的利益受到了严重损害，甚至有的为此付出了生命的代价，也使我们党的形象受到了严重影响，党群关系受到了严重损害。

六、群众工作的核心是正确处理人民内部矛盾

我国正处于并将长期处于社会主义初级阶段，由于经济体制深刻变革、社会结构深刻变动、利益格局深刻调整、思想观念深刻变化，由于发展不平衡、不协调、不可持续问题短期内难以根本解决，人民内部各种具体利益矛盾难以避免地会经常地大量地表现出来。虽然人民内部矛盾是在全体人民根本利益一致基础上的矛盾，但必须高度重视，下大气力做好工作，以激发社会活力、增强人民团结，促进党和国家事业更好发展。①

——胡锦涛

做群众工作，首先必须明确群众工作的核心是什么，才能围绕核心有效地开展工作。在社会主义条件下，群众工作的核心是正确处理人民内部矛盾问题。违背了这个核心，就必然影响社会主义建设的发展，影响党的执政能力；坚持了这个核心，就能够使党赢得群众的支持，推进党的建设和党的事业。因此，我们党要始终站在人民群众的立场上，正确处理人民内部矛盾问题，真心为群众着想，全力为群众造福，办好顺民意、解民忧、惠民生的实事，维护好、实现好、发展好最广大人民的根本利益。

（一）正确处理人民内部矛盾关系党和国家的命运

前事之师，乃后车之鉴。社会主义国家的执政党，如果在人民内部矛盾问题的处理上发生失误，必将给党的事业造成重大损失。在这方面，苏联、东欧国家的失误教训就很值得我们在新形势下进行深刻反思和汲取。

---

① 胡锦涛：《扎实做好正确处理人民内部矛盾工作　为经济社会发展创造良好社会环境》(2010 年 9 月 29 日)，《人民日报》2010 年 9 月 30 日。

1. 苏联处理人民内部矛盾的教训

苏共处理人民内部矛盾的血的教训莫过于发生于20世纪30年代的“大清洗”。大清洗是苏联人民在苏共领导下的社会实践中，由斯大林个人错误发动的大规模镇压反对派运动。在历时两年的大清洗中，有上百万无辜者遭受迫害，几十万无辜者被判处死刑，其中包括一些著名的领袖人物。它对苏共、对苏联各族人民乃至国际共产主义事业造成了巨大伤害。大清洗发生的一个重要原因，是苏联社会发展和实践过程中出现种种问题后，斯大林不承认人民内部矛盾的存在，极端错误地将党内和国内各种不同意见，上升为威胁苏维埃政权的敌对性矛盾，予以残酷斗争、无情打击。

在对待知识分子问题上，苏共同样存在失误。当苏联的社会主义改造基本完成以后，斯大林在1936年关于苏联宪法草案的报告中指出：苏联社会是由两个阶级，即工人和农民组成的。知识分子从来不是一个阶级，而且也不能是一个阶级，——它过去是、而且现在还是由社会各阶级出身的人组成的一个阶层，依附于占主导地位的阶级。在苏联社会主义条件下，苏联的知识分子，是同工人阶级和农民骨肉相连的新的知识分子。斯大林在这里，一是把知识分子看成是工人阶级和集体农民之外的一个特殊阶层；二是对知识分子的阶级出身和活动性质，作了一定的分析；三是对各部分知识分子的阶级属性没有作明确的结论。既然知识分子不是一个独立的阶层，其阶级属性和立场就是不确定的了。

列宁逝世后，苏共党内外形势非常复杂，既有不满苏共领导的敌对分子，也有仅仅是党内不同意见的争论。但是否就仅仅是政见不合（西方所称的持不同政见者）就加以镇压？从20世纪30年代开始，苏共把大批“持不同政见者”投入监狱、集中营，即所谓的“古拉格群岛”，这里大部分是知识分子。由于缺少高级专家，他们不得不在监狱中设立“特种设计局”和“特种研究所”，把那些专家犯人集中起来。这时的斯大林不仅将党内不同意见的争论以对待敌人的方式对待，还把党内思想上的分歧认为是阶级斗争的表现，认为他们是“阶级敌人的代言人”，“垂死阶级反抗的反映”，要把他们从肉体上加以消灭。正是残暴过火和连绵不绝的党内斗争，抑制了广大群众的社会主义积极性和创造性，使许多忠诚于共产主义事业、富有开拓精神和创造素质的有识之士，仅仅因为要求创造一个更为理想的社会主义模式而死于非命，使多次方兴未艾的改革半途而废。

一个执政党是否能够长期执政，并不仅仅取决于它的主观意愿，而是靠广大人民群众的支持。对于苏共失败的原因分析尽管多种多样，但失去人民群众支持无疑是一重要因素。而其之所以失去人民群众的支持，就是因为没有正确处理人民内部矛盾。有的学者认为：苏联共产党不仅被国内外的反共势力搞垮，还被它一直代表的工人阶级和苏联人民包括知识分子这一特殊群体所抛弃。这后一点，是导致苏共亡党的决定性因素之一。

苏联发生的上述事件，其根源在于他们不承认社会主义社会还存在矛盾，一旦矛盾激化，又拿不出正确的办法来。实际上，正像毛泽东后来说的："马克思主义的哲学认为，对立统一规律是宇宙的根本规律。这个规律，不论在自然界、人类社会和人们的思想中，都是普遍存在的。矛盾着的对立面又统一，又斗争，由此推动事物的运动和变化。矛盾是普遍存在的，不过按事物的性质不同，矛盾的性质也就不同。对于任何一个具体的事物说来，对立的统一是有条件的、暂时的、过渡的，因而是相对的，对立的斗争则是绝对的。这个规律，列宁讲得很清楚。这个规律，在我国，懂得的人逐渐多起来了。但是，对于许多人说来，承认这个规律是一回事，应用这个规律去观察问题和处理问题又是一回事。"① "许多人不承认社会主义社会还有矛盾，因而使得他们在社会矛盾面前缩手缩脚，处于被动地位；不懂得在不断地正确处理和解决矛盾的过程中，将会使社会主义社会内部的统一和团结日益巩固。"②

2. 毛泽东对人民内部矛盾的正确认识

1956年底，我国生产资料所有制的社会主义改造基本完成，开始进入大规模全面进行社会主义建设时期。

如何正确认识和区分社会主义社会中的各种矛盾，是摆在中国共产党面前的重大而迫切的课题。这个课题解决不好，必将影响全党转入全面的大规模的社会主义建设的历史进程。为此，1957年2月27日，毛泽东在最高国务会议第十一次（扩大）会议上作了《关于正确处理人民内部矛盾的问题》的重要讲话。这篇文章在借鉴了国际共产主义运动的经验，研究了国内的新形势，在正确处理人民内部矛盾这个总题目下，论述和回答了我国社会主义改造胜利后遇到的一些新问题。

毛泽东在讲话中明确提出了两类不同性质的社会矛盾的理论。毛泽东指出，社会主义社会的矛盾分为两类，一类是敌我矛盾，一类是人民内部矛盾。两类矛盾的性质不同：敌我矛盾是对抗性矛盾，人民内部矛盾是根本利益一致基础上的非对抗性矛盾，它们在一定条件下可以相互转化。并且指出，矛盾的性质不同，解决的方法也就不同。敌我之间的矛盾是用专政的方

---

① 《毛泽东文集》第7卷，人民出版社1999年版，第213页。

② 《毛泽东文集》第7卷，人民出版社1999年版，第216页。

法来解决，人民内部矛盾是用民主的方法来解决，即用“团结——批评——团结”的方法解决。同时还提出了正确处理人民内部矛盾的一系列方法，如：用“长期共存、互相监督”的方法解决中国共产党与各民主党派的矛盾；用“百花齐放、百家争鸣”的方法解决科学文化中的矛盾；用“统筹兼顾、全面安排”的方法解决经济建设中的矛盾。

毛泽东还提出把正确处理人民内部矛盾作为国家政治生活的主题。毛泽东指出：“现在的情况是：革命时期的大规模的急风暴雨式的群众阶级斗争基本结束，但是阶级斗争还没有完全结束；广大群众一面欢迎新制度，一面又还感到还不大习惯；政府工作人员经验也还不够丰富，对一些具体政策的问题，应当继续考察和探索。这就是说，我们的社会主义制度还需要有一个继续建立和巩固的过程，人民群众对于这个新制度还需要有一个习惯的过程，国家工作人员也需要一个学习和取得经验的过程。在这个时候，我们提出划分敌我和人民内部两类矛盾的界限，提出正确处理人民内部矛盾的问题，以便团结全国各族人民进行一场新的战争——向自然界开战，发展我们的经济，发展我们的文化，使全体人民比较顺利地走过目前的过渡时期，巩固我们的新制度，建设我们的新国家，就是十分必要的了。”①

早在1956年12月4日，毛泽东在给黄炎培的信中首次提出了社会主义社会存在两类矛盾的命题。他说：“社会总是充满着矛盾。即使社会主义和共产主义也是如此，不过矛盾的性质和阶级社会有所不同罢了。”在社会主义社会有两类矛盾，一种是“敌我之间的”，一种是“人民内部的”。前者要用镇压的方法，后者要用说服的方法。1956年12月29日《人民日报》发表的、根据中央政治局扩大会议精神写成的文章《再论无产阶级专政的历史经验》中。该文指出：在我们面前有两种不同性质的矛盾：“第一种是敌我之间的矛盾”，它的基础是敌对阶级之间的利害冲突。“第二种是人民内部的矛盾”，它不是因阶级利害的根本冲突而发生，而是由于正确意见和错误意见的不同，或者由于局部性质的利害关系而形成。

1957年2月毛泽东《关于正确处理人民内部矛盾的问题》的著名讲话，是上述思想的理论化和系统化。这篇著作直到今天读起来仍对解决现实人民内部矛盾问题都是很有意义的。

比如，在讲到两类不同性质的矛盾时，毛泽东明确地说：“敌我之间和人民内部这两类矛盾的性质不同，解决的方法也不同。简单地说起来，前者

① 《毛泽东文集》第7卷，人民出版社1999年版，第216页。

是分清敌我的问题，后者是分清是非的问题。”① “在一九四二年，我们曾经把解决人民内部矛盾的这种民主的方法，具体化为一个公式，叫做‘团结——批评——团结’。讲详细一点，就是从团结的愿望出发，经过批评或者斗争使矛盾得到解决，从而在新的基础上达到新的团结。按照我们的经验，这是解决人民内部矛盾的一个正确的方法。”②

比如讲到知识分子，毛泽东说：“我国人民内部的矛盾，在知识分子中间也表现出来了。过去为旧社会服务的几百万知识分子，现在转到为新社会服务，这里就存在着他们如何适应新社会需要和我们如何帮助他们适应新社会需要的问题。这也是人民内部的一个矛盾。”③

比如讲到统筹兼顾，毛泽东说：“这里所说的统筹兼顾，是指对于六亿人口的统筹兼顾。我们作计划、办事、想问题，都要从我国有六亿人口这一点出发，千万不要忘记这一点。为什么要提出这样一个问题，难道还有人不知道我国有六亿人口吗？知道是知道的，不过办起事来有些人就忘记了，似乎人越少越好，圈子紧缩得越小越好。抱有这种小圈子主义的人们，对于这样一种思想是抵触的：调动一切积极因素，团结一切可能团结的人，并且尽可能地将消极因素转变为积极因素，为建设社会主义社会这个伟大的事业服务。我希望这些人扩大眼界，真正承认我国有六亿人口，承认这是一个客观存在，这是我们的本钱。”④ “我们的方针是统筹兼顾、适当安排。无论粮食问题，灾荒问题，就业问题，教育问题，知识分子问题，各种爱国力量的统一战线问题，少数民族问题，以及其他各项问题，都要从对全体人民的统筹兼顾这个观点出发，就当时当地的实际可能条件，同各方面的人协商，作出各种适当的安排。”⑤

比如讲到百花齐放、百家争鸣，毛泽东说：“对待人民内部的思想问题，对待精神世界的问题，用简单的方法去处理，不但不会收效，而且非常有害。不让发表错误意见，结果错误意见还是存在着。而正确的意见如果是在温室里培养出来的，如果没有见过风雨，没有取得免疫力，遇到错误意见就不能打胜仗。因此，只有采取讨论的方法，批评的方法，说理的方法，才能真正发展正确的意见，克服错误的意见，才能真正解决问题。”⑥

---

① 《毛泽东文集》第7卷，人民出版社1999年版，第206页。
② 《毛泽东文集》第7卷，人民出版社1999年版，第210页。
③ 《毛泽东文集》第7卷，人民出版社1999年版，第224页。
④ 《毛泽东文集》第7卷，人民出版社1999年版，第227—228页。
⑤ 《毛泽东文集》第7卷，人民出版社1999年版，第228页。
⑥ 《毛泽东文集》第7卷，人民出版社1999年版，第232页。

比如在讲到少数人闹事时，毛泽东分析说："这些人闹事的直接的原因，是有一些物质上的要求没有得到满足；而这些要求，有些是应当和可能解决的，有些是不适当的和要求过高、一时还不能解决的。但是发生闹事的更重要的因素，还是领导上的官僚主义。这种官僚主义的错误，有一些是要由上级机关负责，不能全怪下面。"①

（二）改革开放以来党对新形势下人民内部矛盾的正确认识

改革开放以来，我们国家经济建设、政治建设、文化建设、社会建设以及生态文明建设等各个方面都取得了重大成就，尤其是我国经济总量已经上升到世界第二位，人民群众的生活水平不断提高。但是这并不表明在我国的发展中没有矛盾，也不表明各种矛盾就减少了。可以说，我国以前的发展是靠各种矛盾运动以及解决矛盾的推动来实现的，今后我国的发展仍然需要矛盾运动和解决矛盾的推动。但需要强调的是，当前存在的所有社会矛盾中，人民内部的矛盾是主流，因此，正确处理人民内部矛盾是我们党仍然必须做好的重要工作，而在人民内部矛盾中，党群关系是核心。因此，群众工作的核心就是正确处理人民内部矛盾。这就要求我们党必须不断探索新形势下正确处理人民内部矛盾，密切党群关系的新途径。

1. 邓小平关于正确处理人民内部矛盾的基本思想

邓小平结合我国改革开放初期的实际和人民内部矛盾的主要表现，提出了如下一些基本的思想观点。

第一，发展是硬道理。虽然人民内部矛盾形态各异，但其存在和发展与经济落后、生产力水平低、人们的物质文化需求得不到普遍满足有密切关系。因此，邓小平把加快我国经济发展、迅速提高生产力水平，作为正确处理人民内部矛盾的根本措施和方略。强调我们各项工作的中心是经济建设，最根本的任务是发展生产力，发展是硬道理。因为从根本上说，手头东西多了，我们在处理各种矛盾和问题时就处于主动地位。

第二，坚持效率优先、兼顾公平的原则。为了加快我国经济发展，解放生产力，邓小平倡导"让一部分地区、一部分人先富起来"的政策，并提出了"效率优先、兼顾公平"的原则，这是另一个带有根本性的处理人民内部矛盾的方法。邓小平认为，只有贯彻按劳分配原则，让一部分人通过诚实劳动先富起来，才能形成激励和竞争机制，才能创造出生产和经济发展的高效

---

① 《毛泽东文集》第7卷，人民出版社1999年版，第236页。

率，才能为人民内部矛盾的缓解创造根本条件。在强调效率优先的同时，邓小平没有忽视解决贫富差距和两极分化的问题。他指出，这个问题如果长期得不到解决，经济利益上的矛盾就会转化为政治上的矛盾，就会使人民内部矛盾升级、扩大。如何防止两极分化呢？就是先富起来的地区多交点利税，支持贫困地区的发展。这就是邓小平所讲的：贫穷不是社会主义，两极分化也不是社会主义。

第三，坚持民主与法制相结合，充分运用法制手段。人民内部矛盾的性质决定，民主的方法是正确处理人民内部矛盾的主要方法。但是，民主与法制是两个密切相关的问题。民主是法制的基础，法制是民主的保证。因此，在正确处理人民内部矛盾问题上，邓小平既充分肯定民主方法，又大力倡导把民主的方法与法制的方法结合起来，并充分运用法制手段。社会主义法制具有规范性、公平性、强制性、稳定性的特点，是协调和处理人与人之间关系的重要手段之一。无论处理敌我矛盾还是人民内部矛盾，都必须充分依靠群众，严格遵守社会主义法制。国家和企业、企业和企业、企业和个人等等之间的关系，也要用法律的形式来确定；它们之间的矛盾，也有不少要通过法律来解决。为了保障人民民主，必须加强法制。必须使民主制度化、法律化，使这种制度和法律不因领导人的改变而改变，不因领导人的看法和注意力的改变而改变。这样，才能把正确处理人民内部矛盾制度化、法制化。

第四，不同领域的人民内部矛盾应采取不同的解决方法。人民内部矛盾多种多样，并不是单纯用哪种方法所能奏效的。邓小平根据新时期人民内部矛盾的不同表现，把人民内部矛盾分为经济领域、政治领域和人们思想观念上的矛盾，提出不同领域的矛盾要用不同的方法来解决。经济领域的人民内部矛盾，是广大人民群众在直接追求各自经济利益的活动中发生的，单纯依靠思想政治工作是不行的，邓小平主张在民主的基础上，运用经济的、法制的、行政的手段，通过深化改革、发展生产力来解决。政治领域的人民内部矛盾，集中表现为党群、干群矛盾，涉及到经济利益问题，必须在解决经济问题上下功夫，通过深化改革，完善体制、反腐倡廉、加强党和政府与人民群众的联系等方法来解决。在解决人民内部思想观念上的矛盾时，邓小平主张“用事实说话”。这就是邓小平的“不争论”思想。因为不争论，是为了争取时间干。一争论就复杂了，把时间都争掉了，什么也干不成。因此，在加强思想政治工作的同时，最好的办法，就是拿事实来说话，让改革的实际进展去说服不同观点的人。

2. 江泽民关于正确处理人民内部矛盾的基本思想

江泽民关于正确处理人民内部矛盾的基本思想，主要体现在以下几个方面。

第一，正确处理人民内部矛盾，是新时期一个需要认真研究解决的重要政治课题。1993 年 3 月 7 日，江泽民在党的十四届二中全会上所作的重要讲话中指出：在加快经济建设和改革开放的新形势下，正确处理人民内部矛盾，调动一切积极因素，化消极因素为积极因素，是我们国家政治生活的主题，也是维护社会稳定的重要基础。各级领导干部，要结合新的实际，重温毛泽东同志《关于正确处理人民内部矛盾的问题》这篇文章，提高正确对待人民内部矛盾的政策观念和处理能力。1995 年，江泽民同志于党的十四届五中全会上作了《正确处理社会主义现代化建设中的若干重大关系》（即十二大关系）的重要讲话。江泽民同志指出，提出这十二大关系，目的是在总结历史经验的基础上，努力把握客观规律性、统一全党认识，团结全国各族人民，调动一切积极因素，加快社会主义现代化建设。十二大关系，实际上是十二对矛盾，其性质是人民内部矛盾。因此，正确处理十二大关系，实质上就是要正确处理人民内部矛盾。

江泽民之所以这样高度重视正确处理人民内部矛盾问题，他认为：现在，人民内部矛盾的内容和表现形式，比我们党提出这个问题的时候错综复杂得多了。应该理解，人民内部矛盾是在人民根本利益一致基础上的矛盾，处理得好，可以增强人民的团结，促进我们的事业兴旺发达；处理得不好，使矛盾激化，小事会变成大事，甚至酿成乱子，就会给我们的社会稳定和事业发展带来不应有的损害。历史经验还告诉我们，敌对势力往往利用我们在处理人民内部矛盾方面的失误，兴风作浪。在深化改革、扩大开放和建立社会主义市场经济体制的过程中，许多经济关系、利益关系需要调整，会产生不少新的矛盾。比如，局部利益与全局利益的矛盾，眼前利益与长远利益的矛盾，经济发展不平衡造成的矛盾，不同地区、不同部门、不同社会成员之间因收入分配方面的差别产生的矛盾，等等。

第二，关于正确处理人民内部矛盾的基本方法。江泽民认为：全党应十分重视和认真研究新时期人民内部矛盾的问题，继承和发扬党的优良传统，妥善处理人民内部矛盾。

首先，要用民主的方法、说服教育的方法，依据有关政策和法律规定，见微知著，把问题解决在萌芽状态，解决在基层，解决在当地，不能让事态扩大，更不要等事情闹大了再来解决。要防止用强迫命令等不正确的办法来处理人民内部矛盾，尤其要坚决防止用处理敌我矛盾的方法来处理人民内部矛盾，防止侵犯广大群众的合法权益。

其次，要加强新形势下的思想政治教育。在加快改革开放、发展社会主义市场经济的新形势下，新情况、新问题不断出现，思想政治教育工作必须加强，决不能放松和削弱。这是改革开放和现代化建设的强大精神动力和思想保证，也是创造良好社会舆论和社会心理环境的要求。要在党内和全国各族人民中，特别是在广大青少年中，要继续坚持广泛深入地进行爱国主义、集体主义、社会主义教育，广泛深入地进行中国近代史、现代史和中华民族优秀传统文化教育，提倡正确的理想、信念、人生观、价值观。使广大党员群众既要讲效益、讲盈利，重视个人利益，又要防止拜金主义思想的滋长，决不允许那种损人利己、唯利是图、金钱至上、尔虞我诈等错误思想在社会生活中泛滥，决不允许给各种腐朽思想提供阵地。

再次，要始终高度重视社会风气问题。应当警惕，如果社会风气败坏，不仅经济建设搞不上去，我们这个民族也不可能兴旺发达。现在社会上有很多不好的风气。比如利用公款大吃大喝、请客送礼，讲排场、摆阔气，铺张浪费，随意挥霍国家财产，甚至发生了向党政机关送礼券、送干股的现象，也有一些党政机关工作人员堕落到贪污受贿、徇私舞弊、不给好处不办事的地步。这种情况如果发展下去，不加制止，不得了。解决这些问题，要靠法制，靠建立起真正有法制的公平的市场竞争机制，也要靠加强思想政治教育工作。

最后，各级领导干部要大兴调查研究之风，求真务实。党的各级领导干部必须善于从全局观察问题，想大事、议大事，要始终代表最广大人民群众的根本利益，首先应当考虑和满足最大多数人的利益要求，因为“最大多数人的利益和全社会全民族的积极性创造性，对党和国家事业的发展始终是最具有决定性的因素”。要坚持民主集中制，严格执行党的纪律，切实加强党的团结。要改进领导方法和工作作风，强调真抓实干，坚决克服官僚主义和形式主义；强调深入实际，多到基层去，多到群众中去，多到困难比较大、经济比较落后、群众意见比较多的地方去，大兴调查研究之风，体察群众的冷暖疾苦，了解群众的所思所想，解决群众的实际问题，总结群众的创造，狠抓各项任务的落实。

3. 胡锦涛关于正确处理人民内部矛盾的基本思想

2010 年 9 月 29 日，中共中央政治局就正确处理新时期人民内部矛盾问题研究进行第 23 次集体学习。中共中央总书记胡锦涛在主持学习时强调，面对复杂多变的国际形势，面对艰巨繁重的改革发展任务，我们要深刻认识正确处理人民内部矛盾的重要性和紧迫性，着眼于最大限度激发社会创造活力、最大限度增加和谐因素、最大限度减少不和谐因素，更加积极主动地处理好人民内部矛盾，为推动科学发展、促进社会和谐，为实现全面建设小康社会奋斗目标、加快推进社会主义现代化创造良好社会环境。就是在这个讲话中，集中体现了胡锦涛总书记关于正确处理人民内部矛盾的基本思想。

第一，要准确把握当前我国人民内部矛盾的新特点。胡锦涛强调："要深刻认识和把握新的历史条件下人民内部矛盾的特点和规律。"只有正确把握了当前人民内部矛盾的新特点，才能够采取合理的方法解决存在的矛盾。当前我国人民内部矛盾的新特点主要体现在以下几个方面。

一是阶层之间矛盾的双重性。随着社会主义市场经济体制的建立，经济结构发生了巨大变化，传统社会结构开始发生变化，由此带来了工人阶级内部结构和组成发生了深刻变化，农民阶级发生了新的分化和组合。此外，社会还出现了许多新阶层，如私营企业主、个体户、自由职业人员等。各个阶层之间存在不同的利益，由利益冲突所带来的各个阶层之间的矛盾不容忽视。但是不管是哪些阶层之间的矛盾，他们的根本利益是一致的，因为他们都是中国特色社会主义的建设者。这就决定了矛盾性质总体上的非对抗性，是人民内部的矛盾。

二是城乡之间矛盾的凸显性。这突出表现为城乡之间在经济社会发展水平、城乡居民收入等方面还存在着较大的差距，而且这种差距还在不断拉大。

三是区域发展之间矛盾的紧迫性。由于历史、自然条件等方面的原因，我国中西部地区与东部发达地区存在较大的发展差距。从而使我国的东、中、西部不仅仅是一个地理概念，而且还表明不同地区经济社会发达程度之间的差距。

四是群体性突发事件的多发性。群体性事件已成为当前人民内部矛盾的重要表现形式之一。一段时间以来，由人民内部矛盾引发的群体性事件已经成为影响社会稳定的突出问题。新时期群体性事件是合理性与违法性并存的，而且具有反复性，因此调解群体性事件具有较大的难度。所以，妥善处理群体性事件，是正确处理人民内部矛盾，构建社会主义和谐社会所面临的严峻问题。不能让矛盾积累和发展起来，以致影响国家改革发展稳定的大局。

第二，要把正确处理人民内部矛盾提到新高度。之所以要把正确处理人民内部矛盾提到新高度去认识，去工作，正如胡锦涛总书记在2010年中央政治局第23次集体学习时所强调的：正确处理人民内部矛盾，是关系改革发展稳定的全局性课题，是促进社会和谐的基础性工作。改革开放以来，我国经济社会发展取得巨大成就，为我们解决好人民内部矛盾奠定了坚实物质基础。同时，我们也要清醒地看到，我国正处于并将长期处于社会主义初级阶段，由于经济体制深刻变革、社会结构深刻变动、利益格局深刻调整、思想观念深刻变化，由于发展不平衡、不协调、不可持续问题短期内难以根本解决，人民内部各种具体利益矛盾难以避免地会经常地大量地表现出来。虽然人民内部矛盾是在全体人民根本利益一致基础上的矛盾，但必须高度重视，下大气力做好工作，以激发社会活力、增强人民团结，促进党和国家事业更好发展。具体说来就是：

一是正确处理人民内部矛盾是代表中国最广大人民根本利益的需要。利益是一切矛盾的终极根源，利益矛盾是人民内部矛盾的主导性矛盾，所以妥善解决好人民内部矛盾，就是要把最广大人民群众的根本利益放在首位。胡锦涛总书记始终强调，要把实现好、维护好、发展好最广大人民的根本利益作为党和国家一切工作的出发点和落脚点。他创立的科学发展观的核心就是以人为本。2007 年 6 月 25 日，胡锦涛在中共中央党校省部级干部进修班上发表重要讲话时指出，中国共产党的根本宗旨是全心全意为人民服务，党的一切奋斗和工作都是为了造福人民，要始终做到发展为了人民、发展依靠人民、发展成果由人民共享。他要求全党特别是领导干部，要认真检查我们的各项政策措施和工作部署、工作方法、工作作风是否切合实际，是否符合最广大人民的根本利益，着力避免因决策失误和工作方法不当引起的群众不满和抱怨。其目的就是要及时发现矛盾，把矛盾解决在基层，解决在萌芽状态。

二是正确处理人民内部矛盾是构建社会主义和谐社会的需要。公平正义是社会主义和谐社会的一个重要特征，公平正义的社会就意味着社会各方面的利益关系得到妥善协调，人民内部矛盾能够得到正确的处理。为了维护和实现社会公平和正义，胡锦涛同志指出："要坚持在全国人民根本利益一致的基础上，妥善协调各种具体的利益关系和内部矛盾，正确处理个人利益和集体利益、局部利益和整体利益、当前利益和长远利益的关系。"

三是正确处理人民内部矛盾是加强党的执政能力的需要。加强党的执政能力建设，是执政党的永恒课题和根本任务。党内存在的突出的亟待解决的各种问题，如依法执政能力不强、解决复杂矛盾的本领不大以及各种不正之风和腐败现象等，都会使党的执政能力大打折扣，也都是对人民群众利益造成危害。因此，胡锦涛总书记反复强调，这些问题都是同党的宗旨和性质格格不入的，都是同人民群众的利益格格不入的，如不切实加以纠正，必然会引起群众的强烈不满。由于这些问题的存在，致使一些本来可以做好的事情没有做好，一些本来应该解决的问题久拖不决，一些本来可以缓解的矛盾进一步激化。这就清楚地表明，加强党的执政能力的一个重要方面就是要不断解决党内目前存在的问题，就是要使党不断增强正确处理人民内部矛盾的能力。

第三，正确处理人民内部矛盾的指导思想。胡锦涛同志指出：正确处理新时期人民内部矛盾，要以邓小平理论和“三个代表”重要思想为指导，深入贯彻落实科学发展观，强化责任，创新机制，统筹兼顾，落实措施，认真解决影响社会稳定的源头性、根本性、基础性问题，加快推进以改善民生为重点的社会建设，依法保障人民权益，不断提高正确处理人民内部矛盾能力和水平，扎实做好正确处理人民内部矛盾各项工作。

第四，当前正确处理人民内部矛盾的重点任务。胡锦涛同志指出：扎实做好正确处理人民内部矛盾工作，一是注重从源头上减少矛盾。要坚持聚精会神搞建设、一心一意谋发展，努力实现以人为本、全面协调可持续的科学发展，不断为正确处理人民内部矛盾打牢物质基础。要强化政府社会管理和公共服务职能，推进决策科学化、民主化，坚持把最广大人民根本利益作为制定政策、部署工作的出发点和落脚点，使各项决策符合客观实际和人民群众根本利益。二是注重维护群众权益。要健全党和政府主导的维护群众权益机制，正确反映和兼顾不同方面群众的利益，注重维护社会公平正义。要把依法治国基本方略落实到社会管理各领域和全过程，善于用法律手段解决矛盾，依法保护群众权益。三是注重做好群众工作。要认真研究和把握新形势下群众工作的特点和规律，深入做好组织群众、宣传群众、教育群众、服务群众的工作，加强社会主义核心价值体系建设，加强党和国家方针政策宣传教育，推行领导干部接待群众制度，健全信访工作责任制，及时了解群众心声和实际需求。四是注重加强和创新社会管理。要主动适应社会主义市场经济条件下社会管理发展变化，积极推动社会管理体制机制创新，健全民主制度，建立健全党委领导、政府负责、社会协调、公众参与的社会管理格局，加强社会管理基层基础建设，提高基层群众自治组织自我管理、自我服务、自我教育、自我监督能力，加强社会组织管理和服务体系建设，提高社会管理信息化水平。

4. 习近平同志关于正确处理人民内部矛盾的基本思想

“政之所要，在乎民心”。早在2006年，习近平同志在《正确处理新形势下的人民内部矛盾》的文章中就指出，人民内部矛盾是现阶段影响社会稳定的主要因素。由于我国正处于经济高速发展期和矛盾凸显期，致使这些人们内部矛盾的表现形式更加多样，覆盖范围更加广泛，相互交织更加复杂，解决起来也更加困难。这就需要各级党委、政府和领导干部，着眼于新的形势加强学习，深刻认识和把握新形势下人民内部矛盾的特点、规律，探索解决矛盾的正确途径和有效办法，不断提高正确处理新形势下人民内部矛盾的本领，努力避免因为决策失误和工作不当引起群众不满，依法妥善处置群体性事件，防止局部性问题转化为全局性问题、非对抗性矛盾转化为对抗性矛盾，注重从源头上减少人民内部矛盾的发生。

注重从源头上减少人民内部矛盾的发生就要做好群众工作。2011 年 1 月习近平与中央党校省部班学员座谈时强调，群众工作的本质是密切党群关系，群众工作的核心是正确处理人民内部矛盾。我们做群众工作，要始终站在人民群众的立场上，真心为群众着想，全力为群众造福，办好顺民意、解民忧、惠民生的实事，维护好最广大人民的根本利益。正确的方式方法是做好群众工作的保障。要大力弘扬深入群众、深入基层、深入调查研究的优良传统，拿出更多的时间和精力到基层去、到一线去、到条件较差和情况复杂的地方去察实情、办实事。同时要善于研究和把握新形势下群众工作的特点和规律，创新工作方法，把群众工作做深做细做实，增强群众工作的亲和力和感染力，提高群众工作的针对性和实效性。2011 年 2 月习近平在省部级主要领导干部社会管理及其创新专题研讨班结业式上作总结讲话。他强调，社会管理主要是对人的服务和管理，说到底是做群众的工作。一切社会管理部门都是为群众服务的部门，一切社会管理工作都是为群众谋利益的工作，一切社会管理过程都是做群众工作的过程。从这个意义上说，群众工作是社会管理的基础性、经常性、根本性工作。

十八大以来，习近平总书记更强调做好群众工作对从源头上减少人民内部矛盾的发生的重要性。他在十八届中共中央政治局第一次集体学习时的讲话中指出："密切党群、干群关系，保持同人民群众的血肉联系，始终是我们党立于不败之地的根基。"2013 年，习近平就坚持和发展"枫桥经验"作出重要指示强调，各级党委和政府要充分认识"枫桥经验"的重大意义，发扬优良作风，适应时代要求，创新群众工作方法，善于运用法治思维和法治方式解决涉及群众切身利益的矛盾和问题，把"枫桥经验"坚持好、发展好，把党的群众路线坚持好、贯彻好。

（三）正确处理新形势下的人民内部矛盾

矛盾运动，是推动发展的强大动力。正确处理新形势下的人民内部矛盾，是推动我国经济社会科学发展、妥善解决人民群众所关心的利益问题、提高做好群众工作科学化水平的迫切要求。

1. 新形势下群众工作的核心是正确处理人民内部矛盾

从我们党的历史来看，群众工作的核心问题，是一个与形势任务密切相关的问题。在阶级矛盾、民族矛盾为社会主要矛盾历史条件下，群众工作的核心就是宣传教育、动员组织和团结带领广大人民群众为实现国家的民族独立、人民解放而斗争。这种斗争从性质上讲是解决敌我矛盾的问题，是一个阶级推翻另一个阶级、是从根本上消灭剥削和压迫的阶级斗争问题。在社会主义条件下，由于社会的主要矛盾已经成为人民群众日益增长的物质文化需要同落后的社会生产之间的矛盾，而这种矛盾不是一个阶级推翻另一个阶级的、敌我性质的、对抗性的矛盾，而是人民根本利益一致基础上的人民内部矛盾。当前，我国社会仍然处于并将长期处于社会主义初级阶段，这是我国最大的、最主要的基本国情。这一国情表明，在我国社会的各种矛盾中，人民内部矛盾居于主要地位，因此，党的群众工作的核心，就是通过正确处理人民内部矛盾，使人民群众能够生活得更加和谐，更有尊严。

2. 新形势下正确处理人民内部矛盾的基本思路

正确处理人民内部矛盾，有一个最基本的前提要求，那就是必须善于区分两类不同性质的矛盾。矛盾的性质不同，解决矛盾的方法也就不同。正确区分不同性质的矛盾，是寻求解决矛盾的对策的前提。早在 2003 年 11 月，时任省委书记的习近平同志在浙江纪念毛泽东同志批示“枫桥经验”40 周年大会上明确提出，要牢固树立“发展是硬道理、稳定是硬任务”的政治意识，充分珍惜“枫桥经验”，大力推广“枫桥经验”，不断创新“枫桥经验”，切实维护社会稳定。20 世纪 60 年代初，诸暨市枫桥镇在社会主义教育运动中创造“发动和依靠群众，坚持矛盾不上交，就地解决，实现捕人少，治安好”的“枫桥经验”。1963 年 11 月，毛泽东亲笔批示“要各地仿效，经过试点，推广去做”。随后，中央又两次对“枫桥经验”作了批转。由此，“枫桥经验”成为全国政法战线的一面旗帜。虽然当时“枫桥经验”主要是针对政法部门讲的，但对我们做好新形势下的群众工作，尤其是基层群众工作，也有许多启示。习近平同志指出，50 年前，浙江枫桥干部群众创造了“依靠群众就地化解矛盾”的“枫桥经验”，并根据形势变化不断赋予其新的内涵，成为全国政法综治战线的一面旗帜。浙江省各级党委和政府高度重视学习推广“枫桥经验”，紧紧扭住做好群众工作这条主线，为经济社会发展提供了重要保障。这一批示告诉我们，今天做好群众工作，必须以与时俱进的精神，研究新情况、把握新规律，创新群众工作方法，加大依法治理力度，完善工作制度机制，不断提高新形势下群众工作能力和水平，切实解决好涉及群众切身利益的突出问题，确保人民安居乐业、社会安定有序、国家长治久安。

第一，注重从源头上减少矛盾。从当前我国人民内部矛盾产生的源头来看，最主要的无非就是两个方面，即发展的不足或者不科学和发展中管理的滞后。因此，要从源头上减少矛盾，就要做到：

一是坚持把科学发展观贯彻落实到正确处理人民内部矛盾的实践之中。科学发展观是马克思主义关于发展的世界观和方法论的集中体现，是统领我国经济社会发展全局的根本指导方针，也是正确处理人民内部矛盾的根本指导思想。按照科学发展观的要求，要坚持聚精会神搞建设、一心一意谋发展，努力实现以人为本、全面协调可持续的科学发展，不断为正确处理人民内部矛盾打牢物质基础。这就是要坚持以科学发展观为指导，正确处理人民内部矛盾。因为我国社会中的许多人民内部矛盾，都是因为在发展中的不科学而引发的，因此，解决我国经济社会发展面临的许多矛盾和问题，包括构建社会主义和谐社会面临的许多矛盾和问题，关键还是要靠发展。也因为目前人民内部矛盾的根本问题就是利益问题，而利益问题归根结底就是生产力发展不充分的结果。这就要求我们必须在工作中，始终坚持和贯彻落实科学发展观，以经济社会的全面、协调和可持续发展，为人民群众创造切实的经济、政治、文化和社会利益，体现科学发展观的核心——以人为本。这是从源头上减少矛盾、也是正确处理人民内部矛盾的根本所在。

二是要强化政府社会管理和公共服务职能，推进决策科学化、民主化，坚持把最广大人民根本利益作为制定政策、部署工作的出发点和落脚点，使各项决策符合客观实际和人民群众根本利益。要完善保障群众利益的决策机制。因为做什么决策，怎样做决策，关系到广大人民群众的切身利益。了解民情，是做好决策的基础。要加强深入了解民情的决策调研，坚持把人民拥护不拥护、赞成不赞成、高兴不高兴、答应不答应作为制定政策的依据，坚持问政于民、问需于民、问计于民，准确掌握群众所思、所忧、所盼，让群众更多参与到他们自身利益相关的决策过程中来。反映民意，是做好决策的关键。要形成充分反映民意的决策导向，坚持科学决策、民主决策、依法决策，建立畅通无阻、运转协调、规范有效的民意反映机制，建立重大工程项目建设和重大政策制定的评估机制，健全决策失误纠错机制和责任追究机制。凡涉及群众切身利益的重要改革方案、重大政策措施、重点工程项目，在决策前都要广泛征求群众意见，全面评估可能影响群众利益的各种问题，充分考虑群众承受能力。只有建立健全保障群众利益的决策机制，才能在发展的每一步、施政的每一策中把群众利益放在首位，才能真正体现以人为本、执政为民的要求，才能切实实现好、维护好、发展好最广大人民群众根本利益，凝聚我们的力量之源，筑牢我们的执政之基。

第二，注重维护群众权益。中国共产党历经磨难而巍然屹立，在于中国共产党始终坚持全心全意为人民服务的根本宗旨，坚持以人为本的执政理念，保持同人民群众的血肉联系。群众利益是我们一切工作的出发点和落脚点，正确的决策是做好各项工作的重要前提。当前，新老问题交织，发展局面复杂，决策的广度和深度不断加大，难度和要求不断提高。一些地方在决策时，脱离实际情况，不顾群众意愿，乱铺摊子，乱上项目，搞劳民伤财的"形象工程"和沽名钓誉的"政绩工程"，损害到群众利益、影响到党和政府的形象。致使在少数地方，群体性事件、极端事件频发，人民内部矛盾呈现激化的态势。有鉴于此，我们的党必须大力弘扬密切联系群众的优良作风，保持同民众的血肉联系，切实维护群众权益。要健全党和政府主导的维护群众权益机制，正确反映和兼顾不同方面群众的利益，注重维护社会公平正义。要把依法治国基本方略落实到社会管理各领域和全过程，善于用法律手段解决矛盾，依法保护群众权益。广大党员特别是领导干部要心系民众，切实做到权为民所用、情为民所系、利为民所谋。各级领导干部要坚持实事求是、求真务实，努力创造经得起实践和历史检验的实绩。

第三，注重做好群众工作。群众工作是我们党的根本性工作，群众路线是我们党的根本工作路线。没有群众路线，政治路线、思想路线、组织路线就会失去根基。因此，做好群众工作是领导干部的基本功。一是要认真研究和把握新形势下群众工作的特点和规律，深入做好组织群众、宣传群众、教育群众、服务群众工作，加强社会主义核心价值体系建设，加强党和国家方针政策宣传教育，推行领导干部接待群众制度，健全信访工作责任制，及时了解群众心声和实际需求。二是要以对群众的深厚情感做群众工作。群众工作的核心是相信谁、依靠谁、为了谁的问题，关键要解决感情问题。真情是开启人们心灵之门的金钥匙。共产党人感情的最高体现就是对人民群众怀有一颗赤诚之心。带着对待父母的感情来对待群众，我们与群众的结合就会更加自觉；只要带着真情去倾听群众呼声，带着真情去化解各类矛盾纠纷，带着真情去引领群众发展经济，就一定能用真情赢得民心。三是要以一颗尊重群众、相信群众的心去做群众工作。群众是讲道理的，做群众工作要学会说服而不是压服，更不能靠所谓的"官威"去压制，那势必会伤害群众感情，且久难修复。我们要善于把握群众的思想脉搏，用群众听得懂的语言进行沟通，用群众信得过的方式处理问题。四是要以为群众谋利益为落脚点去做群众工作。要在群众工作的实践中，变对群众的治理为群众提供服务，把领导干部的勤政体现在为群众谋利益上。要多深入群众，经常倾听群众呼声，及时解决群众困难。对群众最关心的、最直接、最现实的利益问题不能拖，久拖必产生民怨，引起民愤。对与民争利，严重损害人民群众利益的人和事，坚决严肃处理，绝不手软，绝不姑息，以慰民心。只有如此，才能把群众工作做深做细做实，增强群众工作的亲和力和感染力，提高群众工作的针对性和实效性。

第四，注重加强和创新社会管理。社会管理在很大程度上是做群众工作。不可否认的是，在价值多元化的当前，群众工作出现了许多新情况、新问题，“群众工作难做”的说法在个别地方也时有所闻。究其原因，不是群众的工作难做了，而是个别地方、个别党员干部做群众工作的能力和素质没有与时俱进，社会管理方面严重滞后于群众的觉悟和要求，使群众工作慢慢地脱离了群众，甚至出现群众工作高高在上的不正常现象，从而引发了不少社会矛盾问题，当然其中绝大多数是人民内部矛盾。因此，要正确处理人民内部矛盾问题，加强和创新社会管理就成了一条重要的途径。因此要按照习近平总书记的要求，主动适应社会主义市场经济条件下社会管理发展变化，积极推动社会管理体制机制创新，健全民主制度，建立健全党委领导、政府负责、社会协调、公众参与的社会管理格局，加强社会管理基层基础建设，提高基层群众自治组织自我管理、自我服务、自我教育、自我监督能力，加强社会组织管理和服务体系建设，提高社会管理信息化水平。要围绕群众所思所盼所想来推进社会管理创新，要依靠群众自身的智慧与力量创新社会管理，要完善群众监督评价社会管理的工作机制。这样，就能够使社会管理符合群众的意愿和要求，就能够把群众参与社会管理的积极性和接受社会管理的主动性充分调动起来，就能够使社会管理工作走上一条健康发展的制度化轨道。

总之，各级党委和政府要把正确处理人民内部矛盾作为一项基础性工作列入重要议事日程，周密部署，扎实推进，加强调查研究，认真总结实践经验，探索新思路新办法，创新和完善体制机制。各级领导干部要自觉贯彻群众路线、切实转变作风，多做顺民意、解民忧、得民心的实事，坚决纠正损害群众利益的行为。

七、正确的方式方法是做好群众工作的保障

党的群众路线是实现党的思想路线、政治路线和组织路线的根本工作路线，必须贯穿于党的全部工作中。各级领导干部要坚持工作重心下移，经常深入实际、深入基层、深入群众，真诚倾听群众呼声，真实反映群众愿望，真情关心群众疾苦，拜群众为师，向群众问计，从群众的实践中汲取营养、增长智慧，不断提高新形势下做好群众工作的本领。①

——习近平

方式方法是开展工作的手段，是达到目的的途径。方式方法的正确，可以起到事半功倍的效果；方式方法的错误，则可能造成事业的失败。做群众工作，尤其是在当前复杂多变的形势、艰巨繁重的任务和不断提升素质的群众面前做好群众工作，采取科学的方式方法显得尤为重要。因此，2011 年，习近平同志在中央党校第 48 期省部级干部进修班学员座谈时的讲话中明确强调：正确的方式方法是做好群众工作的保障。他强调，要认真贯彻执行已有的行之有效的群众工作制度，大力弘扬深入群众、深入基层、深入调查研究的优良传统，拿出更多的时间和精力到基层去、到一线去、到条件较差和情况复杂的地方去，察实情、办实事、求实效，做到谋划发展思路向人民群众问计，查找发展中的问题听人民群众意见，改进发展措施向人民群众请教，落实发展任务靠人民群众努力，衡量发展成效由人民群众评判。面对新形势新任务，要善于研究和把握群众工作的特点和规律，创新工作方法，把群众工作做深做细做实，增强群众工作的亲和力和感染力，提高群众工作的针对性和实效性。

① 习近平：《始终坚持和充分发挥党的独特优势》，《求是》2012 年第 15 期。

（一）要认真贯彻执行已有的行之有效的群众工作制度

1. 制度在规范党的群众工作中的重要作用

党的群众工作，虽然主要应当靠全党同志特别是各级领导干部的高度的宗旨意识和为民观念，但同时也需要用制度来规范。因此，我们党在革命建设和改革的每一历史时期，都十分重视党联系群众的制度建设。建党之初，党就做出过宣传群众、教育群众、组织群众、动员群众的决定，党的各级领导干部都曾经深入各类群众之中，去开展实实在在的工人运动、农民运动、学生运动和兵运活动、统战工作。新中国成立之后，我们党作为执政党，全心全意为人民服务的根本宗旨并没有变，宣传群众、教育群众、组织群众、动员群众，团结和带领群众为实现自身利益而奋斗的历史使命并没有变，密切联系群众的优良作风并没有丢。

2. 我们党已有的群众工作制度发挥了重要作用

进入改革开放和发展社会主义市场经济新时期以来，面对一些党员尤其是一些党员干部脱离群众，以权谋私的违纪违法行为，我们党对密切联系群众的制度建设提出了更高的要求，摆到了更加重要的位置，建立了许多联系群众的制度，这些制度在实践中对密切党与群众的血肉联系发挥了重要作用。

从宏观方面来看，因为我们党是以全心全意为人民服务为根本宗旨的，所以党的各项制度归根结底都对做群众工作具有规范作用。1990 年，党的十三届六中全会还专门做出了《中共中央关于加强党同人民群众联系的决定》，从根本上规范了党的群众工作。其中特别强调了以下几个方面：一是必须坚持从群众中来到群众中去，建立和健全民主的、科学的决策和执行程序。二是各级领导干部必须经常深入基层，深入群众，扎扎实实工作，把党的路线、方针、政策落到实处。三是推进社会主义民主和法制建设，积极疏通和拓宽党同人民群众联系的渠道。四是坚定不移地加强廉政建设，继续发扬艰苦奋斗精神，克服党内存在的消极腐败现象。五是党的基层组织和广大党员，都要联系群众，宣传群众，组织群众，充分发挥战斗堡垒作用和先锋模范作用。

从微观方面来看，我们党在实践中创造了许多具体的群众工作制度。如民主集中制的各项制度；民主决策制度；各项公开办事制度；领导干部深入基层、深入群众调查研究的制度；党政领导机关的群众接待日制度；主要领导干部亲自处理群众来信来访的制度；机关干部到贫困地区锻炼和帮助工作的制度；党政主要负责人联系基层单位、贫困群众的制度；健全党密切联系群众的长效机制；干部选拔任用工作制度；等等。这些制度，继承了党的优良传统，符合新的实际，实践证明对于密切联系群众是行之有效的，要坚持执行并不断完善。

特别需要强调的是，在我们党日益倡导以人为本的执政理念和关注民生、改善民生的执政实践中，我们要在加强党同人民群众血肉联系的体察民情、了解民意、集中民智、珍惜民力、加强监督的制度上下功夫。建立健全体察民情的制度，就是要在制度上督促领导机关尤其是领导干部深入基层、深入群众，去体验群众感情，掌握真实情况，确保党的路线方针政策符合客观实际。建立健全了解民意的制度，就是要在制度上督促领导机关尤其是领导干部不断拓宽了解社情民意的渠道，认真倾听群众呼声，如实反映群众意愿，避免工作的盲目性、片面性。建立健全集中民智的制度，就是要在制度上保证领导机关尤其是领导干部摆正同人民群众的位置，谦虚谨慎，戒骄戒躁，认真汲取人民群众的聪明才智和伟大创造，把党的事业不断推向前进。建立健全珍惜民力的制度，就是要在制度上确保领导机关尤其是领导干部最大限度地调动好发挥好保护好人民群众的主动性积极性创造性，求真务实，力戒浮躁，集中精力解决群众的当务之急，坚决反对和防止干那些劳民伤财、劳而无功的事情。建立健全各项监督制度，就是要在制度上把党内监督同人民监督结合起来，把法律监督同群众监督结合起来，把舆论监督同社会监督结合起来，确保党的各级领导机关、领导班子、领导干部在党和人民的有效监督之下开展工作。

3. 进一步创新做好群众工作的制度建设

当前，既然党群关系的核心是正确处理人民内部矛盾，那么也就可以理解为：正确处理人民内部矛盾，是当前做好群众工作的中心任务。因此，在实践中，必须不断创新做好群众工作的制度，以保证群众工作的创新发展。

第一，要进一步完善民意交流沟通的制度。民意交流沟通是做好群众工作的前提条件之一。建立和完善民意交流沟通制度，需要进一步拓宽和畅通民意交流沟通的渠道，提供一定的方式和渠道让人们释放不满情绪，缓解矛盾冲突和危机。一要健全信访工作制度，设立信访日制度和领导干部接待日制度，相关部门除了热情接待每一位上访者之外，还要更加主动地通过下访、接听热线电话、接待日等多种途径和方式，直接倾听民声、了解民情，以减少信息传递中的过滤和失真。二要充分发挥和保障人大、政协和社会团体的民意汇集功能和民情反映功能。三要发挥中介机构和社会团体的沟通、协调功能，同时要强化基层党组织的民情汇集功能和民意表达功能，使民意得到及时、全面、顺畅表达。

第二，要进一步完善群众利益诉求表达的制度。群众工作中的一切难题，从根本上说都源自于利益。健全的群众利益诉求表达制度是建立利益协调机制的前提。利益诉求表达渠道不畅、沟通失灵必然导致民意堵塞，矛盾升级，发展到一定程度就会影响社会的和谐稳定。建立公平、开放、多向度的利益表达机制，为不同群体提供公平表达利益的制度性平台，使不同群体都能够通过各种渠道享有平等的利益表达权利。比如可以培育和发展公民社会，发展中介组织、工会、农民协会、行业协会、专业协会等，并以此为载体扩大公民参与社会治理的空间。同时，还要注重引导群众以理性合法的形式表达自己的利益要求。更为重要的是，群众的利益表达制度还不仅仅是让群众能够说出来，更重要的是要进一步完善把群众表达出来的各种合法权益在实践中落实和兑现，使其由一种言语表达式的利益诉求变为客观现实的利益享受。因为如果只是注重让群众说出来，那只能起到让群众宣泄情绪的作用。而群众的利益要求的真正满足，才是做好群众工作、解决实际问题、正确处理人民内部矛盾的关键。

第三，要进一步完善合理的利益协调解决的制度。合理的利益协调解决制度是妥善协调各方面利益关系，化解社会矛盾和冲突的有效制度之一。利益协调解决制度，是指利益系统内各要素互相作用、相互渗透、相互融合、相互协调的规范，以实现利益关系的有序化。从实践中来看，利益的不平衡是绝对的，平衡才是相对的。在旧的不平衡的平衡中，又会产生新的不平衡，因而利益协调必将是一个永无止境的、不断在更高基础上发展的过程。正是这种利益协调的过程，使群众利益逐渐达到平衡，使各方面的矛盾不断得到解决，使群众工作不断取得进步。而在各种利益当中，经济利益是最为基本和重要的利益，经济利益又最主要的表现为收入的分配。因此，要健全利益分配、利益补偿和利益约束机制，即在坚持以按劳分配为主、多种分配形式并存的分配原则的基础上，合理调整收入分配关系，初次分配和再分配都要处理好效率和公平的关系，再分配更加注重公平。努力提高居民收入在国民收入分配中的比重，提高劳动报酬在初次分配中的比重。创造条件增加居民财产性收入。健全扩大就业增加劳动收入的发展环境和制度条件，促进机会公平。逐步提高最低工资标准，保障职工工资正常增长和支付。规范分配秩序，加强税收对收入分配的调节作用，有效调节过高收入，努力扭转城乡、区域、行业和社会成员之间收入差距扩大趋势。

总之，通过严格的制度和规范的机制，保证党同人民群众的紧密联系，这是党的优良传统和政治优势，也是我们在新世纪夺取社会主义现代化事业伟大胜利的根本保障。因此，越是改革开放，越是发展社会主义市场经济，越是要认真研究密切联系群众的制度建设问题。

（二）察实情、办实事、求实效

正确的认识只能来源于群众的实践，正确的决策只有变成群众的自觉行动才能实现。现在，有的领导干部高高在上，满足于发号施令，工作漂浮，不务实事；有的对党的决定敷衍应付，做表面文章；有的弄虚作假，报喜不报忧，听喜不听忧；有的精神不振，无所用心，不去了解基层情况，不关心群众的疾苦。这些不良作风，严重脱离群众，贻误党的事业，必须痛下决心加以改变，坚持做到突出一个“实”字，察实情、办实事、求实效。

1. 坚持调查研究是察实情、办实事、求实效的前提

“察实情”中的“实情”，就是客观的实际情况，这种“实情”是我们党制定和执行正确的路线方针政策的基本依据。“实情”虽然是不以人的意志为转移的，是明摆着的事实，但因为人们对“实情”需要认识，认识的程度如何决定着对“实情”的把握如何，这就使得“实情”在一定程度上会带有主观成分。因此，只有“察”才能得到“实情”。“察”得越真，“实情”就越“实”。为了“察实情”，党员领导干部就必须大力弘扬深入群众、深入基层、深入调查研究的优良传统，拿出更多的时间和精力到基层去、到一线去、到条件较差和情况复杂的地方去，到群众中去、到困难群体中去。

从当前来看，广大党员干部在群众工作中充分发扬调查研究的优良传统，做到了察实情、办实事、求实效，因而才能带领广大群众推进我国经济社会的快速发展，使人民生活从总体上进入到小康阶段。但是也不可否认，一些地方一些党员干部在这方面还存在不少问题。群众反映比较集中、比较突出的问题主要是以下几个方面：

一是形式主义。比如，爱做表面文章，不愿真抓实干，满足于当“传声筒”、做“中转站”，习惯以会议落实会议、以文件落实文件，工作中讲得多做得少、布置得多检查得少。再比如，贪图虚名，好大喜功，搞花架子，热衷于喊不切实际的空口号，搞劳民伤财的“形象工程”。形式主义是贯彻落实科学发展观的大敌。搞形式主义不但不能实现真正的发展，还会制造一种虚假的繁荣，误导社会公众，浪费人力物力，贻误发展机遇，导致推进科学发展的政策措施落空，严重妨碍和影响党和人民的事业。

二是官僚主义。首先是在对待人民群众上，缺乏真切情感和服务意识，不是深入基层、联系群众，而是高高在上、漠视群众，不关心群众疾苦，不帮助解决实际困难和问题，甚至不顾群众死活；其次是在对待实际工作上，缺乏事业心和责任心，不深入实际，不了解实情，敷衍塞责，推诿扯皮，甚至失职渎职。官僚主义的实质是背离党的宗旨、当官做老爷。官僚主义问题不除，就会严重危害党群干群关系，阻碍民生问题解决，使以人为本的科学发展、安全发展、和谐发展难以落实。

三是奢侈浪费。表现形式主要是讲排场、比阔气，超标准超编制配备小汽车，超标准建房、多占住房，修建豪华办公楼，用公款大吃大喝、出国（境）旅游、参加高消费娱乐活动等。奢侈浪费问题不仅造成物质上极大损失，而且败坏党风政风，带坏社会风气，不利于把有限的资金资源、财力物力用到促进科学发展上，不利于在新的发展阶段坚持和发扬艰苦奋斗精神。

上述问题产生的原因是多方面的。一是从主观方面来说，领导干部个人的思想观念、素质能力、党性修养、道德水平存在这样那样的问题，如理想信念动摇、宗旨意识淡薄、党性原则不强、政绩观扭曲等，这些是内因，表现在外就是作风问题。二是从客观方面来说，文化传统、社会环境、体制机制、利益关系等有着深刻影响，比如我们党长期执政的状况，容易使一些领导干部产生脱离群众等倾向；实行对外开放和发展市场经济，容易使一些人受到腐朽思想的侵蚀；长期追求经济发展速度的行为惯性和改变落后面貌的压力，容易产生急功近利思想等。三是从工作方面来说，作风教育不扎实、规章制度不健全、监督管理不严格、追究惩处不到位，导致一些作风建设的措施要求没有真正落到实处；符合科学发展观和正确政绩观要求的干部考核评价体系尚不健全，对领导干部作风正面导向作用发挥还不充分等。对领导干部作风方面的突出问题，必须全面分析、找准症结、把握规律，做到实事求是、积极应对、有效解决。

一是党员领导干部要坚持一般号召与个别指导结合、点面结合的工作方法。每年要拿出一定的时间，蹲点调查，解剖“麻雀”，从群众中汲取智慧和营养，推动面上的工作。要及时发现先进人物和先进典型，总结群众在现代化建设和改革开放中创造的新鲜经验，教育、鼓舞、引导群众前进。

二是县以上领导机关要根据各自的工作特点和实际需要，组织在职干部采取专题调查、解决突出问题、挂职锻炼等多种形式轮流下基层，并制定计划，形成制度，长期坚持。领导干部每年下基层的时间，由各地区、各部门根据实际情况确定，要特别注意到艰苦的地方、困难的地方和问题多的地方去。领导干部要在工人、农民、知识分子和其他群众中结交一些敢于反映真实情况的朋友。通过他们，可以听到群众的心里话，听到基层干部的呼声，发现处于萌芽状态的问题。

三是领导干部下基层，务必讲求实效，切忌形式主义。要真正和群众打成一片，以平等态度对待群众，甘当小学生，不许妄自尊大；深入了解真实情况，如实向上反映，不许弄虚作假；遇事同当地干部群众商量，多办实事，关心群众疾苦；宣传党的政策，做思想政治工作；不许用公款吃喝，不许收受礼物，不许增加基层和群众的负担。对群众正确的意见要虚心接受和采纳，能解决的问题要及时解决，对不同的意见要认真考虑，做不到的要据实说明，对不正确的意见也要作出解释并加以引导。不允许对群众的意见采取听而不闻、视而不见、文过饰非、敷衍塞责等错误态度，更不允许压制批评、打击报复。党组织要教育下基层的干部自觉遵守这些规定，并进行检查监督，对做得好的要表扬，对违反的要批评，情节严重的要严肃处理。对严重脱离群众，给工作造成重大损失，引起群众强烈不满的领导干部，要就地免职或给予纪律处分。

2. 坚持求真务实是察实情、办实事、求实效的根本

察实情、办实事、求实效，根本在一个“实”字，在求真务实。求真务实，是辩证唯物主义和历史唯物主义一以贯之的科学精神，是我们党的思想路线的核心内容，也是党的优良传统和共产党人应该具备的政治品格。要贯彻落实好“三个代表”重要思想和十六大精神，抓好发展这个党执政兴国的第一要务，落实全面、协调、可持续的发展观，实现经济持续快速协调健康发展和社会全面进步，要坚持立党为公、执政为民，保持党同人民群众的血肉联系，切实把最广大人民的根本利益维护好、实现好、发展好，切实做好新形势下的群众工作，都必须大力弘扬求真务实精神、大兴求真务实之风。越是形势好，越是群众加快发展的积极性高，越要坚持求真务实，越要保持清醒的头脑，越要坚持好的工作作风。全党同志都必须从进一步加强与群众在新形势下的血肉联系的战略高度，充分认识大力弘扬求真务实精神、大兴求真务实之风的极端重要性，一步一个脚印地做好工作，开创群众工作的新局面。

在党的群众工作中大力弘扬求真务实精神、大兴求真务实之风，关键是要引导全党同志特别是各级领导干部，不断增强为群众谋利益的实践能力。现在，有的党员干部抓工作习惯于搞“大呼隆”，重部署轻落实，重声势轻效果；有的急于求成，盲目赶进度，急于出成绩，违背规律抓落实，使一些工作成了“夹生饭”；有的甚至弄虚作假、欺上瞒下。这些问题的存在，不仅严重影响经济建设与科学发展，不利于实现、维护和发展人民群众的根本利益，也严重阻碍了领导干部自身能力素质的提高，助长了不良风气的滋长蔓延。领导干部能否在工作实践中真抓实干、求真务实，这是检验领导干部责任意识强弱的重要标志。我们党的共产主义最高理想和最终奋斗目标、中国人民建设中国特色社会主义共同理想的实现，说到底靠领导干部带领广大人民群众“干”、“真干”、“实干”；领导干部领导能力的提高，说到底也是要靠“干”、“真干”、“实干”。不干，半点马列主义也没有；不干，共产主义就绝不会实现；不干，干部的水平和能力也绝不会提高。因此，领导干部在工作实践中必须大兴求真务实之风，发扬求真务实精神；必须深入到群众生产和生活的基层寻找工作重点和难点，到工作落实的终端评判领导成效；必须以脚踏实地、扎扎实实的工作推动党和人民的事业发展。

办实事，为群众办实事、谋利益，是党密切联系群众的最佳途径，也是党做好群众工作的最有效办法。要引导广大党员干部特别是各级领导干部，紧密联系全面建成小康社会的实践，坚持讲实话、出实招、办实事、务实效，把工作的着力点真正放到研究解决改革发展稳定中的重大问题上，放到研究解决群众生产生活中的紧迫问题上，放到研究解决党的建设中的突出问题上，坚持以求真务实精神去抓落实，并在抓落实的实践中不断提高坚持求真务实、为群众谋利益的自觉性和坚定性。

3. 为人民群众谋利益是察实情、办实事、求实效的关键

广大党员干部要在群众工作中做到察实情、办实事、求实效，关键是坚持为人民群众谋利益，坚持以人为本，即谋划发展思路向人民群众问计，查找发展中的问题听人民群众意见，改进发展措施向人民群众请教，落实发展任务靠人民群众努力，衡量发展成效由人民群众评判。

第一，要树立为人民群众谋利益的责任意识。对“责任”二字，现代汉语词典中有两种解释，一是分内应当做的事，二是没有做好分内应做的事而应当承担的过失。这说明，责任不仅是应当做的分内事情，而且还是必须做好的分内事情，如果应当做的事情没有做或没有做好就是一种过失，就要为此有所担当。需要强调的是，我们履行责任，做好自己分内应当做的事情，这是一种义务，是一种天职。因此，任何人都不能以“我不怕承担过失”、“我勇于有所担当”为借口不履行责任，特别是党员领导干部尤其如此。因为领导干部手中掌握着党和人民赋予的权力，领导干部的责任，就是积极忠诚地为党工作，全心全意地为人民服务，如果一个领导干部没有很好地履行责任，那么其所造成的后果不仅是自己犯错误甚至是犯罪，而且危害到党的事业和人民的利益。

责任意识，就是努力干好自己分内事情的心情，通俗地讲就是对自己应当做的工作没有做、自己应当在一定时间内做完的工作没有按时完成、自己应当做好的工作没有做好而感到不安心、不甘心、不放心的一种心理状态。

因此，责任意识，反映人对自身所承担的分内工作的一种精神面貌、工作姿态、思想境界，也是我们每个人为了事业而奋斗的思想基础。责任意识增强了，就能不忘重托，牢记职责，把精力和情感倾注在事业和岗位上；就能在工作中尽心尽力，尽职尽责，忠于职守，奋发有为。作为中国共产党的领导干部，强烈的责任意识是其为党和人民事业奋斗的思想基础和必备的政治素质。因此，党员领导干部一定要牢固树立“责任重于泰山”的思想，以强烈的责任意识，把手中的权力视为对人民群众的责任，履行为人民谋利益的职责。

第二，要树立正确的政绩观。政绩观，就是对干部履行职责所取得的成绩和贡献的总看法，对政绩观的科学认识，是干部创造出经得起历史、实践和人民检验的政绩的基本前提。干部的政绩观正确与否，不仅关系到干部本身的成长进步，而且关系到一届班子、一支队伍、一个单位、一个部门建设的全局发展，甚至关系到老百姓的切身利益，关系到党和国家事业的兴旺发达。办实事、务实效、求实绩的政绩观，是各级领导干部必须树立的正确政绩观，是各级干部能够在实践中真正做出实绩的行动先导，也是各级干部乃至于我们党和政府得到人民群众支持和拥护的思想基础。在全面建成小康社会、加快推进社会主义现代化的新阶段，各级干部都必须在办实事、务实效、求实绩的政绩观指导下，结合当地的具体实际，抓住当地的比较优势，不断解放思想、开拓创新、多创政绩、多做贡献。

政绩，是干部德才素质在贯彻执行党的路线方针政策的实践中的具体体现，是干部在履行岗位职责中创造出来的、为广大群众所认可的成绩和贡献。因此，政绩，必须为广大群众所认可，这是对干部政绩在公众性方面的界定。就是说看一个干部的工作是不是政绩，不是干部本人说了算，也不是上级领导说了算，也不是少数群众说了算，而是要看广大群众是否认可。因为政绩是为了群众而做的，政绩是满足群众要求、实现群众利益的基础，同时，政绩不是干部的私有资本，而是人民群众的伟大创造。所以群众掌握着评判干部的工作有没有政绩、政绩大小的最终决定权。一个党员干部的政绩越大，就越能为群众带来实际好处，就越能让群众得到更多享受，就越拥有做好群众工作的资本。

第三，要提高为人民谋利益的实践能力。群众工作的关键在于全面增强群众工作本领，切实为人民群众谋利益。练就高强的实践能力，是党员干部做好群众工作的基本功。因为人民群众的利益不是空洞的口号，也不是抽象的概念，而是切实的可以看得见摸得着的实惠。这种实惠不是天上掉下来的，而是在实践中干出来的，是党员干部实践能力的具体体现。因此，从当前对领导干部为人民谋利益的实践能力的要求来看，主要应当提高如下几种能力。

一是科学决策能力。决策是领导者的主要职责。面对错综复杂的局面和瞬息万变的形势，领导干部要善于及时作出正确的决策。决策不及时就会贻误战机，决策不正确就会造成极大的浪费。改革开放以来，决策失误的教训已经很多，给人民利益造成的损失也不计其数。从大片大片的开发区开而不发，到一条一条生产线的重复引进，再到一个一个大项目成为烂尾，无不反映出当时当地领导干部决策能力上的欠缺，我们常说的“好心办坏事”就反映了领导干部决策能力的不强。因此，领导干部要有决策的魄力，通过科学的比较，全面的分析，进行权衡利弊得失，作出正确的决策。

二是贯彻执行能力。对于大多数领导干部来说，一方面，他们既要作决策，更要带领和引导广大群众实施决策、执行决策，而且在领导活动中，作决策可能只是领导干部一时的任务，但贯彻执行决策、落实决策则是要占用更多的时间和精力才能做好的工作。另一方面，无论哪个级别的领导干部，都要带领群众贯彻执行国家法律法规和上级的决议和决定。如果不能准确地理解上级的精神和意图，如果不能根据本地区、本部门、本单位的实际制定行之有效的方案和计划，如果贯彻执行的能力不强，就不可能将党和国家的路线方针政策变为群众的实际行动，就不可能使党和国家的为民惠民主张转化为现实的物质成果和精神财富，就不可能使人民群众享受到党和政府的关爱。我们常说的“歪嘴和尚把好经念歪了”就反映了一些领导干部贯彻执行能力的问题。

三是综合协调能力。作为领导干部，良好的协调能力是不可或缺的。要善于团结各种人，与其合作共事。一方面要有很好的感情因素，善于激发全局干部职工的热情，为着共同的目标团结奋斗，塑造单位强大的战斗力。另一方面要善于社会交往，使各种社会因素都能为本单位的工作开展服务，为本部门发展创造良好的外部条件。

四是处事应变能力。社会在不断的前进，我们所面临的环境也在不断的变化，领导干部不能抱定“以不变应万变”的心态去开展工作。因为世上没有一成不变的事物，也不存在一劳永逸的办法，光凭老经验和老办法是无法应付的。必须认真了解新情况，加以分析研究，审时度势，适时调整，争取最佳效果。

五是开拓创新能力。在事业发展的过程中，一味墨守成规是无法取得良好业绩的。推动、推动，如果领导干部仅仅具备推推才动的作风，也不能肩负起时代赋予的领导职责和任务。必须敢于突破，敢于创新。以大无畏的精神，在旧有的基础上不断推陈出新，闯出新道路，开辟新领域，促进事业不断发展。

六是学习思考能力。这也是领导干部所应具备的最基本的也是最重要的能力。领导干部素质的培养和提高，主要还在于自身的学习、实践能力。时代在前进，科学在发展，领导干部如果不通过加强学习提高自己的政治修养和能力素质，就跟不上时代的步伐，也做不好既有的工作。学习的方法有多种，最行之有效的方法还是理论联系实际。即不仅要从书本中学，更要从实践中学。领导干部一定要深入实际，在实践中加深对理论知识的理解，在实践的过程中用理论去研究、分析和总结，总结出适合自己的行之有效的方法，指导自己的行为，不断锻炼自己，提高自己。

（三）适应不断发展的新形势不断进行方法创新

方法是达到目的的途径和手段。做好群众工作，必须在坚持已有的行之有效的科学方法的基础上，不断进行方法创新，以适应不断发展的新形势的需要。

1. 调查研究方法

调查研究是非常重要的工作方法之一，在党的群众工作中，正确运用调查研究的工作方法，是实现党的正确领导的前提和基础。各级领导干部必须重视调查研究，掌握正确的调查研究方法，深入实际，切实了解真实情况，从实际出发，制定政策，指导工作。

第一，调查研究既是我们党的一个传统的工作方法，又是我们党永恒的工作方法。所谓调查研究，是指对客观实际情况的真实了解和分析研究，是马克思主义的认识方法和实际工作方法。所谓调查研究工作方法，就是指想问题、办事情，必须深入实地进行调查了解，掌握第一手真实材料，并对所调查了解的材料进行去粗取精、去伪存真、由表及里、由此及彼的研究，以掌握事物的内在规律性，并把这种规律性运用到实际工作之中的方法。

调查研究工作方法的理论基础，是辩证唯物主义的认识论。毛泽东曾把辩证唯物主义认识论运用到中国革命的实际，对调查研究作了精辟的分析，指出：没有调查，就没有发言权。调查就像“十月怀胎”，解决问题就像“一朝分娩”。调查就是解决问题。在这个思想指导下，形成了中国共产党的注重调查研究的优良传统。历史证明，任何一级领导机关和领导者，在领导工作中，只有通过实际调查，占有丰富的第一手资料，并经过“去粗取精，去伪存真，由此及彼，由表及里”的加工制作功夫，才能由感性认识上升到理性认识，掌握事物的发展规律，制定出正确的路线、方针、政策，用来指导实践，并在实践中检验和发展这些认识。

第二，调查研究工作方法的意义。首先，调查研究是马克思主义辩证唯物主义认识论在党的实际工作中的具体运用，也是防止主观主义、教条主义和官僚主义的有效方法。在社会主义现代化建设的新时期，新情况、新问题层出不穷，各级干部更要大兴调查研究之风，深入实际，了解情况，研究问题，找出切实可行的解决问题的办法。历史经验证明，坚持实事求是，调查研究，就能正确分析和估量形势，制定出正确的路线、方针、政策，保证革命、建设和发展的不断顺利发展；反之，如果不进行深入的调查研究，单凭个人或少数人的主观意志行事，党的路线、方针、政策就会发生失误，党的工作就会出现偏差。其次，调查研究是做好领导工作的前提。它不仅是所有社会管理者的基本功，而且是各级干部的基本职责和主要领导方法。

第三，调查研究的基本原则。调查研究有其内在的规律和要求，每一调查研究过程和行动都有其特定的任务和目标，要想使调查研究达到为决策服务、为管理服务、为加速社会主义现代化建设服务的目的，就必须坚持正确的原则。一是坚持不唯书、不唯上、只唯实的原则。唯物主义认为，物质世界及其规律都是客观的，是不以人的意志为转移的，调查研究就是为了揭示客观的物质世界及其规律，用来指导实际工作。这就决定了调查研究必须从实际出发，从事物本身的发展中去寻找规律，而不能凭主观想象，凭领导的意图或者凭书本上的条条。二是与群众交朋友的原则。在实践中常常有这样的事情，有的领导干部在工作，善于走上层路线，而不愿意与身边的老百姓交谈，更不愿意深入到老百姓之中去调查研究，结果造成与群众知面不知心，群众想什么，急什么，盼什么，领导心里并不清楚。因而在领导工作中，往往不能和群众想到一起，在布置基层工作时，往往受到阻力，给工作造成不利影响，甚至造成与群众心理上的隔阂，在某种情况下还可能激化矛盾。三是坚持不可先入为主的原则。因为调查研究本身是要从实际出发，揭示客观事物本来的真实面目和内在规律性，所以在调查研究之前，就不能把自己的主观意见先入为主，现实当中，常常有一些人或者是把领导的意图，或者是把书本上的知识当作不可更改的固定结论或者是把自己主观臆想的结论带进调查研究的过程，这种先入为主的做法，把调查研究的过程不是当作发现事物内在问题和规律的过程，而是为先入为主的结论寻找材料、搜集证据的过程，必然要影响调查研究的真实结果。四是坚持充分占有材料的原则。在调查研究的实际工作中，必须掌握全面系统的材料，这是贯彻实事求是原则的具体体现。如果我们的调查研究材料不系统、不全面，就难免以偏概全，作出错误结论。

第四，调查研究的具体方法。调查研究的具体方法很多，要根据调查研究内容和任务的不同，正确地选择有利于完成调查研究任务的方法。从大的方面来说，可以分为调查方法和研究方法。在调查方法中包含着访问法、座谈法、问卷法、文献法等，在研究方法中包含着定量方法、定性方法等。当然，调查研究方法的分类只是相对的，而在调查研究的实践中往往是调查方法和研究方法互相渗透、相互联系，需要共同使用。如果在调查当中不研究，就无法确定调查的范围，抓住调查的中心，选择正确的调查方法；如果在研究当中不调查，就无法把研究引向深入，就无法得出正确的结论。

2. 群众路线方法

群众路线，是我们党的根本工作路线和根本工作方法，是实现党的政治路线、思想路线和组织路线的重要保证。对于群众路线的科学内涵，我们党高度概括为：一切为了群众，一切依靠群众，从群众中来，到群众中去。“一切为了群众”，是群众路线的基本出发点和归宿，它集中体现了党的全心全意为人民服务的根本宗旨和我国人民民主政权的根本性质。“一切依靠群众”，是群众路线的基本要求，它强调了党和一切工作只有紧密地依靠群众，依靠群众的智慧和力量、信任和支持，才能完成党的任务，实现党的宗旨。“从群众中来，到群众中去”，是群众路线的具体实施过程，只有从群众中来，到群众中去，才能把群众路线在实践中得以贯彻落实。因此，群众路线的“一切为了群众，一切依靠群众，从群众中来，到群众中去”，这四句话是一个完整的整体，必须完整地把握、准确地理解、全面地实践。坚持群众路线方法必须做到：

第一，树立马克思主义权力观，正确运用手中的权力。在党的组织体系中，从中央到基层，都掌握着一定的权力。权力不论大小，用好了就能办好事，就能得到群众的支持和拥护，就能给群众带来利益，推动国家的发展；而用错了就必然办坏事，就会遭到人民群众的反对，就会损害群众的利益，影响国家的进步。因此，对权力必须谨慎运用、正确运用。而权力能否正确的运用关键在于有没有正确的权力观。我国是共产党领导下的人民民主专政的社会主义国家，人民是国家的主人，是一切权力的所有者，我们的各级干部都是人民群众推选、受人民群众委托、代表人民群众来行使权力的。因此，各级干部手中的权力是人民赋予的，权力的运用只能而且必须体现人民的意志和愿望，做到掌权为民，用权为民，而不能掌权为己，以权谋私。这是马克思主义的权力观，也是各级权力机关和权力掌握者的用权准则。可以说，对于马克思主义的权力观，无人怀疑它的正确性和真理性，但是在实践中，人们却经常看到权力使用的不正常现象。这虽然是由多种原因造成的，但最根本的原因是掌权者的权力观错位所致。只有坚持正确的权力观，为更好地贯彻党的群众路线的工作方法奠定思想理论基础。

树立正确的权力观，就要强化领导就是服务的观念。“领导就是服务”，是邓小平提出来的，意在强调干部与群众之间的领导与被领导的关系，实质上是服务与被服务的关系。领导的职位决定了领导者必须为人民服务，领导者手中的权力是为人民服务的工具，为群众服务是对领导者的一种职责约束和岗位要求。党的干部在具体的工作中，对广大群众也有一种领导关系，也有一种为群众服务的任务，也需要把对广大群众的领导寓于为群众服务的过程之中，以为群众服务作为实现领导群众的根本方法。党的干部不能把为群众服务看成是个人权力的体现，个人对群众的恩赐，而是党的性质的要求，公共权力的必然。实践也证明，党的干部只有为群众服务，才能得到群众的信任和拥护，才能顺利实现对群众的领导。因此，党员干部必须当好人民的公仆，做到廉洁奉公，勤政为民。

第二，依靠群众、教育群众、引导群众前进。党的任务决不是反映群众的一般情绪，而是引导群众前进。我们党历来既反对“群众落后论”，又反对“自发论”；既反对对群众的“命令主义”，又反对落在群众后面的“尾巴主义”。因为：命令主义超过了群众的觉悟程度，违反了群众的自愿原则，害了急性病。而尾巴主义落后于群众的觉悟程度，违反了领导群众前进一步的原则，害了慢性病。所以，党要相信群众，依靠群众，凡属正确的群众意见，党必须依据情况，领导群众，加以实现；而对人民群众中发生的不正确意见，则必须教育群众，加以改正。因为群众不愿意干的事情，我们硬要领导他们去干，其结果必然失败。当群众要求前进的时候，我们不前进，反而反对群众前进，同样会脱离群众，会失败。因此，运用群众路线的领导方法和工作方法，就必须坚持一方面要相信群众、依靠群众，支持群众的首创精神和创造性活动，另一方面又要教育群众、引导群众前进，帮助群众克服对某些问题上的疑虑、困惑，特别是要克服群众中存在的不正确的思想观点，以把群众的思想集中到党的路线方针政策上，把群众的力量凝聚到贯彻党的路线方针政策上，以实现本单位的各项任务，推动经济的发展和社会的进步。

第三，坚持对党负责与对人民负责、对上负责与对下负责的一致性。从根本上说，对党负责与对人民负责、对上负责和对下负责是完全一致的。二者的一致性主要在党和人民利益的一致性上。但是，由于种种原因，实践中有时也会出现党的利益与群众利益，特别是与群众的局部利益、眼前利益不一致的情况。此时，能不能按照党的宗旨的要求，从人民群众的根本利益出发，把对人民群众负责放在首位，这是考验党的干部能不能坚持对党负责与对人民负责的一致性的关键时刻。当遇到这种情况时，党员干部应冷静分析产生不一致的具体原因，采取不同的方法解决矛盾，寻求二者的最佳结合点。如果是因为上级领导机关的指示、决策不符合实际，损害了群众利益所致，党员干部就要以对人民负责的精神，及时向上级领导机关提出意见和建议，要求上级改正，而不能从个人利益出发，盲目执行错误决策。如果是群众对体现人民群众长远利益的上级领导机关的正确决策暂不理解所致，党员干部就要努力寻找出将群众的长远利益与眼前利益相结合的具体办法，同时积极向群众做深入细致的思想政治工作，以提高群众的觉悟，使群众突破自己眼前利益的束缚，以更大的胸怀和更远的眼界去理解上级领导机关的决策，保证上级领导机关正确决策的实现。在实践中，既要反对片面强调对上级负责而无视群众利益的倾向，也要反对片面强调对群众负责而无视党和国家的路线方针政策及法律法规，搞上有政策，下有对策。

第四，坚持从群众中来，到群众中去。在具体的工作中，坚持从群众中来，到群众中去，这是运用群众路线工作方法的基本点。就是说党员干部在对某一问题作出决定的前后，都要在群众中做大量的工作，如决定什么问题、作出什么决定，决定作出后如何落实决定，等等，都是建立在群众意愿的基础上，都要在群众中进行广泛深入的调查研究。当然从群众中来，并不是群众意见的简单堆积，而是要对群众反映的问题和意见进行整理、分析、概括，从中筛选出代表多数群众根本利益的正确意见，作出正确的决定。到群众中去也不是把党组织作出的决定给群众一公布就万事大吉，而是要把支部的决定广泛深入地宣传到群众之中，向群众讲清楚作出这种决定的目的，执行这一决定的意义、方法和所要达到的结果，以使群众充分认识到这一决定与自己的关系，还要积极带领和认真组织群众执行支部决定，及时发现群众在执行决定实践中的新情况、新问题，并采取有效的措施解决新问题，还要及时总结群众执行决定的实践中的新办法和新经验，不断增强党的战斗力。

3. 推进发展方法

群众工作中的许多问题特别是难题，往往都与发展的不足有关。因此，我们党的几代领导人一直反复强调“发展是硬道理”，“发展是党执政兴国的第一要务”，“发展是第一要义”。只有不断发展，才能创造出越来越丰富的物质、文化财富，为满足人民群众的各方面利益奠定基础。因此，做好群众工作，必须坚持用科学发展观统领各项工作，推进经济社会又好又快发展的方法。

第一，以科学发展观指导经济建设，促进经济平稳较快发展。经济发展是一切发展的物质基础，经济利益是人民群众利益的基础。把科学发展观贯彻到群众工作之中，最为重要的就是坚定不移地坚持以经济建设为中心，推动国民经济平稳较快地发展，为政治发展、文化发展、社会发展以及人本身的发展提供丰富的物质条件。促进国民经济平稳较快发展，在我国当前的基本国情和现实状况下，关键是加快转变经济发展方式，增强发展的协调性，彻底改变“高投入、高消耗、高排放、不协调、难循环、低效率”的问题。坚持以信息化带动工业化，以工业化促进信息化，走出一条科技含量高、经济效益好、资源消耗低、环境污染少、人力资源优势得到充分发挥的新型工业化道路。继续把“三农”作为全面建成小康社会的重点和难点，从根本上扭转城乡差别不断拉大的趋势，让改革的成果惠及广大人民群众。

第二，以科学发展观为指导进行政治建设，坚定不移地发展社会主义民主政治。人民民主是社会主义的生命。发展社会主义民主政治是我们党始终不渝的奋斗目标。改革开放以来，我们积极稳妥推进政治体制改革，我国社会主义民主政治展现出更加旺盛的生命力。今后，发展社会主义民主政治的总体要求是，坚持中国特色社会主义政治发展道路，探索中国特色社会主义政治模式，坚持党的领导、人民当家作主、依法治国有机统一，不断推进社会主义政治制度自我完善和发展。发展社会主义民主政治，必须进一步扩大人民民主，保证人民当家作主。要健全民主制度，丰富民主形式，拓宽民主渠道，依法实行民主选举、民主决策、民主管理、民主监督，保障人民的知情权、参与权、表达权、监督权。要保障人民享有更多更切实的民主权利，从各个层次、各个领域扩大公民有序政治参与，动员和组织人民依法管理国家事务和社会事务、管理经济和文化事业。

第三，以科学发展观为指导进行文化建设，推动社会主义文化大发展大繁荣。当今时代，文化越来越成为民族凝聚力和创造力的重要源泉、越来越成为综合国力竞争的重要因素，丰富精神文化生活越来越成为我国人民的热切愿望。要坚持社会主义先进文化前进方向，兴起社会主义文化建设新高潮，激发全民族文化创造活力，提高国家文化软实力，使人民基本文化权益得到更好保障，使社会文化生活更加丰富多彩，使人民精神风貌更加昂扬向上。因此，必须推动社会主义文化大发展大繁荣。推动社会主义文化大发展大繁荣，必须着力加强以马克思主义指导思想、中国特色社会主义共同理想、以爱国主义为核心的民族精神和以改革创新为核心的时代精神、社会主义荣辱观为主要内容的社会主义核心价值体系建设，增强社会主义意识形态的吸引力和凝聚力。加强建设和谐文化，培育文明风尚，发挥文化对经济和社会发展的巨大内驱力，为社会主义现代化建设提供精神动力、思想保证、舆论支持和文化条件。弘扬中华文化，建设中华民族共有精神家园，特别要发扬以爱国主义为核心的团结统一、爱好和平、勤劳勇敢、自强不息的伟大民族精神和以改革创新为核心的解放思想、积极开拓、奋力改革、勇于创新、与时俱进的时代精神。推进文化创新，增强文化发展活力，在时代的高起点上推动文化内容形式、体制机制、传播手段创新，解放和发展文化生产力，提高国家文化软实力，为人民提供更加丰富的文化产品，保障人民文化权益，不断满足人民的精神文化需要。

第四，以科学发展观为指导进行社会建设，加快推进以改善民生为重点的社会建设。社会建设与人民幸福安康息息相关。改革开放以来，我国经济获得了前所未有的大发展，但是社会建设严重滞后。因此，必须在经济发展的基础上，更加注重社会建设，着力保障和改善民生，推进社会体制改革，扩大公共服务，完善社会管理，促进社会公平正义，努力使全体人民学有所教、劳有所得、病有所医、老有所养、住有所居，推动建设和谐社会。

第五，以科学发展观为指导进行生态环境建设，努力建设资源节约型、环境友好型社会。加强能源资源节约和生态环境保护，建设资源节约型、环境友好型社会，增强可持续发展能力，是贯彻落实科学发展观的战略部署，是统筹人与自然和谐发展和促进可持续发展的重大举措，是实现节约发展、清洁发展、安全发展的重要任务。然而，从我国的现实来看，我国人口众多，人均资源占有量少，正处在工业化、城镇化、市场化、国际化程度不断提高的发展阶段，面临很大的资源环境压力。特别是改革开放以来，我国经济发展取得了举世瞩目的成就，但由于经济增长基本建立在高投入、高消耗、高污染的传统发展模式上，一些地区以牺牲环境为代价实现经济增长，出现了比较严重的环境污染和生态破坏，能源、水、土地、矿产等资源不足的矛盾越来越尖锐，资源利用、环境保护面临的压力越来越大。在今后的发展中，必须充分考虑人口承载力、资源支撑力、生态环境承受力，正确处理经济发展与人口、资源、环境的关系，统筹考虑当前发展和长远发展的需要，不断提高发展的质量和效益，走生产发展、生活富裕、生态良好的文明发展道路，保证我国经济、社会、人口的永续发展。

4. 说服教育、示范引导和提供服务方法

领导干部与一般群众的区别体现在多个方面，但最主要的就是在群众工作中，领导要善于对群众进行说服教育、示范引导和提供服务。

第一，领导干部要善于对群众进行说服教育。这是做群众工作的基础。任何工作都需要有人参加，都需要人来做，党的每一项工作也离不开党员、群众的支持和参与。全局工作是符合和代表群众的长远利益、根本利益的工作，是能够得到多数群众支持的。但在某一特定时期，全局工作又可能同群众的眼前利益发生矛盾，这时党员干部就要对群众开展细致的思想工作，进行说服和教育，使多数群众理解全局、支持全局、积极地参与全局工作。要从群众的实际水平出发，保持和广大群众的联系，照顾多数群众的利益，而不能仅仅依靠少数先进分子，置群众利益而不顾盲目前进。任何领导机关在决定问题时，要同广大群众商量，绝对禁止党委少数人不做调查，不同群众商量，关在房子里，做出害死人的主观主义的所谓政策。

第二，领导干部要善于以身作则。这是做好群众工作的关键。清代郑板桥曾在《潍县署中画竹呈年伯包大中丞括》一诗中写道："衙斋卧听萧萧竹，疑是民间疾苦声；些小吾曹州县吏，一枝一叶总关情。"作为封建官吏的郑板桥都有如此的心连民间、情系百姓的一片深情，我们共产党的干部更应当在联系群众、为民谋利方面以身作则，做心系群众、服务人民的表率。因为：能不能真心实意地为人民群众谋利益，这是衡量领导干部作风的试金石。我们党的根基在人民、血脉在人民、力量在人民，只有始终保持党同人民群众的血肉联系，我们党才能无往而不胜。作为领导干部，职务越高，越要注意同人民群众保持密切联系，越要时刻注意从人民群众中汲取智慧和力量。各级领导干部要牢固树立马克思主义的群众观点，始终摆正自己和人民群众的位置，做到在任何时候任何情况下与人民群众同呼吸共命运的立场不能变，全心全意为人民服务的宗旨不能忘，坚信人民群众是真正英雄的历史唯物主义观点不能丢。在当前各类社会矛盾显现的新形势下，各级领导干部要高度关注民生，下大气力解决好群众反映强烈的突出问题，下大气力做好关系群众生产生活的各项工作，多办顺应民意、化解民忧、为民谋利的实事，让人民群众共享改革发展的成果。要心中装着群众，始终想着群众，特别要关心那些困难群众的疾苦，用我们的实际行动践行立党为公、执政为民的宗旨。老百姓在我们心目中有多重的分量，我们在老百姓的心目中就有多重的分量。要用我们的努力密切党群干群关系，巩固党的执政基础。

第三，领导干部要善于为群众提供服务。这是做好群众工作的根本。领导干部善于为群众提供服务，重要的是进一步增强公仆意识，要时刻牢记除了当好人民的公仆以外没有任何权力。因此，一要对群众有深厚的感情。人民公仆，出身于人民当中，来自于人民，自然应想民之所想、急民之所急，以身作则，责无旁贷。主动关心群众，把人民的安危冷暖真实放在心里，才能全心全意为人民服务。作为人民公仆，只有严格要求自己、率先垂范，给群众作出榜样，才能宣传群众、组织群众、发动群众、带领群众，才能用真心、动真情、使真力去为人民服务。二要用好手中的权力。人民公仆，手握的公权力实由人民所赋予，并应依法为了人民利益而行使相应的权力和义务，严格履行分内的职责。做到不是自己的东西不能贪，不该自己插手的事务不要管，各司其职、各尽其责。掌权要以符合人民的意志、利益为标准，自觉接受人民群众的监督。权力意味着义务和责任，权力大了，更要秉公用权，更要公平公正。要摆正"公仆"与"主人"的位置，党员干部是公仆，人民群众是主人，只有对党和人民事业高度负责，依法行使职权，诚心为群众提供服务，才能赢得人民群众的拥护和爱戴。

5. 总结经验、吸收借鉴方法

从总结经验的必要性或目的来看，其表现在三个方面。一是只有对典型经验的总结，才能坚持对的、加快前进。时代在进步，形势在发展，人民群众的要求也在变化，如何做好新形势下的群众工作以及党的各项工作，就必须在实践中大胆探索，把其中成功的做法作为经验加以总结，以便在今后的实践中，坚持好的、对的，实现更快发展，从更高的程度上满足群众的要求。二是只有对典型经验的总结，才能改正错误、稳步前进。一方面，在不断发展变化的新的历史条件下的新的实践，不可能一帆风顺，不可能没有困难，不可能不出问题，甚至会出现一些失误或错误。另一方面，就党的领导干部来说，对于全新实践的认识也需要有一个过程；就党的群众工作本身来说，其内在规律有一个显露的过程。在这个过程中，工作上出现一些问题或失误，是很正常的现象。那么怎样才能尽量减少失误、及时发现失误和纠正失误、在今后的工作中避免失误呢？最有效的办法，就是总结经验教训。通过总结经验教训，及时纠正不妥当的地方，才不至于小错误变成大错误，把损失降到最低限度。三是只有对典型经验的总结，才能解决新问题、继续前进。总结经验的过程就是解决新问题的过程。特别是对于我们党来说，当前所从事的改革开放伟大事业，是一场全新的革命，出现新问题、解决新问题也就成了改革全过程中的一个永恒的主题和任务。而每一个新问题的解决，都会在改革的理论和实践的发展中起到巨大的推动作用，从而使改革继续前进。这其中的每一步对新问题的解决，都成为我国改革开放继续前进的新的起点。可见，总结经验对于大到一个党，小到党的一个支部，都是非常必要的，必须高度重视。

6. 一般号召和具体指导相结合的方法

群众工作，不是对某一个人的工作，而是一种宏观的、面上的工作，必须在广大群众中进行一般号召。通过一般号召，让广大群众人人知晓党的路线方针政策，知晓我们要做的工作是什么，为什么要做这样的工作，应当怎样做好工作，从而广泛发动、形成声势创造氛围。同时，党的群众工作不只是一般号召，而要具体地去做，是每个群众都要参与的实际行动。但因为群众的各方面具体条件不同，工作的效果将会有所区别。因此，就需要坚持具体情况具体分析，对群众个体进行具体指导。所以在群众工作中，把一般号召与具体指导结合起来，不失为一种重要的工作方法。

第一，一般号召要提高典型经验的权威性。因为典型经验虽然具有普遍的指导意义，但仍然是就个别事物或现象而言的，否则就不能称其为典型。所以要使典型经验发挥经验的功能和作用，就要提高典型经验的权威性，如党组织可以作出《关于推广××××经验的决定》，这就使典型经验不再是具有个别意义的、可学可不学的典型经验，而是成了所辖范围内的各个组织和人员必须学习的典型经验，有利于经验的推广。

要通过各种方式宣传典型经验，增强典型经验的影响力、知名度和美誉度。有权威性的典型经验，一般都是以文件、决定等形式出现的。如果把这样的文件、决定束之高阁，只是写在纸上，锁到抽屉里，不能起到任何作用，所以要利用各种形式，如开会、参观、广播、电视、演讲等，大力宣传典型经验，使典型经验家喻户晓、人人皆知，使群众了解和掌握典型经验，并且使群众认识到，学习典型经验，就可以得到认可，是一件光荣的事情，从而为在实际行动上运用典型经验奠定基础。

要充分预测典型经验在推广中可能遇到的问题和困难，并采取有效的措施加以解决和预防。这样才能在一旦出现某些问题和困难的时候，不至于使党员干部六神无主、惊慌失措，给经验推广工作造成不必要的不利影响。

通过这种一般号召的方法，可以使典型经验在面上加以推广，但这只是浅层次的，如何使经验推广工作做得更加深入，在实践中使经验产生更加深远的效果呢？就要在一般号召的基础上，进行具体指导。

第二，具体指导要注重“具体”。党组织在推广典型经验中的具体指导，要体现出“具体”二字的含义。一是要坚持具体情况具体分析，防止对典型经验的生搬硬套。这就要认真分析典型经验的基本特点、学习典型经验地区各方面的具体情况，从而给予具体的指导。二是要继续关注原有的典型经验，为典型经验的新发展多提供思路、多给予指导、多进行帮助，使其产生更新的经验和更大影响力。

八、贯彻好“照镜子、正衣冠、洗洗澡、治治病”的总要求

群众路线是永葆党的青春活力和战斗力的重要传家宝，必须做到教育和实践两手抓，使马克思主义群众观点深深植根于思想中、真正落实到行动上。理想信念是共产党人的精神之“钙”，必须加强思想政治建设，解决好世界观、人生观、价值观这个“总开关”问题。①

——习近平

在实践中把马克思主义群众观点和党的群众路线落实好，克服党员、干部中存在作风上的突出问题，进一步密切党与人民群众的血肉联系，党员、干部自律是关键。基层党员干部要在第二批教育实践活动中以自我净化、自我完善、自我革新、自我提高为着眼点，贯彻好“照镜子、正衣冠、洗洗澡、治治病”的总要求。

（一）以党员干部自我净化、自我完善、自我革新、自我提高为着眼点

习近平同志在党的群众路线教育实践活动工作会议上，特别强调要着眼于党员干部“自我净化、自我完善、自我革新、自我提高”。党员、干部要深刻理解这“四个自我”的科学内涵，努力做落实“四个自我”的模范。

1. 准确把握“四个自我”的科学内涵

社会的复杂性决定了党员、干部内在心态和外在行为的复杂性，其中一般说来总是正确的与错误的、健康的与颓废的、阳光的与阴暗的同时并存，

① 摘自2014年1月20日习近平在党的群众路线教育实践活动第一批总结暨第二批部署会议上发表的重要讲话。

只不过多与少的区别、哪些占上风的区别、自我克制力强弱的区别，归根到底也就是党员、干部自我净化、自我完善、自我革新、自我提高能力的区别。因此，提高这“四个自我”的能力，就能从根本上增强党员、干部坚持马克思主义群众观点和党的群众路线的自觉性。

增强自我净化能力，永葆共产党人的政治本色。增强自我净化能力，必须经常自我反省，加强党性修养。曾子曰：“吾日三省吾身”，党员、干部更应当经常解剖自己的世界观、人生观、价值观是否受到非无产阶级思想的影响，时刻检查自己的思想、道德、作风是否纯洁，是否受到不良风气的污染，经常查找自身存在的不符合党和人民利益要求的缺点不足。通过自我净化，牢固树立共产主义世界观和人生观，忠实践行全心全意为人民服务的宗旨，自觉清除思想上的灰尘杂质和心灵上的污垢，做到不为私心所扰、不为名利所累、不为物欲所惑，堂堂正正做人、清清白白做事、老老实实做官，保持政治坚定、作风优良、纪律严明、勤政为民、清正廉洁。

增强自我完善能力，塑造共产党人的优秀品质。增强自我完善能力，必须加强学习、积极实践。学习和实践，是文明传承之途、人生成长之梯、国家兴盛之要，是丰富共产党人精神家园，保持优良作风的重要途径。党员干部要履行好义务，尽好职责，首要的就是用党的创新理论武装头脑，达到在理论水平上高于人，在政治敏锐性上强于人，作风建设上优于人。特别是在当今科技进步日新月异、知识更新空前加快的时代，我们更要有知识恐慌的危机感，真正把学习和实践作为一种使命、一种职责、一种终身追求来对待，强化终身学习理念，以加强思想品德修养、培养健康的生活情趣、保持高尚的精神追求，从理论和政治上完善自我。在全面建成小康社会、实现社会主义现代化和中华民族伟大复兴的艰巨而伟大的事业面前，党员、干部要有一种本领恐慌感的危机感，勇于实践锻炼，善于总结经验，提高分析问题、解决问题的水平，在增强为人民服务能力方面完善自我。

增强自我革新能力，彰显共产党人的先进品质。增强自我革新能力，必须用先进的理论武装自己，进一步解放思想，更新观念，坚持用马克思主义特别是发展着的马克思主义最新成果的立场、观点和方法武装头脑、指导实践，自觉地把思想从一些不合时宜的观念、做法和体系中解放出来，从对马克思主义的错误和教条式的理解中解放出来，从主观和形而上学的桎梏中解放出来。只有这样，才能使自己站在改革的前沿，勇立潮头，开拓进取，创造性地抓好工作落实，在本职工作岗位上创造一流的业绩，让自己的才华充分展现，让广大群众得到实惠。

增强自我提高能力，坚守共产党人的精神家园。增强自我提高能力，必须提升思想境界，自觉把共产主义远大理想同实现党在现阶段的历史任务结合起来，坚定对中国特色社会主义的理论自信、道路自信和制度自信，始终保持政治上的清醒和坚定，在思想和行动上始终与中央保持高度一致，不断提升从政道德水平。必须提高工作能力，牢固树立正确的权力观、地位观、利益观和事业观、价值观、政绩观，克服好大喜功、急功近利、弄虚作假、心浮气躁等不良风气，坚持求真务实、干事创业，坚持按客观规律办事，把爱党爱国爱民的高尚情操体现在经得起历史、人民和实践检验的政绩中，把以人为本、执政为民的理念贯彻到为群众办实事、解难事、做好事的实践中，把全心全意为人民服务的宗旨贯彻到恪尽职守、秉公用权的行动中，做到有权不搞特权、掌权不谋私利，用权一心为公。

2. 深刻认识“四个自我”具有很强的现实针对性

增强党员、干部自我净化、自我完善、自我革新、自我提高能力，具有很强的现实针对性。当前，党的队伍总体是好的，党的建设成就是巨大的。主要表现在：党的执政能力建设和先进性建设继续推进，思想理论建设成效明显，学习实践科学发展观活动取得重要成果，党的建设改革创新迈出重要步伐。党内民主进一步扩大。干部队伍建设取得重要进展，人才工作开创新局面。创先争优活动和学习型党组织建设深入进行，基层党组织不断加强。党风廉政建设和反腐败斗争取得新成效。但是，党内也存在着一些问题，有些问题还带有一定的普遍性，有些问题比较突出。如一些干部领导科学发展能力不强，一些基层党组织软弱涣散，少数党员干部理想信念动摇、宗旨意识淡薄，形式主义、官僚主义问题突出，奢侈浪费现象严重；一些领域消极腐败现象易发多发，反腐败斗争形势依然严峻。这就表明，新形势下，党面临的执政考验、改革开放考验、市场经济考验、外部环境考验是长期的、复杂的、严峻的。精神懈怠危险、能力不足危险、脱离群众危险、消极腐败危险更加尖锐地摆在全党面前。不断提高党的领导水平和执政水平、提高拒腐防变和抵御风险能力，是党巩固执政地位、实现执政使命必须解决好的重大课题。增强党的自我净化、自我完善、自我革新、自我提高能力，十分重要。

3. 把树立正确的世界观、权力观、事业观作为实现“四个自我”的根本

领导干部是党的事业的中坚，是党员群众心目中的榜样，领导干部树立了正确的世界观、权力观和事业观，才能推动党的事业，才能为群众作出表率。树立正确的世界观，就是要树立马克思主义的辩证唯物主义和历史唯物主义世界观，就是要坚持解放思想、实事求是的思想路线，就是要坚持把人民群众放在心中最高的位置。树立正确的权力观，就是要树立权力来源于法律、来源于人民，因此要掌权为公，用权为民的观念。就是要树立权力受法律约束的观念，把权力的行使严格界定在法律的范围内的观念。就是要树立滥用权力应负法律责任的观念，真正认识到一切在法律范围之外滥用权力行为都必然要受法律的追究，负相关的法律责任的观念。各级领导干部只有树立正确的权力观，才能真正坚持立党为公、执政为民，用人民赋予的权力为人民谋利益；才能坚决反对权力滥用、以权谋私、权钱交易、权权交易、权色交易、争权夺利、玩弄权术等等不良作风。树立正确的事业观，就是要把全面建成小康社会、建设中国特色社会主义作为自己的事业追求，就是要把实现社会主义现代化、实现中华民族的伟大复兴作为自己的目标理想，就是要把在工作岗位上争创佳绩、多做贡献作为自己的价值体现。

（二）以“照镜子、正衣冠、洗洗澡、治治病”为总要求

“照镜子、正衣冠、洗洗澡、治治病”这十二个字，是习近平同志在党的群众路线教育实践活动工作会议上的重要讲话中提出的开展教育实践活动的总要求。这个总要求，既形象又深刻，既有理论内涵又便于实践操作，解决了应当如何在党内开展党的群众路线教育实践活动的重大问题，为增强教育实践活动的成效指明了路径和方法。

1. 通过“照镜子”认识自我

照镜子，是认识自我的基本方法。照镜子的目的就是要看看自己是否漂亮，哪里还有瑕疵需要修正，哪里还不干净需要清洗，使自己以衣着干净整洁、装饰得体大方的良好形象出现在公众面前。在开展党的群众路线教育实践活动中，“照镜子”也很重要。所谓照镜子，习近平总书记在党的群众路线教育实践活动工作会议上的讲话讲得很清楚，指出：“照镜子，主要是以党章为镜，对照党的纪律、群众期盼、先进典型，对照改进作风要求，在宗旨意识、工作作风、廉洁自律上摆问题、找差距、明方向。”简短的语言，道出了什么是“镜子”以及“照镜子”的目的。

认真学习和落实党章。党章是党的总章程，集中体现了党的性质和宗旨、党的理论和路线方针政策、党的重要主张，规定了党的重要制度和体制机制，是全党必须共同遵守的根本行为规范。广大党员、干部特别是领导干部要把能否认真学习党章、自觉遵守党章、坚决维护党章作为衡量自己意识强弱的一个重要标志。认真学习党章，就要全面掌握党章基本内容，对党的性质、宗旨、指导思想、奋斗纲领和重大方针政策，对党员权利和义务，对

党的制度和纪律，对党的各级领导干部的基本条件等重要内容，都要全面了解和掌握。严格遵守党章，就要严格遵守党章各项规定，牢固树立党章意识，真正把党章作为加强党性修养的根本标准，作为指导党的工作、党内活动、党的建设的根本依据，把党章各项规定落实到行动上、落实到各项事业中。坚持维护党章，就是要对违背党章的一切言论和行为作坚决的斗争，保持党章在党内的最高权威性，增强党章在党内的最高效力。以党章为镜子，就是要照一照自己在思想和行为上、在工作和生活中，哪些地方符合党章的要求，今后继续坚持下去、发扬光大；哪些地方与党章的要求还有差距，今后注意弥补、加以改进，使自己成为遵守党章的模范，成为合格党员、成为优秀干部。

严格执行党的各项纪律。党的纪律是全党意志的体现，是党的各级组织和全体党员必须遵守的行为规则，是维护党的团结统一，保持党的先进性和纯洁性，增强党的凝聚力和战斗力，实现党的纲领、路线和各项任务的重要保证。党的纪律是一个纪律体系，包括政治纪律、组织纪律、宣传纪律、财经纪律、群众纪律、人事纪律、保密纪律等等。但其中政治纪律是最重要的纪律。严格执行党的各项纪律，最重要的是严格遵守党的政治纪律，因为党的政治纪律，是为了维护党的性质、宗旨、指导思想、纲领路线、政治原则和政治方向，对党员的政治活动和政治行为作出的规范，是关系到党的命运和人民的根本利益、保证党在政治上高度统一的纪律。遵守党的政治纪律，就是要坚持党的基本理论、基本路线、基本纲领、基本经验，在思想上政治上同党中央保持一致，自觉维护中央权威，保证中央政令畅通，决不允许对党的方针政策和重大决策采取阳奉阴违的态度，搞“上有政策、下有对策”，合意的才执行，不合意的就不执行。全体党员特别是党员领导干部在党的群众路线教育实践中一定要以党的纪律为镜子，照照自己的思想和行为，以学习党规党纪，增强纪律观念，不断提高遵守党的纪律的自觉性。

深刻把握群众期盼。人心向背关系党的生死存亡。开展群众路线教育实践活动的基本目的，正如习近平总书记所言，就是要把为民务实清廉的价值追求深深植根于全党同志的思想和行动中，夯实党的执政基础，巩固党的执政地位，增强党的创造力凝聚力战斗力，使保持党的先进性和纯洁性、巩固党的执政基础和执政地位具有广泛、深厚、可靠的群众基础。我们党90多年的实践证明，努力把人民群众的期盼通过艰苦奋斗变成现实，这是党赢得人心、夺取政权、巩固执政地位的唯一路径。在现阶段，群众的期盼是什么？对此习近平同志在党的十八大闭幕后第一次以中共中央总书记身份接见中外媒体记者时的讲话中讲道：我们的人民热爱生活，期盼有更好的教育、更稳定的工作、更满意的收入、更可靠的社会保障、更高水平的医疗卫生服务、更舒适的居住条件、更优美的环境，期盼着孩子们能成长得更好、工作得更好、生活得更好。人民对美好生活的向往，就是我们的奋斗目标。因此，在党的群众路线教育实践活动中以人民群众的期盼为镜子，就是要照一照自己在哪些方面与人民的期盼还有差距，哪些方面违背了群众的期盼，怎样才能实现群众的期盼。

努力学习先进典型。常言道，榜样的力量是无穷的。中国共产党从1921年建立至今已经走过了90多年的历程，其间既经历了在革命战争时期中鲜血与炮火的考验，也经历了和平建设时期革命胜利与执掌政权的考验，还经历了改革开放新时期发展市场经济与对外开放的考验。在这些考验面前，我们党领导和依靠全国各族人民完成了新民主主义革命，实现了民族独立、人民解放，建立了一个人民当家作主的新中国；完成了社会主义革命，确立了社会主义基本制度，并建立起了独立的比较完整的工业体系和国民经济体系；进行了改革开放新的伟大革命，确立了中国特色社会主义基本制度，使十几亿中国人过上了小康生活，正在向着建设富强民主文明和谐的社会主义现代化国家而努力奋斗。这个举世瞩目巨大成就的取得，源于中国共产党先进性的保持和发展，源于中国共产党党员先锋模范作用的发挥。在革命战争年代，中国共产主义的先驱李大钊，视“功名利禄如粪土”的方志敏，“只要主义真”的夏明翰，“甘将热血沃中华”的赵一曼，死得“比泰山还重”的张思德，“死也不投降”的刘胡兰，被誉为“人民子弟兵的母亲”的戎冠秀……这些革命英烈一不怕苦、二不怕死的革命精神，鼓舞着一代代共产党人在枪林弹雨中浴血奋战，为取得中国革命的胜利，实现民族独立和人民解放立下了不朽功勋。新中国成立以后，“把有限的生命投入到无限的为人民服务之中去”的共产主义战士雷锋，“不改变兰考面貌，我决不离开那里”的县委书记焦裕禄，“宁肯一人脏，换来万家净”淘粪工人时传祥，“拼命也要拿下大油田”的大庆石油工人王进喜，“中国导弹之父”钱学森，“中国原子弹之父”邓稼先……激励着进入改革开放新时期以来，被誉为“90年代的焦裕禄”的孔繁森，“做官先做人、万事民为先”的郑培民，“要怕我就不干警察”的任长霞，“不把群众的事办好就是不孝之子”的潘作良，“我上山来是种树的”杨善洲，“我要让我的每一堂课都讲成精品”的方永刚，“有福民享、有难官当”的吴仁宝，“当代雷锋”郭明义，“干就干一流、争就争第一”的许振超……在党的群众路线教育实践活动中，照镜子就是要把这些先进典型作为榜样，激励自己克服缺点和不足，做合格的共产党员，优秀的领导干部，人民的贴心人。

2. 通过“正衣冠”完善自我

一句俗话讲得非常好：人凭衣裳马凭鞍。说得就是一个人的形象好不好，与其所穿的衣服有很大关系。这里所说的衣服，不一定多么豪华、贵重、艳丽，但一定要大方得体，一定要与身份、场合相适应，一定要穿戴得正道、整洁。为保证这种效果，人们就要对着镜子照一照，并在此基础上将衣服、帽子穿好戴正。在党的群众路线教育实践活动中“正衣冠”的基本含义，正如习近平总书记在群众路线教育实践活动工作会议上的讲话中所讲到的：“正衣冠，主要是按照为民务实清廉的要求，勇于正视缺点和不足，严明党的纪律特别是政治纪律，敢于触及思想、正视矛盾和问题，从自己做起，从现在改起，端正行为，自觉把党性修养正一正、把党员义务理一理、把党纪国法紧一紧，保持共产党人良好形象。”习近平同志对“正衣冠”的这一诠释，深刻地揭示出了“正衣冠”的基本前提和基本内容。

正衣冠要坚持“两个正视”。所谓“两个正视”，就是正视缺点和不足，正视矛盾和问题。“两个正视”是“正衣冠”的基本前提。“正衣冠”就是要把不正的地方正过来。在党的群众路线教育实践活动中，对于“正”与“不正”，一要坚持正确标准——为民务实清廉，即凡是符合为民务实清廉要求的都是“正”，凡是违背为民务实清廉要求的都是“不正”。二要坚持实事求是的原则，“正”就是“正”，“不正”就是“不正”，既不能把“正”视为“不正”，也不能把“不正”视为“正”。“正衣冠”的关键在于将“不正”“正”过来。因此，只有勇于“正视缺点和不足”，“正视矛盾和问题”，才能克服缺点和不足、解决矛盾和问题，才能提高“正衣冠”的效果、达到“正衣冠”的目的。

正衣冠要做到“三个把”。“三个把”，即把党性修养正一正，把党员义务理一理，把党纪国法紧一紧。“三个把”是“正衣冠”的基本内容。首先，党性是一个政党的本质特性。中国共产党党性的基本内涵包括：马克思主义的指导思想、实现共产主义的最高理想和最终奋斗目标、全心全意为人民服务的根本宗旨、民主集中制的根本组织原则、批评和自我批评的纠错武器、开拓创新的进取精神。一个党的党性总是通过其每一个党员的党性体现出来，即党员的党性强弱，是决定党员形象、进而决定党的形象的根本所在。其次，党员义务是共产党员必须承担起的重大责任，履行党员义务是共产党员不同于一般群众的基本要求，也是共产党员先进性的具体体现。《中国共产党章程》明确规定了党员必须履行八项义务，规范了党员在学习、工作和社会生活等各个方面的思想和行为。最后，党纪国法是党员必须严格遵守并带头执行的行为准则，是党员保持先进性和良好形象的根本保证。俗话讲，没有规矩，不成方圆。这个规矩最主要的就是党的纪律和国家法律。党纪国法最突出的特点就是一个字“铁”，因而具有警示力和惩治力，一切违背党纪国法的行为最终都要受到党纪国法的严惩。在党的群众路线教育实践活动中，广大共产党员一定要加强党性修养，奠定“正衣冠”的思想基础；一定要理清党员义务，明确“正衣冠”的标准；一定要增强纪律意识和法律观念，提供“正衣冠”的保证。

3. 通过“洗洗澡”净化自我

共产党员也是生活在社会之中的平常人，社会则是一个色彩斑斓的万花筒，而绝非毫无灰尘的真空地带，因为党员干部的特殊身份，各种各样的诱惑、大大小小的灰尘都会把党员干部作为重点加以进攻。党员干部只有保持经常“洗洗澡”的良好习惯，才能净化自我，保持洁净。因此，习近平总书记在党的群众路线教育实践活动工作会议上的讲话中指出：“洗洗澡，主要是以整风的精神开展批评和自我批评，深入分析发生问题的原因，清洗思想和行为上的灰尘，保持共产党人政治本色。”这就表明“洗洗澡”的基本方式就是开展批评和自我批评。

在我们党内，民主生活会是开展批评和自我批评的基本形式。民主生活会，是党员在党的组织中以进行批评和自我批评为主要特征的会议，是党员组织生活的重要形式。长期以来，我们党已经把民主生活会制度化。在实践中一般每半年召开一次。民主生活会的内容，可以是一段时间内党员工作、思想和生活情况的回顾，也可以是一个重大事件或完成一项重要任务的回顾。因为民主生活会的特点是批评与自我批评，所以党员在会上应主要以检查自身或其他党员在哪些方面做得不够、存在什么问题、其原因是什么、解决的措施是什么等为主。党员在民主生活会上，要注重突出重点。抓住自己思想发展过程中带症结性的想法，抓住自己在工作过程中的不足，追根溯源，明确方向，从而达到克服缺点、发扬成绩的目的。对其他党员的不足也要看得准，提得准，从团结和关心的高度出发，热心和真诚地希望其弥补不足、改正缺点，以在政治思想和日常工作中取得更大的进步。在民主生活会上，要坚持实事求是，特别是对待其他党员的缺点和错误，更要从实际出发，抛开自己的主观猜测。在民主生活会上，要做到心胸开阔，正确对待其他党员对自己的批评，特别是在对自己的批评与事实有出入时，更要从善意出发，坚持理解万岁，决不能把别人的批评视为跟自己过不去，更不能搞什么冤冤相报。由于党员领导干部地位的重要性和工作的特殊性，我们党规定党员领导干部要过双重组织生活。

4. 通过“治治病”健康自我

“治治病”，主要是坚持惩前毖后、治病救人方针，区别情况、对症下药，对作风方面存在问题的党员、干部进行教育提醒，对问题严重的进行查处，对不正之风和突出问题进行专项治理。因为我们党是由党员组成的，而党员是生活在复杂多变的社会环境之中的，社会上的不良风气也会像细菌、病毒一样感染到党员干部身上，致使一些党员干部发生这样或那样的问题，或者病病快快，甚至有的病入膏肓。在日常生活中，虽然有一些病现在的医学水平还没有达到治愈的程度，但大多数病还是能够治好的。把这个道理运用到党的群众路线教育实践活动之中，就是要坚持惩前毖后、治病救人的方针，区别情况、对症下药，对存在一般性作风问题的党员干部进行教育提醒，使其在发“病”初期就得到有效治疗，恢复健康。对在作风中存在问题较为严重的党员干部，就要“下猛药”，决不能让其“病情”继续发展。对在作风方面存在严重问题，即已经“病入膏肓”、不可救药的所谓党员干部，则要采取果断措施，实施“切除手术”，严厉查处，绝不能让其继续留在“体内”充当“害群之马”。只有如此，才能增强党的群众路线教育实践活动的成效，才能使我们党的作风有一个根本好转，才能取信于民。

九、坚持主题不变、镜头不换，坚决反对“四风”

作风问题具有顽固性和反复性，形成优良作风不可能一劳永逸，克服不良作风也不可能一蹴而就。以往的经验告诉我们，纠风之难，难在防止反弹。“由俭入奢易，由奢入俭难。”教育实践活动有期限，但贯彻群众路线没有休止符，作风建设永远在路上。①

——习近平

2014年1月20日，习近平在党的群众路线教育实践活动第一批总结暨第二批部署会议上发表的重要讲话中指出，第一批教育实践活动取得了重要阶段性成果，促使党员、干部得到了党性锻炼，刹住了“四风”蔓延势头，带动了社会风气整体好转，贯彻群众路线的长效机制和刚性约束初步形成。教育实践活动带来的新变化新气象，群众充分认同，党内外积极评价。开展第二批教育实践活动，要坚持主题不变、镜头不换，贯彻“照镜子、正衣冠、洗洗澡、治治病”的总要求，以严的标准、严的措施、严的纪律坚决反对“四风”，推动思想认识进一步提高、作风进一步转变、党群干群关系进一步密切、为民务实清廉形象进一步树立、基层基础进一步夯实。

（一）坚持求真务实，解决形式主义问题

求真务实与形式主义是相对立的两个性质不同、效果不一的概念。求真务实是人民群众对党员干部的迫切要求和衷心期盼，形式主义则被人民群众深恶痛绝、千夫所指。因此，必须大力弘扬求真务实的良好风气，狠刹形式

① 摘自2014年1月20日习近平在党的群众路线教育实践活动第一批总结暨第二批部署会议上发表的重要讲话。

主义歪风邪气。

形式是外在的表现，任何工作都需要以其形式展现，没有形式，内容就无法表现出来。就形式本身而言，它没有对与错、是与非之分。合于内容的形式，能较好地表现内容并促进内容的发展。灵活的形式，有利于深化内容、拓展内容、丰富内容，正确运用形式，可以起到示范导向作用、宣传鼓动作用，调动群众积极性，推动工作。

形式主义是指片面注重形式，不管事物本质、内容和效果的工作作风与思想方法。形式主义经常披着合情合理的外衣，但它违背了内容决定形式、形式服务于内容的科学原则，把形式的作用夸大到不恰当的地步，把形式搞过了头、过了度。不管干什么都想着表现给领导看、给群众看，用花架子吸引别人的眼球，今天开会搞动员，明天搞研讨，后天总结出“成果”……形式天天有，动作天天搞，但根本没有下功夫抓落实，使工作处于“空转”状态。最终导致劳民伤财、误党误国。

因此，形式是客观存在，形式主义是主观人为；形式是必需的，形式主义是无用的；形式是朴实的，形式主义是别有用心的。判断一种形式是否需要，关键要看这种形式是否符合客观实际，是否能推进工作、深化内容，而不是人为地“创造”出来的。如果单纯追求形式，置内容和结果于不顾，把形式搞得过多过大过泛，这就转向了形式主义。因此，形式主义只能是阻碍工作的“绊脚石”，是令群众讨厌生恶的不良工作作风和思想方法。坚持党的群众路线，实现党的群众路线“要为了群众”的根本目的，就必须坚定不移地反对形式主义。

形式主义因其表面文章做得“好”，在短时期内很容易蒙蔽人的耳目，从而使搞形式主义的人获得一时的荣誉和利益，在任何时候都会有一些人热衷于追求。在我们党的历史上，也曾经多次出现形式主义泛滥的问题，与此相适应便展开了对形式主义的批判和斗争。比如：

新民主主义革命时期，就存在照搬照抄马克思列宁主义个别结论和俄国革命战争经验的“形式主义”问题。毛泽东要求全党要使马克思列宁主义脱掉外国洋服、换上中国服装，要求全党要把苏联经验同中国革命的具体实际相结合，从而开辟了一条马克思列宁主义没有讲过，苏联革命没有用过的具有中国特色的革命道路，即农村包围城市、武装夺取政权的道路，中国革命的胜利证明了这条道路的正确性和科学性。1942 年，毛泽东在延安整风时曾尖锐指出，形式主义“实在是一种最低级、最幼稚、最庸俗的方法”。

在社会主义建设时期，又发生了高指标、共产风、浮夸风、大跃进等严重的形式主义问题。为纠正这股歪风，我们党召开“七千人大会”，开展批评和自我批评，党的主要领导人勇敢地承担责任。虽然形式主义现象未能得到有效根治，但不能否认的是，对于党和人民对形式主义的强力抵制，在一定程度上减少了形式主义造成的危害。

在改革开放新时期，我们党也始终高度重视反对形式主义。1992年，邓小平在南方谈话中，就明确指出：“形式主义这个祸害，非克服不可。”因为“形式主义害死人”。2001年，江泽民同志在“七一”讲话中指出：“现在，在工作作风方面存在的问题，群众反映最大的是两个问题，一是形式主义，二是官僚主义。这必须引起全党上下的高度重视，必须痛下决心把这两股歪风刹住，越快越好。”因为“形式主义作风是我们党的一大祸害”。2007年，胡锦涛同志在中国共产党第十七届中央纪律检查委员会第二次全体会议上的重要讲话中强调：“大兴求真务实之风，大兴调查研究之风，把心思用在干事业上，把精力投到抓落实中，坚决克服浮躁情绪，反对形式主义，决不能做表面文章、搞花架子，搞劳民伤财的‘形象工程’、‘政绩工程’。”党的十八大以来，习近平同志多次在讲话中鲜明地指出：形式主义是当前党员干部中存在的突出问题之一，必须下大力气解决。特别是在开展党的群众路线教育实践活动工作会议上，习近平又一次把解决形式主义问题放在解决党内存在的四大突出问题之首，这就更加显现出党中央坚持求真务实、反对形式主义的决心和勇气。

形式主义图虚名，招实祸，劳民伤财，误党误国。它妨碍党和国家的方针政策、上级的决定和部署的贯彻落实，影响政令畅通，导致决策失误，浪费大量的人力、物力、财力和宝贵时间，丧失许多难得的发展机遇。形式主义腐蚀干部队伍，败坏党风和社会风气。搞形式主义，诱发干部的懒惰思想和投机心理，助长党内和社会上的弄虚作假行为和浮夸之风，挫伤真抓实干者的积极性。它干扰基层正常的工作秩序，搞得基层疲于应付，工作忙乱。我们事业基石是求真务实、真抓实干。虽然任何工作，都是通过一定形式表现出来的。内容决定形式，形式反映内容。但是，如果只求形式，缺乏内容；只玩花样，不讲效果；只求拍上级的马屁、讨领导欢心，不切合基层和百姓实际；只让人看着眼花缭乱、热热闹闹，不解决实际问题，这就是典型的形式主义。到头来：方案计划一大堆，说过听过不落实；目标要求常翻新，基层干部难应付；工作过程很热闹，实际问题没解决。对这股形式主义的歪风一定要狠狠刹住。力戒形式主义，是党的一如既往的要求，也是人民群众的共同心愿。

克服形式主义的根本举措，就是坚持求真务实、争创实绩的工作作风。求真务实，关键是“真”和“实”。所谓真，是指本性，本质，符合于事物的本来面貌。如：真正、真实、真切、真理等等，与“假”、“伪”相对；所谓实，是指充盈，稳固，脚踏实地，实事求是。如：实在、实际、实话、实干、实效、实绩等等，跟“虚”、“空”相对。有真，才谈得上善与美。有实，才有诚信与秩序。真与实，是万事万物赖以存在的基础，也是人们认识客观世界、规范自身行为的第一要求。求真务实，根本是“求”和“务”。对“真”和“实”的了解并非轻而易举的事情，因为真和实不是存在于事物的表面，而是隐藏在事物的内部，体现事物发展变化的规律。还因为真和实有些是我们所希望看到的东西，有些则是我们不希望看到的；有些可能是我们工作的成绩，能给我们的工作带来便利，有些则可能是我们工作的失误，是我们做好工作的障碍。但真和实总是不可否认的客观现实，是不依我们的个人意志为转移的。因此，要想得到“真”和“实”，就必须努力地去“求”，刻苦地去“务”。

广大共产党员特别是各级领导干部，一定要把求真务实、争创实绩的工作作风付诸实践、见诸行动、取得成效。要紧密结合各项工作，实实在在地转变作风，在付诸实践、取得成效上下功夫。求真务实的根本要求是真和实。弘扬求真务实精神，当然也要坚持真和实。也就是要真正落实到所有的工作和所有的环节上，而不是仅仅停留在口头上、会议上和文件上。弘扬求真务实精神，必须破除形形色色的形式主义。一定要紧密联系全面建设小康社会的实践，紧紧围绕落实党和国家的各项工作来进行，戒虚、戒伪、戒浮、戒空，坚持讲实话、出实招、办实事、务实效、求实绩，把工作的着力点真正放到研究解决改革发展稳定中的重大问题上，放到研究解决群众生产生活中的紧迫问题上，放到研究解决党的建设中的突出问题上，并切实抓好各项工作的落实，把求真务实体现到各项工作中去。这些事落实了，求真务实的要求也就落实了，求真务实的精神也就体现出来了。这样，才能既在以求真务实精神促动下抓落实，又在抓落实的实践中不断提高坚持求真务实的自觉性和坚定性。

广大共产党员特别是各级领导干部，一定要把求真务实、争创实绩的工作作风体现在党的立党为公、执政为民本质上。群众是最讲究真实的。人民对我们每一个干部，都会“听其言而观其行”。老百姓不会只听我们嘴上怎么说，而是注重于我们怎样干。如果不干实事，只图虚名，热衷于做表面文章，搞形式主义，老百姓会非常反感。如果欺上瞒下，老百姓就会成为受害者，早晚会起来戳破造假者的谎言。只有求真务实，真正从老百姓的利益出发，为人民群众办实事、办好事，实现好、维护好、发展好最广大人民的根本利益，才能把立党为公、执政为民的要求落到实处，才能使我们党始终保持党同人民群众的血肉联系，始终得到人民群众的拥护和支持，把党的群众路线落到实处。

（二）坚持执政为民，解决官僚主义问题

“官僚”，中国古代指在衙署办事的官吏。后常用作贬义词，指不负责任的政府官员。“官僚主义”，是指脱离实际、脱离群众、做官当老爷的领导作风。官僚主义随着国家出现而产生，是一种长期存在的、复杂的社会历史现象。中国共产党作为全心全意为人民服务的党，我国作为社会主义国家，从本质上讲是与官僚主义水火不容的，但由于种种原因，特别是封建主义、剥削阶级的影响，由于党员干部手中掌握着权力，在一些党员干部身上表现出官僚主义现象甚至是严重的官僚主义，也并不为怪。正因为如此，我们党在90多年的历史中，始终强调反对官僚主义，特别是在党成为国家的执政党以后，更是把反对官僚主义放在更加重要的位置，为发展党的事业、维护人民利益、推动民族进步提供了保证。

中国共产党作为中国最广大人民利益的忠实代表，历来要求党的干部要保持人民公仆的本色，这就表明我们党与官僚主义在本质上是对立的。但是官僚主义是与权力相关联的，如果掌握权力的人没有正确的权力观，就有可能引发官僚主义。所以，我们党在90多年的历程中，始终把反对官僚主义作为党的建设的一项重要任务，以密切党与人民群众的血肉联系，维护人民群众的正当权益。

首先，新民主主义革命的土地革命时期，以毛泽东为代表的中国共产党人十分注重调查研究、深入实际、联系群众，反对官僚主义。1931年11月，中央苏区党的第一次代表大会通过的《政治决议案》中，就批评一些基层苏维埃政府“一贯命令群众，政权的威信很低”的官僚主义现象，并在《关于党的建设问题决议案》中专门讲了必须“反对官僚腐化现象”，强调共产党员要“真正成为群众中的楷模者，防止一切腐化官僚化贪污等现象的产生”。1933年8月，毛泽东在《必须注意经济工作》的报告中第一次使用了“官僚主义”概念，指出：“动员群众的方式，不应该是官僚主义的。官僚主义的领导方式，是任何革命工作所不应有的，经济建设工作同样来不得官僚主义。要把官僚主义这个极坏的家伙抛到粪缸里去，因为没有一个同志喜欢它。”抗日战争时期，中国共产党开展了以反对主观主义、宗派主义和党八股为主要内容的整风运动，其中的反对主观主义就包含了反对官僚主义的含义。

新中国成立后，随着党在全国获得执政地位，我们党对反对官僚主义更加重视。在党内开展了以反贪污、反浪费、反官僚主义为主要内容的“三反”斗争。1956 年 4 月在《论十大关系》中毛泽东提出，“必须反对官僚主义，反对机构庞大。”

为了增强反对官僚主义的斗争成效，毛泽东还对官僚主义的一般表现进行十分形象的“画像”，为人们认识官僚主义提供了样本。早在延安时期，毛泽东就曾经形象地把官僚主义者比喻为“泥塑的神像”：“一声不响，二目无光，三餐不食，四肢无力，五官不正，六亲无靠，七窍不通，八面威风，久座不动，十分无用”。这是毛泽东对官僚主义者的最初“画像”。20 世纪 60 年代初，毛泽东又向全党发出警示，指出：官僚主义在抬头，且带有普遍性，并专门写了一篇短文，用幽默诙谐、形象生动的语言再度为官僚主义画像，题目就叫《官僚主义的二十种表现》：

第 1 种，高高在上，孤陋寡闻。不了解下情，不做调查研究，因而脱离实际，脱离领导。不做政治思想工作，不抓具体政策，上脱离领导，下脱离实际，一旦发号施令，必然祸国殃民。这是脱离领导、脱离群众的官僚主义。

第 2 种，狂妄自大，骄傲自满，空谈政策，不抓业务，主观片面，不听人言，蛮横专断，强迫命令，不顾实际，盲目指挥。这是强迫命令式的官僚主义。

第 3 种，从早到晚，忙忙碌碌，一年到头，辛辛苦苦，但是做事不调查，对人不考察，发言无准备，工作无计划。这是无头无脑，迷失方向的官僚主义。

第 4 种，官气熏天，唯我独尊，不可亲近，望而生畏，对干部颐指气使，作风粗暴，动辄骂人。这是官老爷式的官僚主义。

第 5 种，不学无术，耻于下问，浮夸谎报，弄虚作假，欺上瞒下，文过饰非，功则归己，过则归人。这是不老实的官僚主义。

第 6 种，不学政治，不钻业务，遇事推诿，怕负责任，办事拖拉，长期不决，工作上讨价还价，政治上麻木不仁。这是不负责任的官僚主义。

第 7 种，遇事敷衍，得过且过，与人为争，老于事故，上捧下拉，两面俱圆，八面玲珑。这是做官混饭吃的官僚主义。

第 8 种，政治学不成，业务钻不进，人云亦云，语气无味，尸位素餐。领导无方，滥竽充数。这是颟顸无能的官僚主义。

第 9 种，糊糊涂涂，混混沌沌，人云亦云，得过且过，饱食终日，无所用心。这是糊涂无用的官僚主义。

第10种，送文件不看就批，批错了不承认，文件听别人读，别人读他睡着了，心中无数，不和人商量事情推来推去不负责，对下不懂装懂，指手划脚，对同级貌合神离，同床异梦。这是懒汉误事的官僚主义。

第11种，机构庞大，人事庞杂，层次重叠，浪费资产，人多事乱，遇事团团转，不务正业，人多事少，工作效率低。这是机关式的官僚主义。

第12种，指示多不看，报告多不批，会议多不传，报表多不用，往来多不谈。这叫“五多”的官僚主义。

第13种，图享受，好伸手，走“后门”，怕艰苦，一人得道鸡犬升天，一人做官全家享福，内外不一请客送礼。这是特殊化的官僚主义。

第14种，官越做越大，脾气越来越坏，房子越来越大，陈设越来越好，生活要求越来越高，供应越来越多，分配东西越来越多，价钱越来越低。这是摆官架子的官僚主义。

第15种，自私自利，假公济私，以私作公，监守自盗，知法犯法，多吃多占，不退不还。这是自私自利的官僚主义。

第16种，争名夺利，向党伸手，对待遇斤斤计较，对工作挑肥拣瘦，对同志拉拉扯扯，对群众漠不关心。这是争权夺利的官僚主义。

第17种，多头领导，互不团结，政出多门，工作散乱，上下隔离，互相排挤，既不集中，又不民主。这是闹不团结的官僚主义。

第18种，目无组织，任用私人，结党营私，互相包庇，个人利益、派别利益高于一切，损大公肥小私。这是闹宗派的官僚主义。

第19种，革命意志衰颓，政治生活蜕化，靠老资格吃饭，摆官架子，好逸恶劳，游山玩水，既不用脑，又不动手，不关心国家和人民利益。这是蜕化的官僚主义。

第20种，助长歪风邪气，怂恿坏人坏事，作奸犯科，投机倒把，危害国家，压制民主，打击报复，违法乱纪，欺压群众。包庇坏人，敌我不分。这是歪风邪气的官僚主义。

1963年5月，周恩来在中共中央和国务院直属机关负责干部会议的讲话中着重分析了官僚主义的二十种表现，指出“官僚主义是领导机关最容易犯的政治病症”，“是十分有害非常危险的”。

其次，在改革开放新时期，随着市场经济的发展，党内官僚主义现象在滋长，反对官僚主义的斗争也进入了一个新的时期。其集中体现在以下几个方面：

1980年，邓小平曾在《党和国家领导制度的改革》一文中痛斥官僚主义，一口气列举了官僚主义的24种表现。他说：“官僚主义现象是我们党和国家政治生活中广泛存在的一个大问题。它的主要表现和危害是：高高在上，滥用权力，脱离实际，脱离群众，好摆门面，好说空话，思想僵化，墨守成规，机构臃肿，人浮于事，办事拖拉，不讲效率，不负责任，不守信用，公文旅行，互相推诿，以至官气十足，动辄训人，打击报复，压制民主，欺上瞒下，专横跋扈，徇私行贿，贪赃枉法，等等。这无论在我们的内部事务中，或是在国际交往中，都已达到令人无法容忍的地步”。邓小平还从历史根源、思想根源、社会根源特别是从制度上分析了官僚主义的“病根”，指出：要消除官僚主义必须解决“组织制度、工作制度方面的问题”。他认为要克服官僚主义当然要解决“思想作风问题的一面”，但“领导制度、组织制度问题更带有根本性……这种制度问题，关系到党和国家是否改变颜色，必须引起全党的高度重视。”“制度问题不解决，思想作风问题也解决不了。”“所以，过去我们虽也多次反过官僚主义，但是收效甚微。”在实践方面，在邓小平的领导下，党中央结合反腐倡廉对官僚主义展开了坚决的斗争。1979 年 11 月 10 日中共中央根据邓小平要从制度入手反对官僚主义和特殊化的要求，正式颁布实行《关于高级干部生活待遇的若干规定》，对减少官僚主义起到了一定作用。1980 年 2 月党的十一届五中全会通过了《关于党内政治生活的若干准则》，该准则几乎涉及到党内政治生活的各个方面，对反对官僚主义提供了依据。1988 年 5 月 23 日，中共中央、国务院办公厅又颁发了《党员领导干部犯严重官僚主义失职错误党纪处分的暂行规定》，对处理犯有官僚主义错误的党员领导干部提供了依据，对全党也起到了震慑和警示作用。

江泽民同志对如何反对官僚主义，提出了更加具体的措施，即在坚持解放思想、实事求是，反对因循守旧、不思进取的前提下，不断推进政治体制改革和行政体制改革；在政治作风上坚持清正廉洁，反对以权谋私；在组织路线上，坚持任人唯贤，反对用人上的不正之风。江泽民把反对官僚主义同反对形式主义紧密结合在一起，领导全党制定了“八个坚持，八个反对”，其中第五条就是“坚持密切联系群众，反对形式主义、官僚主义”。官僚主义的本质和要害就在于是脱离群众，脱离实际，做官当老爷。江泽民同志领导全党采取许多措施，努力克服“官僚主义的顽症”。

胡锦涛同志在担任中共中央总书记时，也针对党内官僚主义的陋习指出：由于包括官僚主义在内的诸多问题的存在，致使一些本来可以做好的事情没有做好，一些本来应该解决的问题久拖不决，一些本来可以缓解的矛盾进一步恶化。这些不良风气如不坚决刹住，势必严重削弱党员干部队伍的战斗力，势必损害党同人民群众的血肉联系，最终妨碍全面建设小康社会宏伟目标的顺利实现。因此，胡锦涛同志多次强调要切实加强党风政风建设，改进领导方式和领导方法，转变思想作风和工作作风，坚决防止和克服形式主义、官僚主义，做到权为民所用，情为民所系，利为民所谋。

习近平同志2012年在中央党校春季学期第二批入学学员开学典礼上讲话时强调，一定要坚持实事求是，力戒官僚主义。习近平同志指出，要清醒地看到，一些党员和干部在坚持实事求是的思想路线方面还存在一些必须引起注意的问题。比如，有的常年坐在办公室，很少下基层，很少接触群众，对下情若明若暗，接“地气”不够；有的一切从本本出发，唯上、唯书、不唯实；有的固步自封、因循守旧，思想和工作落后于客观形势的要求；有的不按客观规律办事，急功近利，急于求成以至蛮干、瞎干；有的为了迎合或满足某种需要，说假话、大话、空话，甚至弄虚造假；有的怕担风险，明哲保身，明知是错的却听之任之，不批评制止；有的不喜欢听真话、实话，不愿意修正错误、择善而从。凡此种种，都违背了实事求是的要求，虽然不是主流，但如果不重视、不警惕、不纠正，其消极影响和后果不可低估。

90多年来中国共产党反对官僚主义的斗争充分说明，在党和国家机关的工作人员中，过去发生、现在发生、今后也还会发生官僚主义，反对官僚主义还将是一项长期而繁重的任务。如果中国共产党不坚决地与官僚主义和官僚者作斗争，党的全心全意为人民服务的宗旨就会被抛弃，党和国家机关的一切工作人员都是人民的勤务员就会成为一句空话。继续深入持久地开展反对官僚主义的斗争，我们必须抓好以下四项工作。

一是提高反对官僚主义的思想认识。反对官僚主义，首先要提高思想认识，官僚主义仍然是社会主义国家的顽疾。本来，社会主义国家作为人类历史上新型的国家，实现了由“社会主人”到“社会公仆”的转变，已经从根本上消除了滋生官僚者阶层的温床。但是，这并不意味着社会主义国家机关就不再有官僚主义了。事实上，当前在党和国家机关中依然存在种种官僚主义，而我们对于反对官僚主义却重视和强调的不够，缺乏有力的部署。我们决不能对官僚主义掉以轻心，熟视无睹，置之不理，仍然需要把反对官僚主义列为一项重要的任务，抓紧开展反对官僚主义的斗争，深入持续地继续下去。否则，就难以遏制和克服官僚主义，党和国家机关就会再度出现从“社会公仆”变为高踞人民之上的“社会主人”的逆转，20年前苏联东欧共产党垮台丢权的惨剧就会在我们身上重演，我们必须预防这种情况。

二是坚定不移地推进党务公开和政务公开。如果说官僚主义是阴魂，害怕见到光亮的话，公开性就是置官僚主义于死地的利器。推进党务公开和政务公开，增强了党和政府的政策制定和公共治理的环节、过程的透明度，并且提高了公众的知情度和参与度，官僚主义就无可藏身了。党务公开和政务公开，就是要打造“阳光政党”和“阳光政府”，使政党和政府成为“透明政党”、“透明政府”。使党务、政务更加公开、透明，使人民大众对党、政机关和党员领导干部的职责权限、办事程序、办事结果等能够一目了然，保障了群众的知情权、参与权和监督权。

三是继续深化政治体制和行政体制改革。与新民主主义革命和社会主义革命与建设时期反对官僚主义主要采取开展运动的方式不同，今后反对官僚主义仍应按照邓小平所强调的以制度的建立和健全为重点，走政治体制和行政体制改革之路。要积极稳妥进行政治体制改革，进一步理顺党与人大、政府、司法机关、群众团体之间的关系。要按照转变政府职能和精简、效能、统一的原则，进行行政体制改革。行政体制改革要进一步切实地转变政府职能，深化行政审批制度改革，减少政府对微观经济活动的干预，加快建设法治政府和服务型政府，塑造良好的党风政风。

四是进一步改革和完善干部人事制度。反对官僚主义最重要的就是防止在党和国家机关中形成一个官僚特权阶层。为此，首先要从干部的“进口关”进行防范，坚决杜绝“跑官要官、买官卖官”的不良分子“混入”党和国家机关，这就要健全干部选举制度，扩大干部选拔作用中的民主，让人民群众行使选举权，真正实现“权为民所赋”，并在此基础上真正实现“权为民所用”。

（三）坚持艰苦奋斗，解决享乐主义问题

苦和乐是两个相对的概念，艰苦奋斗和享乐主义也是两个相对立的工作作风和生活态度。艰苦奋斗光荣，享乐主义可耻，早已经成为人们熟知的常识。但是在我们的党员干部中，却有一些人在思想和实践中艰苦奋斗不足，享乐主义有余，并由此引发了许多与党的性质宗旨相背离，与人民群众的愿望相背离，与我国基本国情相背离的事件，损害了党的形象和威望，严重影响了党群干群关系，甚至威胁着党的执政地位的巩固和执政使命的实现。因此，我们党必须大力弘扬艰苦奋斗作风，坚持反对享乐主义。

在几千年的中华历史中，培养了许多优秀的民族文化和精神，艰苦奋斗就是其中之一。在这方面古人给我们留下了许多至理名言：“忧劳可以兴国，逸豫可以亡身”；“滋生骄逸之端，必践危亡之地”；“历览前贤国与家，成由勤俭败由奢”。中国共产党作为中国人民和中华民族的先锋队，不仅继承了先人所培育起来的艰苦奋斗的优良传统，并结合新的时代特点和实践特征，

培育和形成了艰苦奋斗的优良传统。

早在 1939 年 5 月，毛泽东就在《国民精神总动员的政治方向》一文中讲到：我们民族历来有一种艰苦奋斗的作风，我们要把它发扬起来。特别是 1949 年，面对党的历史方位的根本性转变，我们的党能否保持清醒的头脑，能否经得起革命胜利和执掌政权的考验，成为党必须做出回答的一个重大的理论和实践课题。对此，毛泽东以其特有的政治智慧和深邃的战略眼光，在党的七届二中全会上，高瞻远瞩地向全党特别是高级干部提出：“务必使同志们继续地保持谦虚、谨慎、不骄、不躁的作风，务必使同志们继续地保持艰苦奋斗的作风。”从此，以谦虚谨慎、艰苦奋斗为内容的“两个务必”作为一个鲜明的政治术语，铭刻在广大党员干部的心中，化为强大的精神力量，伴随着革命、建设和改革的光辉历程，激励着我们夺取一个又一个的伟大胜利。建国以后，面对新中国百废待举的局面，毛泽东更加倡导谦虚谨慎、艰苦奋斗。1956 年 4 月，毛泽东在《论十大关系》中讲到：我们历来提倡艰苦奋斗，反对把个人物质利益看得高于一切，同时我们也历来提倡关心群众生活，反对不关心群众痛痒的官僚主义。同年 11 月，毛泽东又针对我们党内有些人滋长了贪图安逸、追求享乐等不良表现，再一次提醒全党：根本的是我们要提倡艰苦奋斗，艰苦奋斗是我们的政治本色。1957 年 2 月，毛泽东在《关于正确处理人民内部矛盾的问题》一文中讲到：要使全体干部和全体人民经常想到我国是一个社会主义的大国，但又是一个经济落后的穷国，这是一个很大的矛盾。要使我国富强起来，需要几十年艰苦奋斗的时间，其中包括执行厉行节约、反对浪费这样一个勤俭建国的方针。

邓小平关于艰苦奋斗的思想。党的十一届三中全会以后，邓小平一直强调我们党要发扬艰苦奋斗的精神。1980 年 1 月 16 日，邓小平在《目前形势和我们的任务》中讲到：中国搞四个现代化，要老老实实地艰苦创业。我们穷，底子薄，教育、科学、文化都落后，这就决定了我们还要有一个艰苦奋斗的过程。他要求我们党员、干部，特别是高级干部带头艰苦创业，努力恢复延安的光荣传统，在艰苦创业方面起模范作用。特别是在 1989 年，邓小平针对党内不正之风和腐败现象严重泛滥的情况，并且这些不正之风和腐败现象的存在，为国内外敌对势力发动以推翻党的领导地位、推翻国家的社会主义制度为目的的政治风波提供了借口，邓小平把艰苦奋斗作为反对腐败、抵御腐败，同腐败作斗争的重要武器。邓小平深有感触地、十分鲜明地提出：提倡艰苦创业精神，也有助于克服腐败现象。

党的十三届四中全会以后，江泽民同志不仅要求全党特别是党的领导干部，要在新的形势下继续发扬艰苦奋斗的优良传统，而且把能否保持艰苦奋斗的精神上升到世界观、人生观、价值观的高度去认识。江泽民同志强调指出：一个国家、一个民族、一个军队，如果不提倡艰苦奋斗、艰苦创业，只想在前人创造的物质文化成果上坐享其成，满脑子是金钱万能，成天贪图享乐，这样的国家、这样的民族、这样的军队，是毫无希望的，是没有不衰落和不垮台的。

党的十六大以来，胡锦涛同志几乎在所有重要场合的重要讲话中，都饱含着谦虚谨慎、艰苦奋斗的思想。2002 年 12 月 5 日，胡锦涛赴西柏坡考察，重温“两个务必”，并发表了《坚持发扬艰苦奋斗的优良作风，努力实现全面建设小康社会的宏伟目标》的讲话，号召全党同志特别是领导干部，大力发扬艰苦奋斗的作风。胡锦涛指出：“我们一定要牢记毛泽东同志倡导的‘两个务必’，首先要从自身做起，从每一位领导干部做起！”胡锦涛同志站在历史发展的高度，对继续坚持“两个务必”的重大现实意义作了全新概括：“一个没有艰苦奋斗精神作支撑的民族是难以自立自强的；一个没有艰苦奋斗精神作支撑的国家，是难以发展进步的；一个没有艰苦精神作支撑的政党，是难以兴旺发达的。……无论在成绩面前还是在困难面前，领导干部都要始终保持谦虚谨慎、不骄不躁的作风，保持艰苦奋斗的作风。”并进一步指出：“艰苦奋斗作为我们党的优良传统和作风，作为我们马克思主义政党的政治本色，是凝聚党心民心、激励全党和全体人民为实现国家富强、民族振兴共同奋斗的强大精神力量，是我们党保持同人民群众血肉联系的一个重要法宝。”因此，要求全党同志一定要牢记毛泽东倡导的“两个务必”，首先要从自身做起，从每一位领导干部做起。

十八大以来，习近平不但强调了党风廉政建设和反腐败斗争的重要性，而且提出了当前党风廉政建设和反腐败斗争集中要抓的工作就是解决“四风”问题。他指出，当前腐败现象多发，滋生腐败的土壤存在，党风廉政建设和反腐败斗争形势依然严峻复杂。党内脱离群众的现象大量存在，一些问题还相当严重。如果任由“四风”问题蔓延开来，后果不堪设想，那就有可能发生毛泽东所形象比喻的“霸王别姬”了。2013 年 1 月在十八届中央纪委二次会议上，习近平指出，进一步抓改进工作作风，各项工作都很重要，但最根本的是要坚持和发扬艰苦奋斗精神。历史和现实都表明，一个没有艰苦奋斗精神作支撑的民族，是难以自立自强的；一个没有艰苦奋斗精神作支撑的国家，是难以发展进步的；一个没有艰苦奋斗精神作支撑的政党，是难以兴旺发达的。广大党员干部一定要带头发扬艰苦奋斗的精神，自觉抵制拜金主义、享乐主义和奢靡之风，真正把有限的资金和资源用在刀刃上，推进中国特色社会主义伟大事业健康发展。

2013年2月22日习近平在人民日报《专家学者对遏制公款吃喝的分析和建议》等材料上的批示强调：中央要求厉行勤俭节约、反对铺张浪费，得到了广大干部群众衷心拥护。后续工作要不断跟上，坚决防止走过场、一阵风，切实做到一抓到底、善始善终。抓而不紧，抓而不实，抓而不常，等于白抓。一段时间以来，社会各方面就此积极建言献策，不少意见值得重视。要梳理采纳合理意见，总结我们自己的经验教训，借鉴国内外有益做法。下一步，关键是要抓住制度建设这个重点，以完善公务接待、财务预算和审计、考核问责、监督保障等制度为抓手，努力建立健全立体式、全方位的制度体系，以刚性的制度约束、严格的制度执行、强有力的监督检查、严厉的惩戒机制，切实遏制公款消费中的各种违规违纪违法现象。

从“八项规定”、“六项禁令”、整顿“四风”等中央精神的内容来看，都是日常工作中的一些具体问题，甚至是长期以来被人们视为细小琐事的问题，但都是攸关艰苦奋斗的关键所在。但我国有句古语：“勿以恶小而为之”。现实生活中妇孺皆知的一个道理是：蚁穴虽小能毁万里长堤。从这个意义上看，日常工作中的具体事情，的确都是事关党的工作作风的大事。把这些中央规定真正落实到位了，就能从源头上有效预防和避免各种不正之风和腐败现象。

总之，无论过去、现在还是将来，谦虚谨慎、艰苦奋斗永远是我们党的优良传统和政治优势，是我党克服和战胜任何艰难困苦的强大精神动力，是我们党的立业之本，取胜之道，传家之宝。已有的成就是靠坚持谦虚谨慎、艰苦奋斗取得的，未来的辉煌也要靠坚持谦虚谨慎、艰苦奋斗去创造。

以艰苦奋斗为荣、以贪图享乐为耻，既是几千年来中华民族的传统美德，也是当代社会主义道德的重要内容，又是我国法律的基本精神，还是党章对党员的基本要求。弘扬以辛勤劳动为荣、以好逸恶劳为耻的社会风气，有很强的现实针对性。

艰苦奋斗最突出地表现为劳动，而劳动是人生存和发展的第一需要。马克思主义认为，劳动首先是人和自然之间的过程，是人以自身的活动来引起、调整和控制人和自然之间的物质变换的过程。劳动作为以某种形式占有自然物的有目的的活动，是人类生存的自然条件。人为了生存和发展，首先就要解决吃、穿、住、行的问题。物质资料的生产是社会生活的基础。而物质资料的生产，就是人通过作用于自然物，使自然物变成适合人吃穿住行用的东西，满足生产和生活的需要，这个过程就是劳动。物质资料生产或劳动是人类赖以生存和发展的基础。劳动发展史是理解全部社会历史的钥匙。因此，我们在理解把握劳动这一概念的时候，不能只看一种行为有没有动作，而是要看这种行为是否对社会的发展、人类的进步具有推动作用。

而且从我国的基本国情来看，我们仍然处于社会主义初级阶段。在世界上，我国仍然属于发展中国家。虽然我国人民生活已经从总体上进入了小康阶段，但我们要在2020年实现全面建成小康社会的目标，任务还是很艰巨的，进而到本世纪中叶把我国建设成为富强民主文明和谐的社会主义现代化国家，实现中华民族的伟大复兴，更是需要付出几十年的艰辛努力和辛勤劳动。特别是在当前“两种制度”并存的国际环境下，西方资本主义国家不断对我国加紧实施“西化”、“分化”的图谋，我们只有通过艰苦奋斗、辛勤劳动，尽快把社会主义中国建设得强大起来，我们才能巩固和发展社会主义，才能在世界民族之林占有一席之地。因此，我们没有任何理由大谈休闲，更没有任何理由贪图享乐，而是要进一步发扬艰苦奋斗这一中华民族传统美德，发扬艰苦奋斗这一中国共产党的优良传统，反对享乐主义。这是每一个中国人、更是每一名党员干部应尽的义务。

中国共产党的创始人之一李大钊先生曾经讲过：“我觉得人生求乐的方法，最好莫过于尊重劳动。一切乐境，都可由劳动得来，一切苦境，都可由劳动解脱。”在我们党的历史上，如果说革命战争年代的艰苦环境，使共产党人发扬艰苦奋斗的作风有一种客观上的、外在的压力的话，那么在新中国成立后，许多共产党人继续保持艰苦奋斗的革命精神，在平凡的工作岗位上做出了不平凡的贡献。如社会主义建设时期的王进喜、孟泰、马恒昌、王崇伦、时传祥、张秉贵、李瑞环、倪志福、郝建秀等劳动模范，再如社会主义现代化建设新时期的李素丽、陈虎、许振超等一批又一批劳动模范、五一劳动奖章获得者大量涌现，特别是那些活跃在基层的“最美乡村医生”、“最美人民教师”、“最美消防员”等等，成为全国人民学习的典范。他们的成就和声誉，是对艰苦奋斗光荣传统的真实再现。但我们也应警惕，随着市场经济的发展，随着人民生活水平的提高和工作环境的改善，疏远、厌恶、轻视劳动、贪图个人享乐的观念仍在某些人甚至在一些党员领导干部头脑中占据了很大空间。社会上好逸恶劳者有之，巧取豪夺者有之，满足现状者有之，贪污腐化者有之。这些行为从道德层面来看，都是享乐主义作祟的耻辱行为。总之，艰苦奋斗光荣，贪图享乐可耻！

我们共产党人是彻底的唯物主义者，从来不主张过清教徒、苦行僧式的生活，也不否定合理的物质利益和正当的生活享受。随着生产的发展，物质、文化条件的改善，不断提高人们的物质文化生活水平，使人们充分享受改革发展的成果，这是我们党以人为本、执政为民的执政理念的基本要求，也是社会进步的具体表现，还是我们党赢得民心、巩固执政地位的基本前提。但是，我们反对享乐主义。因为享乐主义，是指脱离现实可能和需要，肆意挥霍金钱，无度地放纵欲望，一味追求物质上的享受和精神上的刺激的一种生存方式。其实质是从人的自然本性出发，把人的生理本能需要作为人生的最高目标。为了实现这个目标，就必然不择手段地唯利是图，不知羞耻地为所欲为，不顾一切地违纪违法。因此，享乐主义是艰苦奋斗的大敌，是腐败堕落的渊薮，是一个人走向衰亡的起始点。

但是，近些年享乐主义在一些党员干部中有多种表现，比较突出的是：在精神状态上，思想空虚，精神萎靡，贪图安逸，不思进取；在价值取向上，把个人利益放在高于一切的位置，事情多做一点觉得吃亏，待遇稍差一点满腹牢骚；在工作态度上，怕苦怕累，逃避责任，得过且过，不愿意到艰苦的地方工作，更不想创造性地开展工作；在公务活动中，讲排场、比阔气，铺张浪费，不重实效；在生活方式上，追求“贵族化”，吃喝玩乐，沉湎于花天酒地、声色犬马。就是因为享乐主义，致使一些党员干部无视党纪国法，自我放纵，腐败堕落。

冰冻三尺，非一日之寒。反对享乐主义，是一项长期的任务。每个共产党员，每个领导干部，都要从自己做起，从现在做起，与享乐主义作坚决的斗争。同时，要培养健康的享乐方式。最重要的就是要以工作为乐，进一步增强事业心和责任感，努力学习业务知识提高做好工作的能力，享受工作成就的成功之乐。在日常生活中，也有许多健康的享乐方式。比如，以助人为乐，积德行善，扶贫济困；以读书为乐，活到老，学到老，以书为伴；以著书为乐，总结人生，宣扬思想；以书画为乐，泼墨挥毫，吟诗作画；以锻炼为乐，打球打拳，跑步散步；以唱歌为乐，唱山歌，唱民歌，唱流行歌，唱卡拉OK；以电视为乐，看新闻，看讲座，看球赛，看文艺节目；以家庭为乐，带孩子，做饭菜，一家老小乐翻天。

重用艰苦奋斗的领导干部。曹操说：“明君不官无功之臣。”意思是讲，明智的君主是不会提拔重用没有功勋的臣子的。在干部考察和使用中，我们要十分注意考察和任用对象有没有艰苦奋斗、自觉奉献的精神和品德。对不怕艰苦、清正廉洁、敢于负责、作风朴实的干部，要表彰奖励，及时提拔；对怕苦怕累、追求享受、奢侈浪费、作风不正的干部，要严肃批评，不能重用。要坚持德才兼备原则，不能重能轻贤。

严肃查处奢侈浪费的案件。能治未病者为上医。对享乐主义要防患于未然，救治于初犯。贪图享乐一方面是消极颓废的表现，另一方面也是腐败问题得以产生和蔓延的温床。在党风廉政建设和反腐败斗争中，我们要注意查处各种享乐主义方面的案件。对那些不听招呼、我行我素、大手大脚、铺张浪费、打牌成瘾、参与赌博的党员干部，要严肃处理，不得姑息迁就。

（四）坚持勤俭节约，解决奢靡之风问题

奢靡，不仅是一种生活方式，也是一种思想意识。作为生活方式，是指在物质享受方面穷奢极欲，花费大量钱财追求过分享受；作为思想意识，是指那种腐朽没落、萎靡颓废的人生态度。奢靡是一个阶级性、历史性很强的概念，对此，不同的时代可以有不同的标准，不同的阶级也有不同的认识。这里所讲的奢靡，是指那些以公款消费为主要形式、以公务人员特别是党员领导干部为主要行为主体的奢侈浪费的物质享受和消极颓废的思想意识。一种思想行为是否属于奢靡范畴，可以根据以下几点进行判断：其消费与超出所属部门的经济发展水平和经济承受能力，超出其所属部门正常业务范围的工作必需，超越有关的规定标准，超出社会平均消费和群众对高消费阶层消费水平的心理承受能力，同时是以奢靡的价值观念为基础的。奢靡之风，是上述奢靡现象已经不是发生于个别人、个别部门、个别地方、个别事件上的偶然现象，而是带有一定的普遍性、经常性，而且有泛滥蔓延之势。

古人云："俭，德之共也；侈，恶之大也。"中华民族五千年历史，总是不断重复着"俭节则昌，淫佚则忘"（《墨子》）的规律。因而，与奢靡之风相反的勤俭节约，就成为中华民族赞誉有加、弘扬不息的美德。共产党人必须大力弘扬中华民族勤俭节约光荣、浪费奢靡可耻的优良传统，坚决抵制奢靡之风。1957 年，毛泽东在《关于正确处理人民内部矛盾的问题》一文中讲道：要提倡勤俭建国……领导干部要带头遵循勤俭节约的建国方针，在经济社会发展中做到量力而行，精打细算，讲求实效。同时，毛泽东还根据我国还是一个很穷的国家的现实，指出：要使我国富强起来，需要几十年艰苦奋斗的时间，其中包括执行厉行节约、反对浪费这样一个勤俭建国的方针。1975 年，邓小平在主持中央工作时，针对奢的问题提出了严厉批评，指出："有的闹享受，闹待遇，一切都向高级发展，住房子越多越好。有的甚至公私不分，没有什么界限了。"1981 年 11 月，邓小平在与外宾谈"中国式现代化"问题时指出："如果不提倡艰苦奋斗，勤俭节约，这个目标不能达到。"1995 年，江泽民同志结合反腐败斗争的实际，要对党员干部重点抓好共产主义理想信念教育，全心全意为人民服务宗旨教育，艰苦奋斗、勤俭节约教育。胡锦涛同志经常要求各级干部特别是领导干部要进一步增强节俭意识，始终发扬艰苦奋斗的精神，团结带领广大群众不断夺取改革开放和社会主义现代化建设的新胜利。

党的十八大以来，习近平同志更是把奢靡之风视为党内存在的四大突出

问题之一，大力倡导勤俭节约的光荣传统。特别是2013年初，习近平总书记在新华社一份《网民呼吁遏制餐饮环节“舌尖上的浪费”》的材料上作出批示。批示指出，从文章反映的情况看，餐饮环节上的浪费现象触目惊心。广大干部群众对餐饮浪费等各种浪费行为特别是公款浪费行为反映强烈。联想到我国还有为数众多的困难群众，各种浪费现象的存在令人十分痛心。浪费之风务必狠刹！要加大宣传引导力度，大力弘扬中华民族勤俭节约的优秀传统，大力宣传节约光荣、浪费可耻的思想观念，努力使厉行节约、反对浪费在全社会蔚然成风。各级党政军机关、事业单位，各人民团体、国有企业，各级领导干部，都要率先垂范，严格执行公务接待制度，严格落实各项节约措施，坚决杜绝公款浪费现象。要采取针对性、操作性、指导性强的举措，加强监督检查，鼓励节约，整治浪费。中共中央办公厅1月20日发出通知指出，习近平同志的这一重要批示，是深入贯彻落实党的十八大精神和中央政治局关于改进工作作风、密切联系群众八项规定的新要求，反映了广大干部群众的呼声和愿望，表明了中央厉行勤俭节约、反对铺张浪费的鲜明态度和坚定决心，体现了中央关心群众生活、注重改善民生的为民情怀。各地区各部门要充分认识狠刹浪费之风的重要性和迫切性，采取有力措施落实好习近平同志重要批示。

当前，奢靡在一些地方的确已经形成风气，这是一种必须禁止的不良风气，其具体表现在：凡事都追求豪华气派，似乎只有大把大把地花钱，讲排场、比阔气，才能显示主人的尊贵和优越。我国作为一个发展中国家，人均收入和人均GDP远低于发达国家，但资料显示，中国奢侈品市场的年销售额达20亿美元，是世界第三大奢侈品消费国，仅次于美国和日本。特别是一段时期以来，一些地方的建造楼堂馆所方面真是“用心良苦”，豪华气派如“白宫”、“凯旋门”、“天安门”一样的机关办公楼，不断进入公众的视野。甚至连财政困难的贫困地区也争相效仿。但一边是高档的政府办公楼，一边是刚过温饱线的穷乡村，巨大的反差，引起老百姓的强烈不满。不仅如此，当今弥漫的“豪华”之风，又何止于豪华楼堂馆所，如“豪华庆典”、“豪华会议”、“豪华接待”、“豪华旅游”、“豪华婚礼”、“豪华生日”……凡有人办事之地，就有在追求豪华上的攀比。更有甚者，奢靡之风还表现为一些党员领导干部道德品质低下、生活作风的糜烂方面。据有关资料显示，绝大多数贪官都有养情人、包“二奶”的问题，甚至有的乱搞两性关系。这种奢靡之风，在许多地方农民增收缓慢，城市下岗人员就业不足，公共产品尚不丰富，资源环境的瓶颈约束日益加重，改善民生的任务还很艰巨的条件下发生，其危害是十分严重的，主要表现在：一是造成社会资源的极大浪费，导致非常紧缺的资金大量投入非关键性和纯消费领域，延缓现代化建设步伐。二是腐蚀人们的灵魂，污染社会风气。三是影响了党在人民群众心中的光辉形象，失民心，遭民怨，激民愤，损害同人民群众的密切联系，搞不好甚至会导致公务人员同人民群众的尖锐对立，引起社会动乱。必须引起高度重视，并下大气力狠狠刹住。

十、不断增强党的创造力、凝聚力、战斗力

加强和改进作风建设是保持党同人民群众血肉联系的有效途径，必须聚焦解决群众反映强烈的突出问题，以作风建设新成效汇聚起推动改革发展的正能量。①

——习近平

2014 年 1 月 20 日，习近平在党的群众路线教育实践活动第一批总结暨第二批部署会议上发表的重要讲话中指出，坚持党要管党、从严治党，永葆党的先进性和纯洁性，不断增强党的创造力、凝聚力、战斗力，是摆在我们面前的重大课题。党的群众路线教育实践活动，为加强和改进党的建设积累了宝贵经验。群众路线是永葆党的青春活力和战斗力的重要传家宝，必须做到教育和实践两手抓，使马克思主义群众观点深深植根于思想中、真正落实到行动上。

（一）理想信念是共产党人的精神之“钙”

2014 年 1 月 20 日，习近平在党的群众路线教育实践活动第一批总结暨第二批部署会议上发表的重要讲话中指出，理想信念是共产党人的精神之“钙”，必须加强思想政治建设，解决好世界观、人生观、价值观这个“总开关”问题。理想信念是共产党人的精神之“钙”，这形象的比喻，指出了崇高的理想信念对于共产党人的极端重要性。共产主义信仰作为共产党人精神上的“钙”，始终是党员、干部站稳政治立场、抵制各种诱惑的决定因素。

---

① 摘自 2014 年 1 月 20 日习近平在党的群众路线教育实践活动第一批总结暨第二批部署会议上发表的重要讲话。

因为人总是要有精神追求的，这是人区别于动物的重要特征，是人有思想意识的重要体现。在社会上，由于每个人的生存环境不同，决定了人们的精神追求不同，有不同的方向、不同的层次。人们追求生存、追求安全、追求尊重、追求价值实现、追求社会理想，都是合理的而且是必需的，因为只有有了精神追求，才能实现个人价值，才能推动社会发展进步。中国共产党人是中国社会的先进分子，是有更先进追求的人、有高层次追求的人。那种放弃马克思主义世界观、人生观、价值观和共产主义信仰，信奉个人主义、拜金主义、享乐主义，把升官发财作为最大追求，是共产党人所坚决反对的。

早在1962年，邓小平在扩大的中央工作会议上就警告全党说："不注意学习，忙于事务，思想就容易庸俗化。如果说要变质，那么思想的庸俗化就是一个危险的起点。"应该指出，改革开放以来，我们以经济建设为中心取得了巨大的成就，但在这一过程中，尤其是在市场经济的汪洋大海中，有些人迷失了方向。一些人由高官到罪犯、由人民公仆到腐败分子的演变过程可能是不一样的，但有一点是相同的，那就是他们都是因为动摇了马克思主义和共产主义的理想信念。在困难面前畏缩失望，在诱惑面前不能洁身自好。一是有的党员、干部根本就没有共产主义信仰。中国是无神论国度，大多数人接受的是无神论者教育，但这并不意味着我们没有信仰。几千年来中华民族有自己的世界观、人生观和价值观，产生过大批的优秀人物，为了理想，他们可以献出自己的生命。但反观我们一些共产党人，他们虽然在党旗面前宣过誓，但在现实生活中，精神却极度空虚，沉溺于吃喝玩乐，满足于混日子，甚至"不问苍生问鬼神"，热衷于算命看相，求神拜佛，甚至跟所谓的"神功大师"结为朋友。二是有的党员、干部共产主义信仰不坚定。共产主义信仰让中国共产党带领人民历经磨难，实现了民族独立、国家富强。在当前纷繁复杂的形势面前，我们只有坚定信仰，才能实现民族复兴的中国梦。但有的党员干部认为共产主义是遥不可及的乌托邦、虚无缥缈的空中楼阁，是不可能实现的，公开场合大讲理想信念，讲社会主义制度优越性，而私下却认为理想信念是虚的，社会主义制度不行，典型的"两面人"现象。三是把共产主义信仰抛在脑后，公开追求个人私利。一事当前先替自己打算，追逐起名利来心里没有任何底线。利欲熏心，见利忘义，形式主义、官僚主义、享乐主义和奢靡之风盛行，最后走向贪污犯罪的深渊。

必须指出，共产党人的精神家园，就是马克思主义，就是共产主义，是这个一般性常识问题，每个共产党员都应该清楚和明白并为之奋斗。但也应当注意到，对共产主义、社会主义的精神家园在灵魂深处相信、坚信，并不是每个共产党员都已经做到了的。特别是在当前思想文化多元化已经成为一种不可逆转的趋势，各种思想文化相互碰撞、交流、交锋、交融，一些不良思潮甚至是腐朽堕落、封建迷信思潮的泛滥不得不警惕。事实上，有些共产党员甚至是领导干部已经深受不良思潮的影响，做出了一些与共产党人精神家园相悖的行为。对此，决不能任其发展。共产党人必须把实现共产主义的理想信念作为自己的精神家园去坚守、去呵护，要在全面建成小康社会、加快推进社会主义现代化的伟大实践中为实现理想信念而奋斗、而努力。党员、干部要经受住执政考验、改革开放考验，发展市场经济的考验和执政的考验，决不能丢掉共产主义信仰。今天，时代变了，观念变了，但共产党人的信仰没有变、也不能变，党员、干部要做坚定的共产主义信仰者。

对共产主义的信仰不会自然而然产生，而是靠党员、领导干部不断地加强学习，真正明白共产主义到底是什么。中国共产党建党的时候理论水平不高，理论准备也不够。中国共产党的诞生和成长，中国革命、建设和改革的探索和成功，就是不断学习马克思主义并坚持把马克思主义普遍真理同中国实际相结合的结果。今天，党员领导干部的理论水平提高了很多，但是对马克思主义理论的全面系统也还是掌握得不够。因此，懂就是懂，不懂就是不懂。党员干部要学习各方面的知识，但首先要认真学习马克思主义理论，这是我们做好一切工作的看家本领，也是领导干部必须普遍掌握的工作制胜的看家本领。因此，党员、干部必须认认真真地多读马克思主义的经典著作，从根本上解决自己的立场方法和世界观问题，从根本上坚定理想信念和解决党性党风问题，从根本上确立自己的精神追求和理想信念，这样才能成为一名好党员，成长为一个好干部。

（二）加强和改进作风建设是保持党同人民群众血肉联系的有效途径

2014年1月20日，习近平在党的群众路线教育实践活动第一批总结暨第二批部署会议上发表的重要讲话中指出，加强和改进作风建设是保持党同人民群众血肉联系的有效途径，必须聚焦解决群众反映强烈的突出问题，以作风建设新成效汇聚起推动改革发展的正能量。我们党成立以来90多年的历史，就是同人民群众生死与共、同甘共苦的奋斗历史，是我们党密切联系群众的历史，是形成和发展、贯彻和落实党的群众路线的历史。其中毛泽东关于马克思主义群众观点和党的群众路线的论述，对于实现民族独立、人民解放，完成社会主义革命，确立了社会主义基本制度，具有重大的历史意义。认真学习这些论述，对于广大党员特别是各级领导干部，深刻认识群众观点的基本内涵，提高坚持马克思主义群众观点自觉性和坚定性，增强做好新形势下群众工作的政治责任感，开创党的群众工作新局面，更具有重大的现实意义。

从根本上讲，今天中国共产党党群关系的实质并没有改变。在党群关系的统一体中，中国共产党作为长期执政的工人阶级政党，立党为公、执政为民，全心全意为人民服务的宗旨没有改变。而广大人民群众支持党，拥护党，坚持党的领导地位的立场同样没有改变。也就是说，党同人民群众血肉联系的性质并没有改变。但在全面改革和发展社会主义市场经济新的历史条件下，党群关系所面临的客观环境、任务等和过去相比却有很大不同。其中的关键就是执政，执政条件下，中国共产党所处的历史方位发生了重大变化。执政条件下，人民群众所处的社会历史环境发生了重大变化。这些变化，要求我们必须从新的实际出发，通过加强党的作风建设，不断保持党同人民群众的血肉联系。

（三）深入研究群众工作特点，进一步增强党的凝聚力

做群众工作是中国共产党的传统优势。中国共产党执政前不掌握公共权力，最大的资源就是人——千百万群众的支持。党召开一大时全国只有 50 多名党员，历经几次大的挫折，最后成为执掌全国政权的党，群众的支持是决定性力量，换句话说，是中国社会的人心向背起到了最终的决定性的作用。党掌握全国政权以后，拥有的各方面的资源都更加丰富了，但是人民群众这个决定社会历史发展方向的最重要资源的作用并没有发生变化。党仍然需要继续做好新形势下的群众工作。然而，在实践当中，不仅许多党员干部感慨群众工作不好做，而且许多群众也对我们的党和政府、领导干部产生了不愿信任的问题。面对新形势新挑战，如何做好群众工作，就成了每个党员领导干部必须深思和实践的重大理论和实践课题。

当前，群众工作中多个方面的变化相互交织，又与中国社会快速转型结合在一起，对党形成了重大考验与挑战，从而使党的群众工作呈现出较为明显的基本规律。

1. 党必须公正协调利益关系

协调利益关系，从宏观层面看，主要是指社会分配格局能否公正协调；从微观层面看，主要是基层各种利益矛盾能否得到公正、及时化解。而且还要注意的是，利益问题不只是物质利益、经济利益，而是一个包含政治、文化、社会以及生存环境等多重利益内容的利益体系。对其中的任何一个方面

都不能忽视。现在基层干部普遍反映：现在群众工作难做，思想工作难做，主要原因就是因为所有的群众问题、思想问题的背后都是利益问题。如果利益问题不解决，群众工作、思想工作就一定收效甚少。比如，为什么在我国经济不断发展，人民生活水平不断提高的情况下，群众还会有那么多的不满情绪？群众“端起碗来吃肉、撂下筷子骂娘”的现象还那么普遍？其中一个原因就是虽然我们把“蛋糕”做大了，但是在“分蛋糕”上没有分好，各方面利益的不协调、不全面、不可持续的问题太多、太突出了。因此，党要公正协调利益关系，牵涉到的不仅是宏观的政策引导，微观的利益协调，还包含如何使群众利益诉求以制度化的渠道合法地表现出来，并以此为依据还制定协调利益关系的政策和措施。

2. 党必须积极发展民主政治

改革开放以来，群众的各种诉求日渐强烈。当然群众首先关注的是利益，但利益能否得到公正协调，需要特定的制度、法律保障，这与公共事务的民主决策、权力制约等紧密联系在一起。这就要求党的领导方式、执政方式转变为科学执政、民主执政、依法执政，同时要求我们各级领导干部的工作方式随之也转变得更加科学、民主、合法。然而，在实践中，我们有的领导干部的工作方式能够与这种变化和要求相适应，有的则明显不能，还是习惯于用传统的强制性手段对待群众，少数地方甚至出现过领导者一句话就决定一个街道、一个村庄是否拆迁的行为；出现过仅因上访就把群众抓起来的行为；出现过仅因在互联网发表批评政绩工程的言论就导致牢狱之灾的现象，等等。这与社会主流价值理念有很大差距。

3. 党必须最大限度地解决党风廉政问题

党风廉政直接影响到党群关系。近些年来群体性事件居高不下，各种如矿难之类的突发事件频发，其深层次原因之一与党风廉政问题有关。就干部队伍总体而言，出现的问题大多数属于作风层面，如对群众冷漠，方式简单粗暴，只对上负责不对下负责，等等，导致群众难以接受。但就其价值取向而言，本质上还是没有把群众当作国家权力和权利的主体。因此，不解决党员干部队伍中的党风廉政方面存在的问题，尤其是一些严重危害群众利益的突出问题，党的群众工作就很难有新的提升。

集中上面的三条规律到一点，就是群众工作事关我们党长期执政的问题。因为：水能载舟，也能覆舟。我们党一定要把群众工作上升到巩固党的执政地位的高度去认识，去做好。

做群众工作的目的是进一步密切党与人民群众的血肉联系，让人民群众生活得更加幸福。当前，大部分领导干部能够认真执行党和国家的路线、方针和政策，廉洁奉公，勤政为民，把维护群众的根本利益放在首位，想群众之所想，急群众之所急，办群众之所需。从解决群众生产生活问题入手，把群众工作做深做细做实，提高了群众工作的针对性和实效性，改善党和政府形象，增强群众对党的信心。比如，在农村，全国许多省份推行“村村通”工程，使广大农村通上了水泥路、柏油路，通上了电视、电话、互联网，受到了广大人民群众的普遍欢迎。在城市，广大干部能立足实际，加大企业改制力度，认真落实低保政策，大力促进就业再就业，妥善安置下岗职工，推动社会和谐、稳定、健康发展。一些企业在改制后，仍然十分重视职工思想政治工作，坚持实行厂务公开，保证职工参与民主管理，调动了职工的积极性。这就充分证明，群众工作只有往深里做、细里做、实里做，才能产生效果、达到目的。

面对新形势新任务，我们必须深入研究和把握新形势下群众工作的新特点新要求，在总结运用成功经验和有效做法的基础上不断创新，综合运用法律、政策、经济、行政等手段和教育、协商、疏导等办法，注意运用现代科技等方法，以正确的方式方法为做好新形势下的群众工作提供保障。在处理人民内部矛盾时，必须从实际出发，针对不同情况，耐心细致地做好工作，沟通情况，增进了解，取得人民群众的理解和支持。要学会用说服教育、耐心疏导的办法来解决人民内部矛盾，力戒简单粗暴、强加于人。要通过深入群众、服务群众，团结群众、适应群众、教育群众的方法做好群众工作。当前，群众工作面临的新形势、新任务，出现了许多新特点、新规律，这就要求我们只有深入群众而不是脱离群众，服务群众而不是与群众争利，团结群众而不是与群众相对立，适应群众而不是让群众来适应领导，教育群众而不是无原则地迁就一些落后的思想情绪。提高思想政治工作的有效性，要求党员干部要善于通过示范引导的方法宣传、教育和团结广大群众。党员干部以身作则、吃苦在前、享受在后，通过自身的品德和言行影响群众、示范群众、教育群众。各级党组织要注重发现和总结先进典型，运用先进典型影响和带动群众，在全社会形成崇尚先进、学习先进、争当先进的良好风气。

在为群众排忧解难的过程中解开群众的思想疙瘩，这是我们党做好群众工作的一条基本经验，也是一种最实际、最普遍、最有效的群众工作方法。党员尤其是党员干部要自觉地把党的群众工作体现在为群众办好事实事的具体行动中，经常深入基层，深入群众，到群众需要的地方去嘘寒问暖，到群众困难的地方去排忧解难，到群众意见多的地方去理顺情绪，到出现新情况新变化的地方去总结经验，到工作推不开的地方去打开局面，让群众感受到实实在在、看得见的利益。各级党组织要坚持从具体事情抓起，每年办几件作用大、影响大、群众欢迎的实事，增强人民群众对党和政府的信任。当前和今后一个时期，为民办实事的重点要放在扩大就业、社会保障、公共卫生、基础设施、城乡住房、生态环境、扶贫开发、科教文化、权益保障和社会稳定等十大领域。

同时，为群众办实事，必须赢得群众的参与，因此，要通过组织和开展丰富多彩的群众性活动，组织和动员群众投入到社会主义物质文明、政治文明、精神文明与和谐社会的建设中去，是做好群众工作的重要方法和载体。要把着眼点放在提高群众的思想道德和科学文化素质上，使群众在参与中受到教育、得到提高。基层党组织要大力发展社区文化、村镇文化、企业文化、校园文化，广泛开展丰富多彩、健康有益的群众性文化体育活动，充分发挥文化馆、图书馆、博物馆、科技馆、体育馆和各类活动中心在服务群众、教育群众中的作用。

（四）实现作风建设的制度化、规范化、常态化

党的作风是指在党的活动中表现出来的态度和行为，是党的性质、宗旨和世界观在党的活动中的表现。党的作风建设就是要端正党员领导干部和党的各级组织的思想作风、学风、工作作风、领导作风和干部生活作风，树立与党的性质、宗旨相适应的良好风尚。党的作风是党的形象，是党的性质、宗旨、纲领、路线的重要体现，是党的创造力、战斗力和凝聚力的重要内容。

中国共产党一向重视作风建设。1945 年毛泽东在党的七大上，对党风建设内容作了高度概括，这就是："以马克思列宁主义的思想理论武装起来的中国共产党，在中国人民中产生了新的工作作风，这主要的就是理论和实践相结合的作风，和人民群众紧密联系在一起的作风，以及自我批评的作风。"① 理论和实践相结合是共产党区别于其他任何政党的显著标志之一。毛泽东强调指出，马克思列宁主义与中国革命具体实践相结合的过程，也就是同教条主义和经验主义斗争的过程。要加强党内的思想教育，就要坚决反对教条主义和经验主义，发扬理论联系实际的作风。和人民群众密切联系在一起是共产党区别于其他任何政党的又一个显著的标志。毛泽东认为要做到密切联系群众，就要一切从人民的利益出发，而不是从个人或小集团的利益出发。自我批评的作风是中国的优良作风，因为共产党人是没有任何私利，

① 《毛泽东选集》第 3 卷，人民出版社 1991 年版，第 1093—1094 页。

为了最广大人民的利益，必须也能够进行自我批评。

需要强调的是，中国共产党的作风建设是最不应该出问题的，这是因为，立党为公、执政为民，全心全意为人民服务这是中国共产党根本立场和宗旨，执政前是这样，执政后也是这样。当前极少数党员干部作风建设上出现的问题，从根本上讲还是党所面临的客观环境、任务等和过去相比有了很大不同。在新的历史时期和长期执政条件下，中国共产党所处的历史方位发生了根本变化，人民群众自身和利益要求也发生了巨大变化，这些都给我们党的作风建设带来了新时代的重大课题和挑战。

经过全党努力，当前党的作风总的是好的，党的思想路线、政治路线和精神面貌是好的。但也应该看到，在个别党员干部的思想作风方面存在着一些不符合科学发展观要求的突出的需要解决的问题，比如有的领导干部宗旨意识不强，理论和实际脱节，责任心和事业心不强，政绩观不正确，个人主义严重，纪律观念淡薄等。更有甚者，面对新情况新问题新矛盾，不下功夫，不去真正解决问题，而是高高在上，官僚主义，站在群众的对立面，等到问题多了，矛盾激化了，转而采取高压手段。这些都严重损害了党在人民群众中的威信，损害了党群、干群关系。

很大程度上，群众对党的作风建设的看法，不是根据其理论，而是根据党员特别是党员干部的表现加以判断。在这方面，也有许多需要引起注意的问题。就是存在于少数党员干部中的形式主义和官僚主义严重影响了党在群众中的形象。形式主义与我们党的宗旨和实事求是的思想路线是不相容的。它严重地妨碍了党的路线、方针、政策的贯彻落实，损害了党在人民群众中的形象，败坏了党风和社会风气。官僚主义作风，要害是脱离群众、做官当老爷。在现实生活中，也确有一些党员领导干部不同程度地滋长了官僚主义的思想和作风。历史和现实一再告诉我们，执政党不注重作风建设，听任不正之风侵蚀党的肌体，就会损害党群关系和干群关系，甚至失去民心，丧失政权。

在长期革命和建设的实践中，我们党形成并坚持发扬了理论联系实际、密切联系群众、批评与自我批评等优良作风。这是党的工人阶级先锋队性质和全心全意为人民服务宗旨的体现，是中国共产党区别于其他政党的显著标志，也是党千锤百炼更坚强的重要原因。但作风建设是为党的历史任务服务的。党的传统的作风和经验，在历史上发挥了它的作用，这些经验直到今天依然是我们要发扬的。但也要看到，今天党所处的客观环境、面临的任务和过去相比有很大不同，相应地，党的作风建设的要求也应该有所不同。今天就是要按照习近平同志的要求，注重以法治思维和方法抓作风建设，实现作风建设的制度化、规范化、常态化。

实现作风建设的制度化，就是把作风建设的要求上升为制度。党的作风建设，一靠教育，二靠制度。教育的作用在于提高党员干部的政治觉悟和思想情操，激励大家自觉地坚定地坚持党的优良传统和作风。但从根本上来说，端正党风的关键在于建立和巩固一整套便利、管用、有约束力的制度和机制，使党的各级组织对党员、干部实行有效的管理和监督，及时发现矛盾、解决问题。实践表明，党风建设的基础是立章建制，必须把作风建设纳入制度化的轨道，通过完善制度给优良作风的树立提供可靠保障。理论联系实际、密切联系群众、批评与自我批评、民主集中制等优良传统和作风，要靠制度来坚持。我们党在改革开放新时期形成的新鲜经验、新鲜做法，也要靠制度来坚持。

实现作风建设的规范化，就是把作风建设的要求细化为规则。俗话说，“没有规矩，不成方圆”。制度是党员意志的集中体现，是全体党员和党的组织都必须遵守的行为准则。但制度如果过于模糊，就不能对党员干部的思想行为起到约束的作用。因此，在作风建设过程中，我们要把党的制度，细化为全党的一种行为规范，全党各级组织和全体党员干部，都要做到严格按照具体的制度办事，按照党内政治生活准则和党的各项规定办事。比如，领导干部对权力的行使，最重要最根本的是要坚持依法执政，依法行政，进一步完善各级领导干部廉洁从政的行为规范。要针对容易产生滥用权力的具体体制、制度和薄弱环节，通过深化改革和体制创新，建立起适应社会主义市场经济发展和社会主义民主政治建设需要的权力运行机制，确保权力的正确行使和不被滥用。也就是说，只有把作风建设的要求上升为制度，制度细化为规则，才能以制度规范约束党员领导干部的思想和行为，从而能使作风体现出严肃性和可操作性。

实现作风建设的常态化，就是把作风建设当作党的建设的日常工作经常抓、长期抓。作风问题具有反复性和顽固性，必须经常抓、长期抓，特别要建立健全促进党员、干部坚持为民、务实、清廉的长效机制。为民，就是共产党员特别是党的领导干部必须时刻牢记，人民群众是我们的力量之源和胜利之本，为人民谋利益是党员干部的“天职”。只有始终把对人民群众的深情厚谊铭刻在头脑里、落实在行动上，才能真心爱护群众、真诚服务群众，从而真正体现先进性。务实，就是拿出更多的时间和精力到基层去、到一线去、到条件较差和情况复杂的地方去，察实情、办实事、求实效，把群众工作做深做细做实。清廉，就是清正廉洁，是对领导干部在生活作风方面的重要考验。许多事实证明，管住自己就是自我负责，放纵自己就是自我毁灭。

每个领导干部首先要洁身自好，克己自律，慎独慎微，清清白白做官，堂堂正正做人。要严格遵守有关廉洁自律的各项规定，防止在政治信仰、思想觉悟、执行纪律上出现滑坡、懈怠和疏忽。

作风建设是个大文章，既包括党性和党的宗旨的要求，又包括具体的体制和机制的约束。中央提出以法治思维和法治方法抓作风建设，我们要加强理想信念和宗旨意识教育，打牢转变作风的思想基础。更要严格规范党内政治生活，深化改革、转变职能，从体制机制上堵塞滋生不正之风的漏洞。还要加强问责，健全监督体系，发挥舆论监督、群众监督作用，形成监督的强大合力。这些都有利于增强领导干部的组织纪律观念，有利于加强对干部的日常管理和监督，有利于社会各界和人民群众的监督，为我们密切党群关系、干群关系提供了一个新的思路。

50多年前，毛泽东1962年《在扩大的中央工作会议上的讲话》中指出："从现在起，五十年内外到一百年内外，是世界上社会制度彻底变化的伟大时代，是一个翻天覆地的时代，是过去任何一个历史时代都不能比拟的。处在这样一个时代，我们必须准备进行同过去时代的斗争形式有着许多不同特点的伟大的斗争。"①

50多年过去了，中国人民在中国共产党领导下，不断探索中国特色社会主义，不但建立了独立完整的工业体系和国民经济体系，而且通过改革开放的伟大实践，在国内外形势十分复杂、世界社会主义出现严重曲折的严峻考验面前捍卫了中国特色社会主义。"打铁还须自身硬"。"必须准备进行具有许多新的历史特点的伟大斗争"，要求我们必须全面加强党的自身建设，不断增强自我净化、自我完善、自我革新、自我提高的能力。党员、干部更应当经常解剖自己的世界观、人生观、价值观，经常查找自身存在的不符合党和人民利益要求的缺点不足，自觉清除思想上的灰尘杂质和心灵上的污垢，做到不为私心所扰、不为名利所累、不为物欲所惑，堂堂正正做人、清清白白做事、老老实实做官，保持政治坚定、作风优良、纪律严明、勤政为民、清正廉洁，让人民群众真切感受到群众路线教育实践活动带来的作风新气象。

---

① 《毛泽东文集》第8卷，人民出版社1999年版，第302页。

后　　记

2014年1月20日，习近平总书记在党的群众路线教育实践活动第一批总结暨第二批部署会议上发表了重要讲话。对第一批教育实践活动进行总结，对第二批教育实践活动进行部署。他强调，要充分运用第一批活动经验，紧紧扭住反对“四风”，从群众最关心、最迫切的问题入手，着力解决关系群众切身利益的问题，解决群众身边的不正之风问题，把改进作风成效落实到基层，真正让群众受益，努力取得人民群众满意的实效。群众工作是中国共产党的优良传统和政治优势。新的历史条件下，不但党的历史方位发生变化，而且人民群众自身和其利益要求都发生了巨大变化。群众的独立性、民主意识都比过去大大增强了。面对新形势新任务，领导干部要善于研究和把握群众工作的特点和规律，创新工作方法，把群众工作做深做细做实，增强群众工作的亲和力和感染力，提高群众工作的针对性和实效性。本书从理论上梳理了党的群众工作的历史发展，分析了为什么群众工作是党的生命线，并从理论和实践的结合上对新形势下基层党员干部如何做好群众工作做了阐述。本书在写作过程中参考了中共石家庄市委党校党史党建教研部主任谢英芬教授提供的部分资料，在此表示感谢。书中尚有不足之处，敬请批评指正。

张荣臣

2014年春于中央党校